GW

Über den Deister gehn

Wahre Geschichte(n)
Sagen und Märchen
von
diesseits und jenseits des Deisters

Eine heimatkundliche Sammlung in zwei Bänden

Band 2

zusammengestellt
von
Gudrun Wildhagen und Udo Mierau

Das Titelbild zeigt von links nach rechts die Türme auf Deister und Süntel, denen eine Bewirtschaftung angeschlossen ist: den Annaturm, den Nordmannsturm und den Sünteltu rm nach alten Lithographien um 1900.

Impressum

Autoren	Gudrun Wildhagen, Udo Mierau,
Herausgeber	Heimatbundgruppen Bad Münder und Barsinghausen im Heimatbund Niedersachsen e. V.
Verlag	Gudrun Wildhagen, Barsinghausen, 1996 2. Auflage 1997
Druck u. Herstellung	Philipp Aug. Weinaug, Druckerei und Verlag, Barsinghausen

ISBN 3-9803489-7-0

Verzeichnis aller erwähnten Orte

Diese Wanderkarte
aus dem Jahre 1886 zeigt
- stark verkleinert - die
damaligen Wegeverhältnisse
über den Deister und
die Straßen und Wege
durch das Deister-Süntel-Tal,
sowie die Städte, Flecken und
Dörfer rund um den Deister
mit vielen interessanten Details,
(z. B. der Köhlerei/Kohlstelle
in Eimbeckhausen).
Die Straßenbahn (Linie 10)
zwischen Hannover und
Barsinghausen existierte
noch nicht.

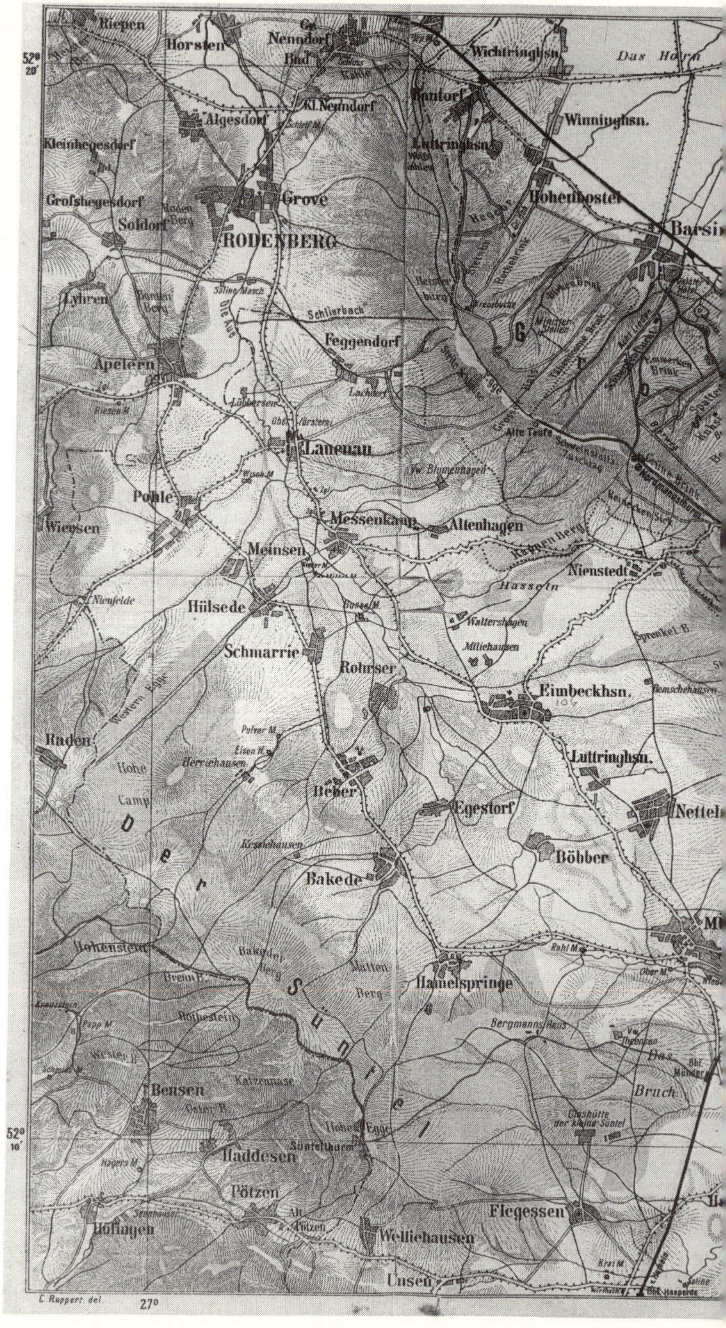

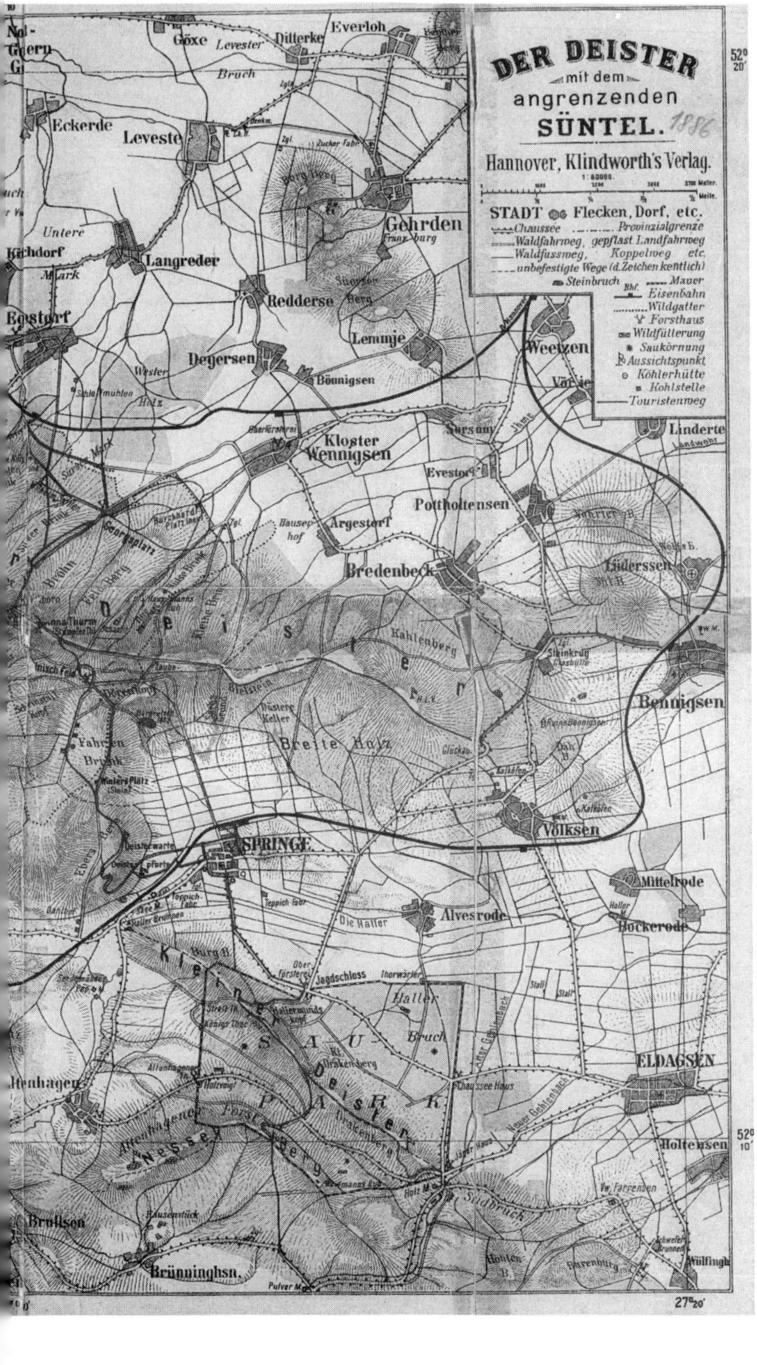

Die Karte ist Bestandteil eines Wanderführers, der gleichzeitig Fahrplan für den Eisenbahnverkehr von Hannover an den Deister und ins Deister-Süntel-Tal war.
(Archiv Ewig)

Inhaltsverzeichnis

Über den Deister gehn
- über den Deister sehn

Über den Deister sehn

Der Deister zieht sich in einer Länge von über zwanzig Kilometern südlich von Hannover in nordwestlich/südöstlicher Richtung hin. Sein ganzes Panorama hat man also vor sich, wenn man vom Südwesten oder vom Nordosten her auf ihn zukommt. Er ist unverkennbar mit seiner Silhouette: Der Nienstedter Paß, als Einschnitt in der Mitte des Höhenzuges, der hoch in den Himmel ragende Fernsehturm auf dem westlichen Teil des Gebirges, und der sich ständig drehende Empfangskorb der Radarstation auf dem östlichen Bergrücken.

Zu den Landwegen zur Überquerung der Mittelgebirgsschwelle Deister, Süntel und Bückeberge sind in unserer Zeit gleichgewichtig die Kommunikationswege zur Übertragung von Nachrichten, Informationen und Bildern hinzugekommen. Die Zeit schnellreitender Boten und Postkutschen ist vorbei; die Übertragung kurzer Botschaften durch Hillebille, Signalhorn oder Lichtzeichen ist längst Geschichte. In der Fernübertragung sind an die Stelle gekabelter elektrischer Leitungswege wie einst für Telegraph und Telefon längst elektronische Übertragungswege getreten. Signale, Nachrichten, Informationen und Bilder „reisen“ heute auf elektronischen Kommunikationswegen mit unvorstellbarer Geschwindigkeit auf elektromagnetischen Wellen, denen sie entsprechend aufbereitet - quasi „verpackt“ - überlagert und dann beim Empfänger entnommen werden. Wie in alten Zeiten auf den langen schweren Landwegen es nicht ohne Ausspann, Pferdewechsel, Rast und Stärkung ging, so geht es dabei auch heute zwischen Sender und Empfänger nicht ohne Zwischenstation.

Für die zahlreichen elektronischen Kommunikationswege über den Deister stehen auf dem Deisterkamm zahlreiche dieser Einrichtungen verschiedenster Art, an denen der Wanderer auf dem Kammweg vorbeikommt.

Die ersten Türme auf dem Deister, die im vorigen Jahrhunder gebaut wurden, waren allerdings noch ganz anderer Art. Bis auf den Annaturm, der ursprünglich für die Landesvermessung als Sichtzeichen über einem trigonometrischen Punkt (TP) errichtet wurde, waren es zunächst Aussichtstürme, die nach dem Willen der Erbauer dem Wanderer den Blick in das weite Land ermöglichen sollten. Außer dem Annaturm sind das der Nordmannsturm und der Aussichtsturm auf dem Strutzberg am westlichen Ende des Deisters. Ein solcher Turm it auch der Süntelturm, von dem man u. a. das Deister-Süntel-Tal überblicken und auf den Deister sehen kann.

Die Türme und ihre Geschichte wollen wir an den Anfang des zweiten Bandes unserer Sammlung „Über den Deister gehn“ stellen.

Der Fernsehturm:

Der Fernsehturm ist der höchste der über den Deister hinausragenden Türme. Er steht auf dem Großen Hals (363 Meter ü. N. N.) oberhalb von Barsinghausen direkt am Kammweg, ragt 139 Meter in die Höhe und gilt heute als das Wahrzeichen des Deisters. Er gehört zu einer Senderkette von 14 Standorten, die über ganz Niedersachsen verteilt sind. Der Fernsehturm wurde in den Jahren 1967 bis 1969 als Richtfunk- und Relaistation von der Deutschen Bundespost gebaut. In dem Betriebsgeschoß in 85 Metern Höhe wird das Rundfunk- und Fernsehproramm in das Barsinghäuser Kabelnetz eingespeist. Seit dem 31. Dezember 1986 sendet von hier aus auch der UKW-Sender ffn. Der Fernsehturm ist nicht öffentlich zugänglich. Zu ihm führt eine asphaltierte, nichtöffentliche Fahrstraße von Barsinghausen aus.

Das große Auge - der Radarturm

Auf dem Höfeler (395 Meter ü. N. N.) hat die Bundesanstalt für Flugsicherung in den Jahren 1981 und 1982 die Radarstation zur Überwachung des norddeutschen Luftraumes eingerichtet. Die Gesamthöhe des Turmes beträgt 38,5 Meter, die Plattform liegt in 26 Metern Höhe. Der große, sich ständig drehende Parabol-Antennenschirm mit 15 Metern Durchmesser kann die Flugbewegungen im Luftraum bis zu einer Entfernung von 280 Kilometer übersehen, das ist etwa im Norden bis an die dänische Grenze, im Osten bis Berlin, im Süden bis Frankfurt a. Main und im Westen bis Aachen. Die Anlage dehnt sich auf einer Fläche von tausend Quadratmetern aus und ist auf gewachsenem Fels gegründet. Sie ist nicht öffentlich zugänglich.

Der Annaturm

Nur eine kurze Strecke östlich der Radaranlage ragt der Annaturm in die Höhe. Er steht auf dem Bröhn, der mit 405 Meter ü. N. N. die höchste Erhebung des Deisters ist. Der Annaturm hat im Laufe der Zeit sein Aussehen sehr verändert. Der erste Turm wurde im Jahre 1833 auf Veranlassung von Karl Friedrich Gauß errichtet, der für die Landesvermessung des Königreichs Hannover auf dem Bröhn einen der dazu nötigen trigonometrischen Punkte einmessen ließ.

Der erste Turm war ein Holzturm. Nachdem er baufällig geworden war, ließ die Berginspektion im Jahre 1867 einen neuen Holzturm errichten. Als auch der nicht mehr sicher war, ließ der Hannoversche Bürgerverein 1879 durch den Maurermeister Ernst Brauns* aus Hannover einen neuen Holzturm errichten. Brauns gab dem Turm den Namen seiner Gemahlin. Seitdem heißt er „Annaturm". Auch 1888 mußte der Turm erneuert werden. Der Touristenverein ließ wieder einen Holzturm bauen. Als auch dieser unsicher wurde, ließ der Touristenverein im Jahre 1904 einen „modernen" (vielleicht in Anlehnung an den Eiffelturm in Paris?) eisernen Turm errichten (siehe Titelbild) und baute 1908 daneben eine Schutzhütte. Der eiserne Turm stand bis 1978. Dann wurde er wegen Baufälligkeit gesperrt.

Der Annaturm war bis Kriegsbeginn 1939 ein Aussichtsturm für den Wanderer. Weit ging der Blick ins Land hinein: im Norden nach Hannover und darüber hinweg, im Westen zum Steinhuder Meer und zu den Rehburger Bergen, im Süden und Südosten bis zu den Hildesheimer Bergen und bei guter Sicht bis zum Harz und zum Brocken.

Mit Kriegsbeginn 1939 wurde der Annaturm gesperrt und von der Wehrmacht zur Flugüberwachung benutzt. Es heißt, daß der Turm bei Kriegsende gesprengt werden sollte, was jedoch nicht geschehen ist. So konnten ihn die Amerikaner besetzen und als Sichtsprechanlage nutzen. 1947 übernimmt die Oberpostdirektion Hannover den Annaturm für Fernmeldezwecke.

Im Jahre 1969 geht der Annaturm in den Besitz des Hannoverschen Wander- und Gebirgsvereins zurück und wird wieder der Öffentlichkeit freigegeben. Aber auch ein Stahlturm hat kein ewiges Leben, wenn er nicht ständig gepflegt wird. Schon 1978 ist das Stahlgerüst des Annaturmes so baufällig, daß der Turm gesperrt werden muß. Der heutige Turm, der an seiner Stelle steht, besteht aus Betonfertigteilen. Er ist von der Preußen-Elektra im Jahre 1982 errichtet. Eigentlich sollte der Turm nun nicht mehr zugänglich sein. Aber bei der Baugenehmigung wurde ein Zugeständnis ausgehandelt. Danach erhielt der runde Turm in 25 Metern Höhe einen Rundgang, von dem aus interessierte Wanderer auch weiterhin ins Land diesseits und jenseits des Deister sehen können. Leider ist er heute nur noch beschränkt zugänglich. Der Wirt der Waldgaststätte am Annaturm - wie der Nordmannsturm eine beliebte Ausflugsziel im Deister - verwahrt den Schlüssel. Der Aufstieg zu dem Rundgang dürfte aber einige Mühe machen, er ist über 117 Stufen erreichbar.

Der 1982 neu gebaute 30 m hohe Anna-Turm wird von der Preußen-Elektra als Sende- und Empfangsstation genutzt. Über ihn sind 120 Funkkanäle geschaltet. Durch zwei Parabolantennen besteht Richtfunkverbindung zwischen den Umspannwerken Lehrte und Grohnde. Die Funkwellen sind so stark gebündelt, daß zwischen Lehrte und dem Annaturm sowie weiter bis nach Grohnde praktisch Sichtverbindung herrscht.

Der neue Annaturm

Der „Gaußstein“
steht zwischen Annaturm
und der Waldgaststätte

* Ein Gedenkstein für Ernst Brauns steht oberhalb von Barsinghausen, am Ende der steilen Schneiße, die von der Deisterstraße in den Deister führt. Er ist als „Brauns Denkmal“ bekannt. Brauns gilt als der „Deister-Vater“, weil er den Deister für den Wanderer erschlossen hat.

Anmerkung: Die Zeit, in der man Aussichtstürme baute, ist längst vorbei. Aber im vorigen Jahrhundert gab es geradezu eine Welle dafür. Den größten Aussichtsturm der Welt, den Eiffelturm in Paris, baute Gustav Eiffel 1889 zur Weltausstellung. Er war mit 300 Metern Höhe lange Zeit das höchste Bauwerk der Erde. Der Eiffelturm war mit Sicherheit vorbild für andere Türme, die in dieser Zeit gebaut wurden, vielleicht auch für den Annaturm.

Der Nordmannsturm

Der Nordmannsturm liegt, wie der Annaturm, direkt am Europäischen Wanderweg Nr. 1 (Nordsee-Bodensee-Weg) oben auf dem Kamm des Deisters auf der Kaiserhöhe in 379 Metern Höhe auf Nienstedter Seite. Der Name „Nordmannsturm" hat sich auch auf die beliebte Waldgaststätte zu Füßen des Turmes übertragen, die ganzjährig bewirtschaftet ist und zu allen Jahreszeiten von Wanderern gern besucht wird. Über 74 Stufen erreicht man die Aussichtsplattform des 18 oder 19 Meter hohen Turmes. Von da kann man bei gutem Wetter ringsum weit ins Land sehen: Im Norden in die deutsche Tiefebene, im Süden bis zum Harz, und bei besonders guten Wetterverhältnissen sogar den Brocken sehen und - wie schon geschehen - fotografieren. Westlich des Großparkplatzes am Nienstedter Paß führt eine breite Fahrstraße* den Berg hinauf zum Nordmannsturm. Sie ist für den privaten PKW-Verkehr gesperrt Die Straße geht noch ein gutes Stück weiter auf dem Kamm entlang bis dahin, wo nach dem Zweiten Weltkrieg die inzwischen abgeräumte Raketenstation** der NATO eingerichtet war.
Der Nordmannsturm trägt seinen Namen nach dem aus Rinteln stammenden hannoverschen Maurer- und Steinhauermeister Constantin Nordmann (1805 - 1889), der den Turm in den Jahren 1862/63 aus Deister-Sandstein errichten ließ, „um Wanderern Gelegenheit zu geben, von hier aus einen großen Teil unserer schönen Heimat zu übersehen". Es heißt auch, daß der Turmbau eine Art Arbeitsbeschaffung war, weil Nordmann nicht genügend Aufträge hatte und seine Leute beschäftigen wollte. Nach zwei Jahren wurde der Turm von einem Blitzschlag völlig zerstört. Nordmann baute den Turm ein Jahr später wieder auf. Aber von da an war der Aufstieg nicht mehr umsonst. Die Besucher mußten für das Besteigen des Turmes zehn Pfennige bezahlen, die zu gleichen Teilen an die Armen in Barsinghausen und Hannover zu verteilen waren.

Im Jahr 1913 wurde der Nordmannsturm mit einer neuen Betonplattform, einer höheren Brüstung, einem Treppengeländer und einem Blitzableiter versehen. Außerdem erhielt er zu seinen Füßen eine Schutzhütte. Diese wurde später zur Turmstube umgebaut. Zwanzig Jahre später ist der Nordmannsturm auf den Hannoverschen Touristenverein überschrieben worden. Dessen Nachfolger, der Hannoversche Wander- und Gebirgsverein, ist noch heute Besitzer des Nordmannsturmes. Die Gaststube westlich des Turmes ist ein späterer Anbau. Das Problem der Gaststätte ist heute, daß es kein Trinkwasser gibt. Das Pächterehepaar muß noch immer jeden Tropfen Wasser für die Küche in großen Behältern auf den Deister schaffen.

* Die Fahrstraße, die vom Nienstedter Paß direkt zum Nordmannsturm führt, wurde Anfang der Dreißiger Jahre vom Reichs-Arbeits-Dienst angelegt und nach dem Zweiten Weltkrieg als Zufahrt zur Raketenstaion ausgebaut.

** Die Raketenstation deckte den Luftraum gegen Norden und Osten ab, es sollen sogar Atomraketen in Bereitschaft gehalten worden sein. Das Gebiet war Sperrgebiet, fotografieren streng verboten, weshalb es von der Raketenstation auch kaum Bilder gibt. Die Anlage wurde in den siebziger Jahren im Rahmen der internationalen Entspannung abgebaut und das Gelände wieder dem Wald zurückgegeben. Heute erinnert nichts mehr an die Raketenstation, bis auf die Begrenzungssteine am ehemaligen Eingangstor. Es heißt aber, die ins Erdreich verbrachten massiven Fundamente und die unteridischen Anlagen seien noch vorhandenden und bei Bedarf jederzeit wieder zu öffnen. Es soll da, so sagt man, eine Halle geben, die so groß ist, daß man ein Autorennen darin veranstalten könnte. Eine Sage unserer Tage?

Der Aussichtsturm auf dem Strutzberg

Am westlichen Ende des Deisters, oberhalb der Cecilienhöhe steht direkt am Europäischen Wanderweg Nr. 1 der kleinste der Aussichtstürme vom Deister. Er ragt da versteckt im Waldesschatten zwischen hohen Bäumen empor und ist von weitem kaum zu erkennen. Man sieht ihn erst, wenn man schon fast vor ihm steht. Ein Hinweisschild an der B 65 zeigt den Weg zu ihm, und von der Cecilienhöhe aus führt ein idyllischer, etwas steil ansteigender Wanderweg in nur wenigen Minuten hin. Er ist der niedrigste der Aussichtstürme auf dem Deister und gewährt den Blick vor allem in das Deister-Süntel-Tal, auf Rodenberg und Bad Nenndorf. Aber auch Hannover, das Steinhuder Meer und die Rehburger Berge kann man bei gutem Wetter sehen. Die Geschichte dieses Turmes ist schnell erzählt:

Im Jahr 1850 ließ Freiherr von Hanstein-Knorr, der damals Brunnendirektor in Bad Nenndorf war, auf dem Strutzberg einen Aussichtsturm auf eigene Kosten und mit Unterstützung von wohlhabenden Kurgästen errichten. Er nannte ihn „Belvedere“. Das nebenstehende Bild zeigt den Turm nach einer alten Lithographie. Die Fertigstellung des Turmes im Jahr 1852 ist neben dem in der Außenwand des Turmes angebrachten Wappen des Freiherrn, einem Schild mit drei Mondsicheln, dokumentiert. Nach 1945 wurde der Turm mutwillig zerstört und geriet für lange Zeit in Vergessenheit. Die ihn umgebenden Bäume wuchsen höher und höher und ihre Baumwipfel ragten über den zerstörten Turm hinaus.

Im Jahr 1963 erwarb die Familie Watermann, Besitzer der Waldgaststätte Mooshütte, den Turm.

Im Jahr 1986 kaufte die Gemeinde Bad Nenndorf den Turm wieder zurück, weil sie ihn als Wanderziel in ihrem Kurterrain gut gebrauchen konnte. Sie ließ ihn in den Jahren 1986/87 wieder herrichten, ersetzte die verschwundene hölzerne Treppe durch ein Stahltreppe und erhöhte den Turm durch eine sechs Meter hohe Aussichtsplattform. An der Finanzierung beteiligten sich neben der Gemeinde Bad Nenndorf auch das Land Niedersachsen und der Landkreis Schaumburg. Zu Füßen des Turmes lädt eine Sitzgruppe zum mitgebrachten Picknick ein.

Der Süntelturm

Auf der Hohen Egge im Süntels steht der Sünteltum. Er wurde im Jahre 1882 als Holzturm gebaut. 74 Stufen führten zu seiner Aussichtsplattform. Für den Bau des Turmes, der den Namen „Augustaturm“ erhielt, setzte sich besonders der Gymnasiallehrer Görges ein. Dieser Turm hat nicht lange gestanden. Im Winter 1898/99 brach er völlig zusammen. Noch im gleichen Jahr begann man mit dem Bau eines neuen Turmes. Während der alte Holzturm noch auf dem Gebiet der Süntelforst gestanden hatte, wurde sein Nachfolger auf Münderschem Gebiet errichtet, weil sich der Hannoversche Wander- und Gebirgsverein mit der Süntelforst bezüglich des Pachtzinses nicht einig werden konnte. Der neue Turm wurde aber nicht mehr in Holz, sondern in Sandsteinmauerwerk errichtet. 127 Stufen führten auf seine Aussichtsplattform in 25 Metern Höhen. Bei seiner Einwihung im Jahre 1901 waren 1000 Personen zugegen, darunter auch der Dichter und Schriftsteller Hermann Löns. Seitdem wird der Turm bewirtschaftet. Von der Aussichtsplattform des Sünteltumes kann man über das Weserbegland bis zum Solling, Vogeler, Ith, zum Hohenstein und zum Deister, zum Steinhuder Meer und bei besonders guter Sicht bis zum Harz sehen. Im Zweiten Weltkrieg war auf dem Turm eine Flugüberwachungsstation eingerichtet. Während dieser Zeit war der Turm nicht öffentlich zugänglich.

Der Wander- und Gebirgsverein verkaufte den Turm 1988 an die Reihebürgerschaft* von Bad Münder. Diese ließ den baufälligen Turm sanieren. Die Kosten von 1 Million Mark wurden von Hameln, Hessisch Oldendorf und dem Landkreis Hameln-Pyrmont aufgebracht.

* Reihebürger war die Bezeichnung für Bürger, die als Eingesessene Haus und Hof hatten. Sie schlossen sich oft in Reihebürgerschaften zusammen, um ihre Interessen gemeinsam zu vertreten. Die Reihebürgerschaft in Münder war eine der größten privaten Forstgenossenschaften Deutschlands.

Das Märchen vom Goldschmiedsgesellen

und andere Märchen

(nach Colshorn)

Das Märchen vom Goldschmiedsgesellen - ursprünglich in Eldagsen

Es war einmal ein König, der wollte mit seiner Gemahlin zum Jahrmarkt und fragte deshalb seine drei Töchter, was er ihnen mitbringen solle. „Ein goldenes Spinnrad“, sagte die eine, „eine goldene Haspel“, die andere, „eine goldene Garnwinde“ die dritte. „Das sollt ihr haben“, sagte der König, „dafür müßt ihr aber auch versprechen, daß ihr nicht in den Garten geht und auch keine Blumen von dem Rosenbusch abpflücken wollt, der dort dicht am Wege steht, denn wenn ihr das tätet und an den Rosen röchet, so brächte das für uns alle ein großes Herzeleid.“ Sie versprachen es und getrost reisten die Eltern ab.

Nach dem Mittagessen sagte die eine der drei Prinzessinnen zu den beiden anderen: „Die Sonne scheint so schön und die Vögel singen so lustig, laßt uns ein wenig hinunter in den Garten gehen und die Blumen besehen. Um die Rosen brauchen wir uns ja nicht zu bekümmern. Die beiden anderen waren's zufrieden, und so hüpften und sprangen sie die marmorne Treppe hinab in den Garten und flatterten von Blume zu Blume wie die Schmetterlinge. Als sie sich an den anderen Blumen müde gesehen hatten, sprach die eine Prinzessin: „Besehen dürfen wir die Rosen doch wohl, das kann ja nicht schaden, denn die sind doch die allerschönsten!“ „Aber abpflücken dürfen wir keine!“, sagte eine der beiden anderen. „Ja nicht“, sagte die dritte, „der Vater hat's verboten!“.Und sie gingen und ihr Herz pochte heftig.

Der Rosenbusch war so prächtig, daß sie sich gar nicht satt sehen konnten an den wunderschönen Blüten. Drei Rosen aber waren die allerschönsten, die saßen zusammen an einem Zweig und standen wie ein Kleeblatt dicht nebeneinander, und es war ihnen, als wären's Augen und sähen sie an. Da gingen sie langsam weg, kehrten aber bald zurück. Und sie gingen zum zweitenmal weg, kamen rascher wieder zurück, und zum drittenmal - ja, da gingen sie eigentlich gar nicht mehr weg, sondern kehrten sich nur um und wieder um und jede brach eine von den drei Rosen. Und hat man erst einmal eine Rose in der Hand, wer läßt da das Dranriechen! Und die drei Königstöchter rochen daran, eine jede an ihrer Rose, und im Nu waren sie von der Erde verschwunden. Der Zwergkönig hatte sie in sein unterirdisches Schloß gebracht.

Da jammerte alles Gesinde - und sie jammerten noch mehr, wenn sie daran dachten, wie der König und die Königin jammern würden, wenn sie am Abend zurückkehrten. Und es war wahrhaft kläglich anzusehen, wie die Eltern am Abend vergnügt heimkamen und die Geschenke die marmorne Treppe hinauftrugen und nun niemand da war, der sich darüber freute.

Als sich der König und die Königin ein bißchen gefaßt hatten, schickte der König Läufer durch das ganze Land und ließ bekanntmachen, daß seine Töchter verlorengegangen seien. Derjenige, der sie wiederbrächte, solle die älteste seiner Töchter zur Frau haben und nach ihm König werden. So gern nun jeder König geworden wäre, so meldete sich doch niemand, denn nirgends im Lande war von den drei Königstöchtern etwas zu sehen oder zu hören. So rief der König eines Tages seinen Kutscher und seinen Bedienten zu sich und sagte zu ihnen:

„Nehmt mein eigen Gespann und laßt euch so viel Gold geben, als ihr wollt und sucht meine Töchter überall im ganzen Lande. Vielleicht, daß ihr sie findet."

„Wir wollen's gern versuchen", erwiderten die beiden, taten wie ihnen geheißen und fuhren ab. Als sie etwa zwei Pfeifen Tabak gefahren waren, sahen sie im Graben einen Handwerksburschen sitzen. Sie fragten ihn nach seinem Gewerbe und nach seinem woher und wohin, und er antwortete: „Ich bin ein Goldschmied und suche die drei Prinzessinnen." „Ei, das trifft sich gut", sagten die beiden, „das tun wir auch. So können wir ja zusammen reisen".

Der Goldschmied war's zufrieden. „Doch", sagte er, „so geht's nicht, denn vor uns liegt ein großer Wald. Wir müssen was zum Essen mitnehmen." Und als die beiden daraufhin mit ihren Goldstücken klimperten, fuhr er fort: „Am Gold könnt ihr doch nichts abbeißen, und zu kaufen gibt's dort auch nichts." Aber sie meinten: „Wir sind ja aus der Königsküche gut versorgt, und die Pferde schaffen schon eine gute Strecke an einem Tag." So fuhren sie sorglos weiter und kamen mit dem Handwerksburschen überein, daß sie im Schatten eines Baumes auf ihn warten wollten. Während sie sich da nun lagerten und das feine Backwerk und das süße Getränk aus der Königsküche verzehrten, das ihnen die Königin eigentlich für die Töchter mitgegeben hatte, und die Pferde munter grasten, ging der Goldschmied in ein nahes Dorf, klopfte an alle Türen und bat um Brot. Als sein Felleisen gefüllt war, gesellte er sich am verabredeten Ort zu den beiden und sie schirrten die Tiere an und fuhren weiter. Sie fuhren immerzu, die ganze Nacht und den ganzen Tag, und der Wald wurde immer dichter und nimmer zeigte sich ein Ende. Sie wurden müde und machten Halt, sie wurden hungrig und aßen von ihren Vorräten, und sie fuhren ebenso den zweiten Tag und die zweite Nacht. Mit dem Sattessen war es aber für den Kutscher und den Bedienten bald aus, denn ihre leckeren Speisen waren verzehrt, und als der Goldschmied ihnen von seinem Vorrat anbot, antworteten sie: „So hoch hat Gott uns noch nicht gestraft, daß wir Bettelbrot essen sollten!" Der Handwerksbursche machte sich nichts daraus, aß sein Bettelbrot und trank klares Wasser dazu und sang und pfiff, daß es eine Lust war. Die beiden anderen aber gönnten ihm nicht, daß er satt und fröhlich war.

Am dritten Tage, als ihnen der Goldschmied wieder von seinem Bettelbrot anbot, mußten sie sich schon dazu bequemen es anzunehmen. Doch innerlich sträubten sie sich ein wenig und sagten: „Für umsonst nehmen wir nichts. Wenn du uns aber davon verkaufen willst, so mag es gehen." „Da sei Gott vor", versetzte der Goldschmied, „umsonst hab ich's empfangen, umsonst geb ich's, oder gar nicht". So langten sie denn zu und das Bettelbrot schmeckte ihnen wunderbar. Gegen Abend kamen sie endlich aus dem Walde heraus und trafen auf ein kleines Haus. „Da wird's was Besseres geben als Bettelbrot!" sagten der Kutscher und der Bediente, „nun wollen wir dich mal frei halten", und sie fuhren auf das kleine Haus zu. Keine Mutterseele ließ sich sehen. Sie gingen hinein, durchsuchten alle Zimmer, und fanden auch in dem Haus kein einziges lebendes Wesen. So aßen sie wieder alle von dem Bettelbrot und schliefen dann ein.

Am anderen Morgen durchsuchten sie das Haus noch einmal. Da fanden sie allerlei ungekochtes Gemüse und das Feuer im Herd brennen. Nun berieten sie, was zu tun sei, und sie kamen überein, daß der Kutscher und der Goldschmied auf die Jagd gehen, der Bediente hingegen zuhause bleiben und ein Mittagsmahl bereiten sollte. Und so taten sie auch. Der Bediente besah sich noch einmal alle Zimmer und brachte damit fast den ganzen Vormittag hin. Endlich ging er in die Küche, nahm von dem blank geputzten Geschirr, um Gemüse hineinzutun und wollte es auf's Feuer setzen. Da - plötzlich - bekam er solche Ohrfeigen von rechts und von links, daß ihm Hören und Sehen verging und er von einer Seite zur anderen flog. Voll Entsetzen flüchtete er sich in die Stube, und siehe! Vor ihm stand der Zwergkönig, sah ihn grimmig an und brummte: „Was tust du in meinem Hause?

„Ha, bist du es gewesen, der mich geschlagen hat?“ schrie der Diener den Zwergkönig an, „dich Klabautermännchen will ich schon über Bord kriegen!“ Und nun fielen sie übereinander her, rupften und balgten sich. Aber bald ging dem Bedienten der Atem aus und der Zwergkönig stieß ihn von der einen Ecke in die andere und ließ ihn schließlich für tot liegen. Als die beiden anderen zurück kamen, sie hatten nichts geschossen, fanden sie den Bedienten im Winkel liegen, ganz lahm und zerschlagen. „Mensch, was fehlt dir?“ fragten sie. „Ich bin krank geworden“, log der Bediente. „Nun“, meinte der Goldschmied, „dem Menschen kann bald etwas zustoßen“. Hierauf brachten sie ihn zu Bett, aßen vom Bettelbrot, das schon anfing schimmlig zu werden und legten sich danach auf's Ohr.

Am nächsten Morgen, als die Sonne aufstand, weckte der Handwerksbursche die beiden anderen und sagte: „Heute laßt uns aber ernstlich an Speise denken, denn mit meinem Brot ist's bald aus und vorbei. Der Kutscher und der Bediente kletterten aus dem Bett und sie einigten sich, daß heute der Kutscher zu Haus bleiben sollte, während der Bediente und der Goldschmied ihr Glück bei der Jagd probierten. Ach, wie gern wäre der Bediente daheimgeblieben! Er war noch ganz zerschlagen von den Püffen und Kniffen von gestern. Aber nein, lieber mithumpeln. Er war aber ein Böser, deshalb sagte er von dem, was ihm widerfahren war, kein Sterbenswörtchen, lachte sich vielmehr ins Fäustchen und dachte: „Was dem einen recht ist, ist dem andern billig.“ Die beiden Jäger irrten nun draußen glücklos umher - wollten sie eben zuschießen, war das Wild weg, wollten sie Beeren pflücken, saß eine häßliche Spinne im Strauch. Währenddessen schnoberte der Kutscher das Haus durch, Zimmer für Zimmer, und als er endlich in die Küche ging, stand die Sonne wieder gerade im Mittag. Er nahm von dem blank geputzten Geschirr, tat Gemüse hinein und wollte es eben auf's Feuer stellen, da bekam er plötzlich solche Ohrfeigen von rechts und von links, daß ihm Hören und Sehen verging und er von einer Seite zur andern flog. Voller Entsetzen flüchtete er sich in die Stube, und siehe! Vor ihm stand der Zwergkönig, sah ihn grimmig an und brummte: „Was tust du in meinem Hause?“

„Bist du's gewesen, der mich geschlagen hat?“ schrie der Kutscher den Zwergkönig an, „dich Knirps soll doch gleich der Kuckuck holen !“ und sie fielen über einander her und dem Kutscher erging es ebenso schlimm, wie dem Bedienten am vorherigen Tage: zerstoßen, zerkratzt, windelweich geschlagen fiel er wie gerädert in eine Ecke. Als die beiden anderen nach Hause kamen, fanden sie den Kutscher wie tot im Winkel liegen. „Mensch, was fehlt dir?“ fragten sie. „Ich bin krank geworden“, log der Kutscher. Der Bediente lachte. Er wußte Bescheid und freute sich schon auf morgen, denn er war ein Böser. Der Goldschmied aber nahm's gelassen und sagte wieder: „Nun, dem Menschen kann bald etwas zustoßen!“ Sie brachten den Kutscher zu Bette, aßen das letzte Bettelbrot auf, in dem schon die Maden saßen, und legten sich auf's Ohr.

Als am andern Morgen die Sonne aufstand, weckte der Handwerksbursche die beiden anderen und sagte: „Mein Brot ist verzehrt, also laßt uns nach anderem Essen umsehen. Und da euch beiden etwas zugestoßen ist, bleib ich heute daheim und ihr geht auf die Jagd.“ Des waren sie froh und humpelten fort. Erst gingen sie stumm nebeneinander her. Endlich sagte der Bediente: „Nun kommt die Reihe an ihn!“ „Ja, nun kommt die Reihe an ihn!“ versetzte der Kutscher. Jetzt merkten sie, daß ihnen beiden ganz gleich ergangen war, klagten darüber und freuten sich, daß sie's schon überstanden hatten. Auch wurden sie einig, sie wollten sich hinlegen und schlafen, denn das Jagen brächte doch nichts. Und sie verabredeten, in der nächsten Nacht den lahmgeschlagenen Goldschmied zurücklassen und sich aus dem Staube machen.

Der Goldschmied, der an diesem Tage zurückgeblieben war, sah sich im ganzen Hause um, besuchte alle Zimmerchen, fand auch einen Weinkeller, dessen Tür weit offen stand und der voll des besten Weines war. Dann ging er in die Küche, und siehe: hier kochte und schmorte es schon, daß es eine Art hatte. Die Aale wälzten sich in der Pfanne, die Suppe schäumte, die Erbsen platzten, der Bratspieß drehte sich. Kurz, es rumorte darauf los, als sollte Hochzeit sein. Als aber die Sonne gerade im Mittag stand, kniff es den Goldschmied ins Bein. Erschreckt sah er sich um. Vor ihm stand der Zwergkönig, ernst, doch nicht grimmig, und sprach: „Schöne Geschichte, das! Zwei hab ich schon abgeprügelt, und nun kommt noch der dritte!“

„Liebes Gevatterchen“, sagte der Handwerksbursche, „um Prügel ist mir's weniger zu tun, als um Essen, das kannst du mir glauben! Die letzte Rinde ist verzehrt, und wolltest du uns nur das lassen, was hier kocht und schmort, du würdest uns einen großen Gefallen erweisen, denn wir sind arg hungrig.“ Der Zwergkönig antwortete: „Dir hab ich's gleich angesehen, daß du besser bist als die anderen, du bittest vernünftig, wenn du was haben willst. Behalte es denn. Aber die beiden Halunken sollen nichts abhaben!“

„Liebes Gevatterchen“, sagte der Handwerksbursche wieder, „es ist doch nur ihre Dummheit, vergib es ihnen also!“ Der Zwerg murmelte etwas in seinen langen, weißen Bart und hieß den Goldschmied mitkommen. Er zeigte ihm daraufhin alle Schätze, die in den Zimmern angehäuft waren und erlaubte ihm, mit seinen beiden Weggenossen hier zu bleiben, so lange er wolle, und zu sieden und zu kochen, so viel ihm beliebe. „Das ist recht dankenswert“, meinte der Handwerksbursche, „wo sollen wir aber das Holz zum Kochen hernehmen?“ Der Zwergkönig wies auf den Hof. Da lag Baumstamm an Baumstamm, mehr als genug.

„Liebes Gevatterchen“, sagte der Goldschmied, „das Holz ist aber nicht gespalten!“ „Hier ist ein Beil“, entgegnete der Zwerg und zog ein funkelnagelneues Beil aus der Tasche. „Spalte!“ Der Handwerksbursche erwiderte: “Vier Hände können mehr als zwei, und die Bäume sind so dick. Willst du mir nicht ein wenig helfen?“ „Auch das noch!“ brummte der Zwerg, „nun, meinetwegen, ans Werk!“ Er langte ein zweites Beil aus der Tasche und sie spalteten einen Baum und noch einen und waren schon beim dritten. Eben hatte der Zwerg einen dicken Keil in den Stamm hineingetrieben und lehnte sich über den Baum, um die Axt aufzunehmen, da geriet sein langer Bart in die Spalte. Der Handwerksbursche zog flugs den Keil heraus, und fest saß der Zwerg und heulte und stöhnte. „So bist du also gefangen!“ sagte der Goldschmied, der längst erkannt hatte, daß er den Zwergenkönig vor sich hatte. „Nun bekenne, wo du die drei Königstöchter hast! Ich weiß, daß du sie geraubt hast und ich bin hier, sie wieder zu holen! Wo sind sie? Sag es, oder du bist auf ewig gefangen!“

Der Zwerg wandt und krümmte sich, bat um Befreiung und versprach alles. Aber der Goldschmied ließ ihn nicht eher los, als bis er bekannte: „Die drei Prinzessinnen sind in meinem Schloß. Hier hast du einen Zauberstab. Geh damit in die Mitte des Waldes. Dort, wo er sich mit der Spitze zur Erde neigt, brich ihn dreimal durch. Dann wird sich die Erde öffnen. Und hier hast du einen Bindfaden, zweimal sechsundachtzig Klafter lang. So tief geh, aber tiefer nicht.“ Der Goldschmied dankte, trieb aufs Neue den Keil in den Baumstamm, daß sich der Spalt wieder öffnete, und verschwunden war der Zwergkönig.

Kaum war der Goldschmied wieder im Hause, die Sonne wollte schon untergehen, als der Bediente und der Kutscher heulend hereinstürtzten. „Da hat uns doch einer schrecklich am Bart gezupft und die Ohren gerieben, und ist doch niemand dagewesen“. „Das muß der Zwergkönig gewesen sein!“ sagte der Goldschmied. Und der war es auch. Wie aber staunten die beiden, als sie den Goldschmied frisch und munter, die Tafel gedeckt, die Schüsseln dampfen, die Tische mit Speisen und süßem Wein beladen fanden! Sie fragten und fragten, aber der Goldschmied sagte nichts. So aßen und tranken sie, bis sie müde waren und taumelten dann ins Bett.

Nun blieben sie eine Woche und noch eine und noch eine dritte, und lebten in Saus und Braus. Zwei schlenderten umher, einer kochte und besorgte den Tisch. So ging es alle Tage, immer abwechselnd. Der Kutscher und der Bediente dachten weder an den Vater, der auf seine Kinder wartete, noch an die Mutter, die sich bereits zu Tode gegrämt hatte, noch an die Töchter, die vielleicht auch nicht lauter Freude hatten. Der Goldschmied aber dachte an alles. Und so sehr es ihm hier auch gefiel, endlich sprach er: „Ich schlage vor, wir bekümmern uns nun einmal um die drei Prinzessinnen!“ Die anderen wollten erst nicht, als sie aber sahen, daß es dem Goldschmied ernst war und er allein fort wollte, sagten sie: „Nun, so wollen wir sie suchen. Finden wir sie aber nicht, kommen wir wieder hierher zurück, denn hier ist’s wohl sein!“

Der Goldschmied schlug vor: „Wir ziehen jeder unsere Straße.“ Dagegen sträubten sich die anderen und so fuhren sie zusammen in den Wald. Als sie die Mitte des Waldes erreicht hatten, kehrte sich das Stäbchen mit dem einen Ende zur Erde. Der Handwerksbursche wollte es gerade halten, es ging aber nicht. Die anderen faßten es mit an, es neigte sich. Nun nahm es der Goldschmied und brach’s dreimal durch. Beim erstenmal krachte es in der Erde, beim zweitenmal barst sie ein wenig auf, beim drittenmal tat sie sich auseinander und zeigte eine lange Wendeltreppe von weißem Marmor. „Wer will hinein?" fragte der Goldschmied. Keiner meldete sich. So hieß er die beiden den Bindfaden festhalten, er selber aber stieg hinab, bis der Faden zu Ende war. Da fand er unten ein wunderschönes Schloß mit hohen Türmen und hellen Fenstern, und als er anklopfte, sprang das Tor auf, und er gelangte über einen großen Hof, wo alles still und öde war. Vor der Haustür standen Posten, langbärtige Zwerge, die waren fest eingeschlafen. Er zupfte sie am Bart, er schüttelte sie und rief sie an, sierührten sich nicht. Er klopfte an die Tür, die drehte sich knarrend in den Angeln und er kam in ein schönes Zimmer, in welchem es hell blitzte von blanken Waffen, die an der Wand hingen. Auch waren viele Zwerge da. Die schliefen alle und antworteten nicht. So war's auch im zweiten Zimmer, und als er die Küchentüre auftat, sah er, wie selbst die Flamme schlief, und er dachte bei sich: „Komische Wirtschaft, das!"

Am Ende des zweiten Zimmers war aber eine große, gläserne Türe, die führte in einen großen, weiten Saal. Hier blieb er stehen. Durch die halbgeöffnete Tür sah er die drei Königstöchter an einem Tisch sitzen. Sie waren schrecklich blaß und weinten. Die älteste hatte den Zwergkönig auf dem Schoß, und auch der schlief fest und schnarchte. Der Goldschmied klopfte leise an, da kam die zweite Königstochter herbeigeschlichen und erkundigte sich, wer er sei und was er wolle. Er antwortete: „Ich suche euch! Eure Mutter ist gestorben vor Gram, aber euer Vater hofft auf eure Wiederkehr." Das sagte die zweite den beiden anderen, und alle weinten.

Die älteste aber sprach: „Es geht nicht. Der Zwergkönig läßt uns nicht weg, es wäre denn, daß du ihn tötest." Als der Goldschmied dazu bereit war, holte die jüngste ein blankes Schwert von der Wand, die beiden anderen ließen den Kopf des Zwergkönigs sacht auf einen Stuhl gleiten, während die älteste flüsterte: „Du mußt ihn aber gleich beim erstenmal ganz abhauen!" Und schon rollte der Kopf des Zwergkönigs im Saal umher und der Rumpf zuckte am Boden und das Blut spritzte bis an die Decke. In dem Augenblick, als der Zwergkönig starb, waren auch alle anderen Zwerge, die da geschlafen hatten, tot umgefallen, das Feuer ging aus, und die draußen hörten ein Gepolter und Geseufze, das sie sich nicht erklären konnten. Dann war alles still wie im Grab.

Die drei Schwestern bedankten sich und sagten: „Du hast uns erlöst. Aber drei Tage müssen wir hier noch bleiben, sonst müssen auch wir sterben. So komm denn über die Zeit wieder und hole uns!" Und zum Zeichen gab ihm die älteste eine goldene Sonne, die zweite einen goldenen Mond und die dritte einen goldenen Stern. An allen aber stand der Name des Königs. Der Handwerksbursche versprach es, stieg die Wendeltreppe hinauf, und die Erde schloß sich nicht wieder. Oben angelangt, erzählte er seinen beiden Gefährten, was sich da unten in der Erde zugetragen hatte, nur von den drei Zeichen sagte er nichts. Da wurden sie lustig über die Maßen, sprangen in den Wagen, fuhren los und ließen den Goldschmied zu Fuß nachkommen. Der aber dachte: „Fahrt nur zu!" Unterwegs verbrauchten sie alles Geld, das ihnen der König mitgegeben hattte, und jubelnd fuhren sie vor's Schloß, wo sie mit ihrem Bericht alle erfreuten, besonders den König.

Am andern Tag kam auch der Goldschmied zum Schloß. Er hatte sich wieder Brot gebettelt und die Nacht unter freiem Himmel zugebracht. Er erzählte dem König alles haarklein, und wie die Prinzessinnen so blaß und traurig wären. Da schon meinte der König, er sei der Rechte. Als er nun aber noch die drei Zeichen vorwies, die goldene Sonne, den goldenen Mond und den goldenen Stern, da sagte der König: „Du bist der Rechte. Du sollst die älteste meiner Töchter zu Gemahlin haben und nach mir König werden."

„So erlaubt mir, verehrter König", sagte der Goldschmied, „daß ich zuvor meine alten Eltern wiedersehe und mir deren Segen hole." Des war der König zufrieden und fügte hinzu: „Komm aber ja zur rechten Zeit wieder." Das versprach der Goldschmied. Er konnte aber nicht zur rechten Zeit zurück sein, denn seine Mutter war krank, und sie wollte er erst genesen sehen, worüber Woche auf Woche verging.

Als der Goldschmied am dritten Tage nicht zurückgekommen war, sandte der König den Kutscher und den Bedienten mit vielen Soldaten los, die Töchter zu holen. Sie fanden auch die Stelle wieder, wo die marmorne Treppe hinunter führte, stiegen hinab zu den Königstöchtern und bedrohten sie: „Wenn ihr nicht sagt, daß wir euch erlöst haben, müßt ihr alle sterben." Die Prinzessinnen erschraken sehr. Weil die Schurken aber so grimmige Gebärden schnitten, besannen sie sich und versprachen's. So fuhren sie denn zusammen in's Schloß. Da war lauter Freude und Wonne und viele Fürsten kamen, um dem König und den Prinzessinnen Glück zu wünschen.

Der Goldschmied war aber auch nach mehreren Wochen noch nicht wiedergekommen. Da wurden die beiden anderen ungeduldig und drangen immer mehr auf den König ein, er solle jetzt endlich sein Versprechen erfüllen. Sie wollten um die älteste Tochter losen. Da bestellte der König eine große Versammlung, beschied auch den Kutscher und den Bedienten dahin sowie die drei Töchter und fragte sie, wer sie erlöst habe. „Der Kutscher und der Bediente", sagte die älteste leise, und die beiden anderen bejahten es.

Der König merkte die Schurkerei, aber was sollte er machen? Und so setzte er die Hochzeit fest. Da jammerte die älteste Tochter und bat, noch ein wenig zu warten, die Trauer um die Mutter sei noch so groß, da könnten sie doch nicht hochzeiten und tanzen. Der König sah das ein. Aber nach weiteren vier Wochen, als der Kutscher und der Bediente immer lauter auf ihr Recht pochten, berief der König wieder eine Versammlung ein und bestimmte die Hochzeit auf den siebenten Tag. „Länger", sagte er, „warten wir nicht" und er dachte, „vielleicht ist der Goldschmied doch ein Schelm, weil er nicht wiederkommt, und da hat einer der anderen die Krone verdient".

Die älteste Prinzessin weinte und rang die Hände, denn sie hatte den Goldschmied sehr lieb. Tag und Nacht schaute sie vom hohen Schloß herab und sah sich fast die Augen blind. Am Morgen des siebten Tages, der Bediente war schon stattlich herausgeputzt, denn ihn hatte das Los getroffen, ward es laut vor dem Tor. Die Braut fuhr aus wirren Träumen auf und sah in den Schloßhof hinunter. Und siehe! Der Goldschmied, schmuck angezogen und wunderschön von Gestalt, stritt mit den Posten, die ihn nicht einlassen wollten. Da konnte sie sich nicht mehr halten. „Das ist der Rechte!“ rief sie aus dem Fenster. „Der Rechte ist da!“ rief sie ihrem Vater in die Kammer zu.

Der Goldschmied kam herein und alle bewunderten den schmucken, schlanken Jüngling. Er sagte: „Ich konnte nicht eher kommen, denn meine Mutter war krank und ich wollte nicht ohne meine Eltern Hochzeit feiern, da hinten kommen sie gefahren“. Und er bat den König um Verzeihung. Der freute sich sehr, daß sich nun doch noch alles zum Guten wendete und sagte zu seiner ältesten Tochter: „Nun heirate diesen, der ist der Rechte!“ Hierauf ließ er den Goldschmied abtreten und den Kutscher und den Bedienten hereinrufen. „Was verdient der“, fragte der König die beiden, „der seinen Herrn und König betrügen will?“ Die beiden wußten aber nicht, daß der Goldschmied da war, meinten, der König ziele mit seiner Frage auf ihn und antworteten: „Der soll von vier Pferden auseinandergerissen werden!“ „Ihr habt euch selbst das Urteil gesprochen“, sagte da der König und winkte seinen Soldaten, daß sie die beiden abführten. Der Goldschmied, der sich nebenan im Zimmer aufhielt, hatte alles mit angehört. Er stürzte herein und bat für die beiden. Der König jedoch, so gern er ihm sonst einen Gefallen getan hätte, mußte es ihm abschlagen.

Der Goldschmied aber heiratete die älteste Prinzessin, erhielt nach des alten Königs Tode die Krone und sie lebten glücklich miteinander bis an Ihr Ende.

Aschenpöling - ursprünglich in Altenhagen

Es waren einmal zwei Leute, die hatten elf Söhne und für keinen was zu essen. Nun begab es sich, daß die Frau noch ein Kind gebar, das war eine Tochter, und die sah aus wie eine Prinzessin. Doch so sehr die Eltern sich über das kleine Mädchen freuten, niemand im Dorfe freute sich mit, und niemand wollte Gevatter werden bei dem armen Würmlein. Darüber betrübte sich der Mann, und seiner Frau mochte er es gar nicht sagen.

Eines Morgens ging er in den Wald, um wie gewöhnlich Holz zu hauen. Als er sich müde gearbeitet hatte, legte er sich unter einen Busch und seufzte so recht aus Herzensgrund. Da kam eine alte Frau hinter dem Busch hervor, die sah sehr traurig aus und sprach zu dem Holzhauer: „Was fehlt dir?“ Er mochte es erst gar nicht sagen, dann aber erzählte er doch, was ihn so bedrückte, und daß das kleine Mädchen so schön sei und niemand Gevatter werden wolle. Da schüttelte die Frau traurig den Kopf, ging mit, hielt das Kind über die Taufe, schenkte ihm drei blanke Goldstücke und verschwand. Und sie ließ nicht eher wieder was von sich hören, als bis das kleine Mädchen eineinhalb Jahre alt war. Da kam sie eines Tages wieder, bat sich die Kleine aus und die Eltern gaben sie ihr gern mit. Die Frau aber brachte das Kindlein in ihr Haus mitten im Wald, und das Mädchen wuchs und gedieh zusehends und wurde die schönste Jungfrau in der ganzen Welt.

An dem Tage, an welchem die Jungfrau gerade ihren fünfzehnten Geburtstag feierte, sprach die treue Patin zu ihr: „Mein liebes Kind, ich muß dich auf drei Tage verlassen. Hier hast du alle Schlüssel. Besieh dir die Zimmer, so viel zu willst, nur das, zu welchem dieser kleine goldene Schlüssel paßt, öffne nicht. Gehorche meinen Worten, liebes Kind, du brächtest sonst großes Herzeleid über dich und über mich!“ Und sie sah die Jungfrau so bittend an, daß es dieser durchs Herz ging und sie alles versprach. Den ganzen Tag aber war sie betrübt, daß sie sich zum erstenmal von der Alten verlassen sah, und schloß keins der Zimmer auf. Erst am andern Tage besah sie dieselben und staunte über all die Pracht und Herrlichkeit. Doch das eine Zimmer, zu welchem der kleine goldene Schlüssel paßte, das öffnete sie nicht. In der Nacht aber dachte sie fortwährend: „Was mag nur in dem Zimmer sein, zu welchem der kleine goldene Schlüssel gehört, das ich nicht öffnen soll?“ Und sie hatte keine Ruhe.

Am nächsten Morgen besah sie wieder alle Zimmer. Vor dem verbotenen Zimmer ging sie erst lange hin und her. Zuletzt aber meinte sie: Ich will die Tür nur ein ganz klein wenig öffnen und auch gleich wieder verschließen, das wird wohl nicht schaden. Und so gewaltig ihr Herz auch kopfte, sie öffnete die Tür und sah hinein. Was aber erblickte sie da! An der Wand ihr gegenüber hing ein großer Spiegel mit goldenem Rahmen, und aus dem Spiegel schaute eine wunderschöne Jungfrau, die hatte königliche Kleider an und trug eine goldene Krone auf dem Haupte. Daß sie selber diese Jungfrau war, das wußte sie zu der Zeit aber noch nicht. Auch hatte sie noch nie einen Spiegel gesehen und trug auch kein königliches Gewand und keine goldene Krone. Als sie aber näher ging, um alles besser zu betrachten, stieß sie an ein Gefäß voll Menschenblut. Sie erschrak und ließ ihren Näh-Ring hineinfallen, und als sie ihn wieder herausholte, da war er voll Blut, und das Blut ging nicht wieder weg, sie mochte reiben, so viel sie wollte.

Eben hatte sie das Zimmer wieder verlassen, da kam die treue Alte zurück, sah den blutigen Ring und sprach traurig: „Törichtes Kind! Wann werde ich nun erlöst?“ Und sie weinte bitterlich. Dann faßte sie die Jungfrau bei der Hand, führte sie aus dem Hause und sagte: „Nun sind wir auf ewig getrennt, und eigentlich sollte ich recht böse auf dich sein. Ich kann es aber nicht. Hier hast du mein Patengeschenk.“ Und sie gab der Jungfrau ein Kästchen und sagte weiter: „So oft du dreimal stillschweigend auf dieses Kästchen klopfst und dir dabei etwas wünschst, so bekommst du es. Damit geleite dich Gott! Mir aber komm nie wieder vor die Augen!“

Die Alte ging ins Haus und verschloß es hinter sich. Die Jungfrau indes ging schluchzend in den großen Wald hinein.“ Sie kannte sich aber in dem Wald nicht aus und verirrte sich bald. Die Dornen zerfetzten ihre Kleider und zerkratzten ihr Hände und Gesicht. Zu essen hatte sie nichts als die Beeren, die da wuchsen und schlafen mußte sie auf der kalten Erde. So war sie denn bald ein wahres Bild des Jammers.

Da trug es sich zu, daß der König im Walde jagte. Als seine Hunde das Mädchen aufspürten und es aufsprang, um den Hunden zu entkommen, meinte er zuerst, es sei ein wildes Tier und wollte es erlegen. Doch zum Glück erkannte er die menschliche Gestalt, ließ das Mädchen einfangen und mit ins Schloß nehmen. Da mußte es Holz und Wasser tragen und das Feuer schüren, und weil es dabei so voll Staub und Asche wurde, nannten es die Leute nicht anders als Aschenpöling.

Nun begab es sich, daß der König, heiraten wollte und deshalb einen Ball ausschrieb, zu welchem alle Prinzessinnen des Landes geladen wurden. Bei der Gelegenheit wollte er sich eine Gemahlin aussuchen. Gegen Mitternacht, als Aschenpöling die Küche in Ordnung hatte, dachte sie: Möchtest auch wohl einmal tanzen. Und sie holte das Kästchen hervor, klopfte dreimal stillschweigend darauf und wünschte sich ein königliches Gewand. Und eh sie's recht bedachte, war sie in ein königliches Gewand gekleidet. Sie ringelte ihr goldenes Haar und ging in den Saal. Der König tanzte eben mit einer schönen Königstochter, als er aber Aschenpöling eintreten sah, ruckte es in seinem Herzen und er ließ die Königstochter stehen und tanzte mit Aschenpöling die ganze Nacht bis in den lichten Morgen. Da eilte die Jungfrau an ihre Arbeit und der König mochte suchen und fragen, so viel er wollte, er fand sie nicht.

Da ward der König sehr traurig und sein Herz wollte springen vor Sehnsucht. Am folgenden Abend war wieder Ball. Und als Aschenpöling wieder eintrat und ein noch schöneres Gewand anhatte, ließ der König wieder die Prinzessin stehen, mit der er gerade tanzte, und er tanzte mit Aschenpöling die ganze Nacht bis in den lichten Morgen. Als sie auch diesmal wieder verschwand, wurde er noch trauriger und aß und trank nichts mehr denselbigen ganzen Tag.

Am Abend des dritten Tages war wieder Tanz. Aber der König tanzte nicht, er wartete bis Aschenpöling kam. Und als sie eintrat, trug sie ein Gewand, das war so schön, wie es noch nie ein Mensch gesehen hatte. Und der König tanzte mit ihr die ganze Nacht bis in den lichten Morgen. Und er gab ihr einen goldenen Ring und dachte: Diesmal kann sie nicht wieder fort, denn ich habe das ganze Schloß mit Soldaten umstellen lassen. Sie konnte aber doch fort, denn sie blieb ja im Schlosse, tat ihr Küchenzeug an und war wieder das Aschenpöling.

Der König wollte vergehen vor Sehnsucht und schickte Boten in alle Welt, daß sie die schöne Jungfrau suchten. Indes, keiner fand sie, und sie war ihm doch so nahe.

Am dritten aber Tage bemerkte der Koch den Ring an Aschenpölings Finger, den er noch nie vorher gesehen hatte und dachte nicht anders, als daß sie ihn gestohlen hätte. Als er die Jungfrau darüber zur Rede stellte, nahm sie den Ring und warf ihn flugs in die Suppenschale, die für den König bestimmt war. Da fand ihn der König, und er fragte den Koch, woher der Ring gekommen sei, und der Koch erzählte ihm, was er von der Sache wußte. Da ging der König in die Küche, und als er eintrat, stand da Aschenpöling in demselben Gewand, das sie am ersten Abend getragen hatte, und das dem König von allen am besten gefiel und er nahm sie in seine Arme und machte sie zu seiner Gemahlin. Als nun Aschenpöling Königin war und die goldene Krone auf hatte, blickte sie zufällig in den großen Spiegel im Saal. Da wußte sie, wen sie damals in dem goldenen Spiegel gesehen hatte, damals in dem verbotenen Zimmer in dem kleinen Haus im Wald. Und sie war eine edle Königin und alle hatten sie sehr lieb.

Das Märchen vom weißen Ziegenbock - ursprünglich in Eldagsen

Es war einmal ein kleines Mädchen, das hatte weiter nichts als seine Eltern, und die Eltern hatten weiter nichts als ihre Tochter, und sie waren alle drei unbeschreiblich glücklich. Als aber das kleine Mädchen neun Jahre alt war, gingen die Eltern zum lieben Gott und da hatte es nichts mehr auf der weiten Welt und war unbeschreiblich unglücklich. Und als die Eltern begraben waren, warfen's die Leute auf die Straße und es setzte sich auf einen Stein, der am Wegesrand stand und weinte bitterlich.

Da ging gerade eine alte Jungfer vorüber, die war reich und hatte ein gutes Herz. Und als sie das kleine Mädchen so wimmern sah und nach Vater und Mutter jammern hörte, nahm sie es mit in ihr Haus, gewann es sehr lieb, hielt es zu allem Guten an und ließ es fleißig unterrichten. Das dauerte so fort, bis das Mädchen fünfzehn Jahre alt war. Da wurde die alte Jungfer sehr krank, und weil das Mädchen sie so unverdrossen versorgte, wollte sie ihm all ihr Vermögen vermachen. Das wurde bald unter den Leuten bekannt. Insbesondere hörte es auch ein vornehmer Herr, der früher einmal reich gewesen war, aber all sein Vermögen durchgebracht hatte. „Ei“, dachte er, „da könntest du ja noch einmal einen guten Fang machen! Heirate die Alte auf dem Sterbebette, so gehört dir ihr ganzes Hab und Gut!“ Er suchte seine besten Kleider hervor, machte sich schick und ging hin zu der Kranken. Die war indes dank der guten Pflege schon wieder auf dem Wege der Besserung. Er hielt um ihre Hand an und die alte Jungfer willigte ein. Das Mädchen aber, Röschen hies es, war gerade nicht zu Hause. Als die Kranke gerade ihr Ja-Wort gegeben hatte, trat Röschen in die Stube, fragte, was sie tun solle, und ging wieder hinaus. „Wer ist denn das?“ sagte der Herr, „das ist doch nicht etwa deine Tochter?“ „Das nicht“, erwiderte die Braut, „es ist mein Ziehkind, hat keinen Vater und keine Mutter mehr, hab sie aus Barmherzigkeit zu mir genommen und sie hat mir viel Freude gemacht.“

„Das ist aber ein schmuckes Ding“, sagte der Bräutigam. „Nur, es ist mir unangenehm, daß sie hier bei dir ist. Sie gaffte uns eben schon so an und wird das künftig noch mehr tun. Doch jung und schön ist sie, das ist wahr!“ Die Braut aber war alt und häßlich. Und der vornehme Herr hatte das auch nur gesagt, daß sie eifersüchtig werden und Röschen hassen sollte. Und von Stund an haßte sie das Mädchen und war ganz giftig zu ihm, weil es jung und schön, sie selber aber alt und häßlich war.

Röschen wußte zuerst gar nicht, wie sie diesen Wandel deuten sollte und war umso gefälliger und aufmerksamer zu ihrer Ziehmutter. Abes es half alles nichts, die Braut wurde immer unfreundlicher, und eines Tages rief sie Röschen zu sich und sprach: „Höre, Röschen, ich habe nun das Meinige an dir getan, ja mehr noch, als ich eigentlich gesollt hätte. Jetzt will ich mich verändern und kann dich deshalb nicht mehr bei mir behalten.“ Das Mädchen erschrak zutiefst, weinte und schluchzte. Aber es blieb dabei, noch zur selbigen Stunde mußte sie aus dem Haus. Da setzte sie sich wieder auf den Stein, wo sie vor mehreren Jahren schon einmal gesessen hatte und war ebenso arm und verlassen wie damals. Und sie wanderte fort in die weite Welt und hoffte auf Gott.

Anfangs zog sich der Weg durch Wiesen und Felder, die ihr wohl bekannt waren, aber bald kam sie in einen großen Wald, da war sie noch nie gewesen. Und der eine Weg teilte sich in drei. Alle drei Wege aber verloren sich in dem dichten Gebüsch. Röschen wählte jedoch nicht lange. „Alle Wege führen irgendwo hin und Gott ist auf allen Wegen“, dachte sie und ging den mittleren Weg. Und sie wanderte und wanderte, immer geradeaus, bis es dunkel wurde. Da legte sie sich unter eine Eiche, lehnte den Kopf an eine dicke Eichwurzel und schlief ein. Am anderen Morgen wusch sie sich mit dem klaren Wasser, das aus einer nahen Quelle sprudelte, strich sich das Haar glatt und wanderte auch den zweiten Tag wie den ersten, ruhte die zweite Nacht wie die erste, und nachdem sie auch den dritten Tag gegangen war, legte sie sich wieder unter eine Eiche, betete und schlummerte ein.

Da begab es sich, daß ein Kohlenbrenner, der in der Nähe bei seinem Meiler wohnte, mit einem kleinen Wagen voll Kohlen vorbeizog. Der Hund, welcher den Wagen zog, witterte das Mädchen und blieb stehen. Dadurch war der Köhler aufmerksam geworden, sah sich um und siehe! Unter der Eiche ruhte eine Jungfrau, die war so schön wie ein Engel. Der Köhler war ein ebenso armer wie braver Mann und er und seine Frau hatten sich schon immer ein Kind gewünscht, aber keines bekommen. Er ging darauf zu, faßte Röschen bei der Hand und fragte: „Woher kommst du, schönes Mädchen?“ Röschen schlug die Augen auf, und als sie den schwarzen Mann vor sich erblickte, erschrak sie und schrie laut auf. „Erschrick nicht“, fuhr der Köhler fort, „ich sehe zwar schwarz aus, bin aber ebenso weiß wie die andere Menschen und meine es gut mit dir. Die Sonne geht unter, der Boden wird feucht und kalt, darum steh auf, du würdest sonst noch krank. Und noch einmal fragte er: „Woher kommst Du? Und wie heißt du?“ Da erzählte Röschen ihre ganze Geschichte.

„Armes Kind“, sagte da der Köhler, „komm doch mit in meine Hütte. Ich habe ein braves Weib, und wenn du mit Brot, Butter, Milch und Käse zufrieden bist, so sollst du uns herzlich willkommen sein, und wenn du unser Kind sein willst, so soll unsere Hütte und alles was wir haben, einst dir gehören. Da legte Röschen ihre weiße Hand in die schwarze des Köhlers, sah hell auf zu ihm und weinte. „Nun komm in unsere Hütte, dort wo das Licht scheint, sind wir zu Hause. Wie wird sich meine Mieke freuen“, sagte der Köhler. Mieke war nämlich des Köhlers Frau, und er selbst hieß Michel. Röschen bat, langsam nachkommen zu dürfen, und während der Köhler voraus fuhr, kniete Röschen nieder, faltete die Hände und dankte dem lieben Gott dafür, daß sie endlich wieder zu Menschen gekommen war. Nun ging sie dem Lichte zu. Mutter Mieke stand vor der Tür und nahm sie in die Arme. Bald stand das Essen auf dem Tisch, sie falteten die Hände und Vater Michel betete laut. Dann schliefen sie alle drei mit Gott ein. Drei Jahre lebte Röschen da, wurde alle Tage schöner und Vater Michel und Mutter Mieke hatten sie sehr lieb. Und auch Röschen war ihren Pflegeeltern von ganzem Herzen zugetan.

Eines Abends lag Röschen nachdenklich im Bett und ließ ihr bisheriges Leben in Gedanken vorüberziehen. Gerade als sie einschlummern wollte schlug die alte hölzerne Uhr in der Stube elf, und es kraspelte etwas draußen am Kammerfenster. Erschreckt sah sie hin und erblickte im Mondenschein zwei schwarze, krumme Hörner und gleich darauf schaute der weiße Kopf eines Ziegenbocks groß durch das Fenster herein. Sie wollte aufstehen, wollte rufen, konnte es jedoch nicht. Sie kroch vor Angst unters Deckbett, zitterte an allen Gliedern und betete. Der Ziegenbock aber tat, als wolle er das Fenster öffnen, und als das nicht ging, sprach er mit flehender Stimme:

Röschen, öffne doch die Tür
Und laß mich gleich hinein zu dir.
Küßt du mich auf Stirn und Mund,
Wirst du glücklich sein zur Stund.

Der Ziegenbock sagte das dreimal. Röschen antwortete aber nicht. Als sie auch beim dritten Mal nicht aufstand, die alte hölzerne Uhr in der Stube schlug eben zwölf, da wurde der weiße Ziegenbock wütend, stieß mit Macht gegen die Wand, daß das ganze Haus dröhnte, und lief kläglich meckernd davon. Am anderen Morgen, als Röschen aus der Kammer kam, sah sie sehr blaß aus, und deshalb, und weil sie so spät aufstand, fragten Vater Michel und Mutter Mieke, was ihr fehle, und ob ihr nicht wohl sei. Sie antwortete nichts darauf und dachte: „Sollst erst abwarten, wie es die nächste Nacht geht."

In der zweiten Nacht ging es gerade wie in der ersten. Röschen hatte die Lampe brennen lassen, und als sie gebetet hatte und eben einschlummern wollte, die alte hölzerne Uhr in der Stube hatte kaum elf geschlagen, da kraspelte es wieder draußen am Fenster. Der weiße Ziegenbock war da und bat so traurig und so flehend:

Röschen, öffne doch die Tür
Und laß mich hinein zu dir.
Küßt du mich auf Stirn und Mund,
Wirst du glücklich sein zur Stund.

Röschen war wieder unter die Decke gekrochen und verging fast vor Angst, und ihr Herz klopfte gewaltig. Der Ziegenbock blieb wieder eine volle Glockenstunde und sagte seinen Spruch dreimal, und als es zwölf schlug, und Röschen noch nicht geantwortet und auch nicht geöffnet hatte, da stieß er mit seinen großen schwarzen Hörnern alle Scheiben ein und lief mit furchtbarem Geschrei in den Wald zurück. Am andern Morgen stand Röschen erst sehr spät auf und sah aus wie der Kalk an der Wand. Vater Michel und Mutter Mieke entsetzten sich vor ihr, und nun mußte sie doch alles erzählen.

„Gottlob", rief Mutter Mieke, „daß er weiß ausgesehen hat! Denn hätte er schwarz ausgesehen, so wäre er vom Bösen, nun er aber weiß ausgeshen hat, so ist er vom Guten. Wenn ich dir raten soll, so leg dich heute Abend mit vollem Zeug ins Bett, und wenn alsdann der Ziegenbock wiederkommt, so geh in den Hof, gib ihm die Hand und küsse ihn dreimal auf Stirn und Mund, so wird gewiß alles gut werden. Wir wollen in der Nähe sein und auf dich achten." Röschen versprach, daß sie es so tun wolle, betete des Tages fleißig und des Abends im Bette auch. Als es elf schlug, kraspelte es draußen wieder am Fenster. Der weiße Ziegenbock guckte herein und sagte dreimal hintereinander mit gar trauriger Stimme:

Röschen, öffne doch die Tür
Und laß mich hinein zu dir.
Küßt du mich auf Stirn und Mund,
Wirst du glücklich sein zur Stund.

Röschen zitterte heftig, stand aber auf, und als der Ziegenbock seinen Vers zum dritten Male gesagt hatte, öffnete sie die Tür und ging auf den Hof hinaus. Der Mond schien hell, im Walde regte sich kein Blatt. Als der Ziegenbock Röschen sah, kam er ihr entgegen, legte seine Vorderfüße auf ihre Schultern, und sie küßte ihn dreimal auf Stirn und Mund. Beim drittenmal, die alte hölzerne Uhr in der Stube schlug gerade zwölf, donnerte es gewaltig durch den ganzen Wald, und aus dem weißen Ziegenbock ward der schönste Königssohn geworden, den man sich nur denken kann, und vor der Hoftür stand ein prachtvoller Wagen mit zwei mutigen Rossen. Der Königssohn umarmte das zitternde Mädchen und sprach: „Du hast mich erlöst und bist nun meine Gemahlin. Nun aber rasch in den Wagen, denn wir müssen noch dreihundert Meilen reisen, und wenn wir bis morgen mittag um zwölf nicht dort sind, so bin ich wieder auf sieben Jahre ein weißer Ziegenbock.

„So laß mich zuvor Vater Michel und Mutter Mieke noch küssen, sie haben mich so lieb gehabt!" bat Röschen. Aber der Königssohn erwiderte: „Wir haben jetzt keine Zeit zu verlieren, wir holen sie nach. Jetzt laß uns eilen!" Als der Köhler mit seiner Frau auf den Hof kam, sahen sie gerade noch, wie der Königssohn mit Röschen davonjagte. Sie riefen und jammerten, doch keine Antwort kam zurück. Und als sie hinliefen und den langen Weg hinunter schauten, da war der Wagen längst verschwunden. Traurig gingen sie in ihre Köhlerhütte zurück und fühlten sich sehr einsam und verlassen. Das Brautpaar unterdes fuhr mit der Schnelligkeit des Blitzes über Feld und Flur, bergauf und bergab, und so rasch sie auch fuhren, die Pferde wurden nicht matt, dem Wagen geschah nichts und ihnen selber geschah auch nichts. Als die Sonne aufging, waren sie schon über halb hin. Sie mußten aber noch durch drei große Wälder, die waren von sonderbarer Art, und als sie an den ersten kamen, erschrak der Königssohn sehr und gab Röschen schnell die köstlichsten Süßigkeiten und den lieblichsten Wein, um sie abzulenken. Er wollte ihr auch noch die Augen verbinden, ließ es dann aber sein, weil Röschen es sich nicht gefallen lassen wollte.

Und als sie in den Wald kamen: Welch ein Duft! Und was für eine Pracht! Auf allen Bäumen saßen schöne Blumen, und die Büsche waren lauter Haseln, die trugen unzählige Nüsse, und alle Nüsse waren von Gold. Der Königssohn jagte mächtig darauf los und als Röschen bat: „Darf ich nicht ein paar Nüsse mitnehmen?“ wollte er es nicht zulassen. Aber dann mochte er es ihr doch nicht abschlagen, hielt die Rosse an, so ungern er's auch tat, und ließ sie aussteigen. „Aber“, bat er, „eile dich, oder wir kommen zu spät!“ Sie flog von Busch zu Busch und pflückte von den goldenen Nüssen in ihre Schürze. Er rief und drängte, aber es dauerte doch eine volle Viertelstunde, bevor sie zurückkehrte. Als sie wieder eingestiegen war, peitschte er die Tiere an, daß sie kaum die Erde mit ihren Hufen berührten, so sprangen sie.

Es dauerte nicht lange, da waren sie im zweiten Wald. Der war noch schöner als der erste und duftete noch lieblicher. Und als Röschen die zahllosen goldenen Birnen sah, die an den Bäumen hingen, bat sie: „Darf ich mir nicht ein paar davon abpflücken?“ Er wollte es diesmal noch weniger gern, dennoch hielt er an und ließ sie aussteigen. Als sie aber immer weiter eilte und zuletzt gar aus seinen Augen verschwand, band er die Pferde an einen Baum, lief ihr nach und holte sie zurück. Darüber war eine gute halbe Stunde vergangen. Noch rascher jagte er jetzt darauf los, und durch die Felder und Wiesen ging's, ohne daß eine Spur zurück blieb. Bald war es Mittag, und sie hatten noch weit zu fahren. Dem Königssohn war ganz beklommen zu Mute. Noch nie hatte er die Wälder so unheimlich gesehen wie jetzt. Und noch hatten sie den dritten Wald vor sich.

Der dritte Wald war der prächtigste von allen: Die Blumen waren von Gold, und in den dunklen Kronen leuchteten goldene Äfpel. Als Röschen auch hier aussteigen wollte, schlug er's ihr freundlich ab. Aber sie weinte bitterlich. Da pfiff er, und die Pferde standen wie gebannt. „Bitte, beeile dich!“, rief er ihr nach, als sie ausgestiegen war. Röschen jedoch flog von Blume zu Blume, von Baum zu Baum, und verlor sich endlich in der Weite des Waldes. Er eilte ihr nach, er rief sie, er knallte mit der Peitsche - umsonst. Nirgends war auch nur eine Spur von Röschen. Die Stunde aber drängte, und so stieg er traurig in den Wagen, trieb die Rosse an und jagte allein der Königsstadt zu. Über Flüsse und Seen gings dahin, als wären sie mit Eis belegt. Immer rascher und rascher fuhr er, daß die Tiere schäumten, und beim letzten Zwölfuhrschlag der Turmuhr hielt er im Hofe des königlichen Schlosses. Herzlich umarmte er den lieben Vater, beweinte die aus Gram um ihn gestorbene Mutter und sandte sofort tausend Soldaten aus, daß sie Röschen suchten. Dann verfiel er in eine schwere Krankheit und redete irre.

Als Röschen aus dem herrlichen Wald zurückkam und den Wagen nicht mehr fand, war sie sehr traurig und seufzte: „Ach, wärest du doch wieder bei Vater Michel und Mutter Mieke!“ Schließlich faßte sie sich aber und ging den Weg, der geradeaus führte, und in ihrer Schürze trug sie die goldenen Blumen und die goldenen

Früchte. Als die tausend Soldaten ankamen, war sie längst fort. Die durchsuchten den ganzen Wald, trommelten, pfiffen und lärmten, hörten und sahen jedoch nichts von Röschen, und auch die goldenen Blumen und Früchte waren nicht mehr da. Am Abend des dritten Tages kamen sie zurück in die Stadt und sagten dem König, daß sie die Jungfrau nicht hätten finden können. Der Königssohn verstand die Nachricht nicht, da er ganz von Sinnen war.

Etwa vierzehn Tage später kam Röschen auch in die Königsstadt. Sie hatte sich von Dorf zu Dorf gefragt und für eine goldene Blume oder eine goldene Frucht stets Speise und Nachtlager erhalten. Als sie in die Stadt kam, war da großer Jubel, denn der Königssohn fuhr zum erstenmal wieder aus. Viele Könige und Fürsten waren geladen, seine Wiederkehr und seine Genesung zu feiern. Röschen ging durch die Straßen, da begegnete ihr des Königs Küchenmeister. Sie fragte ihn nach einer guten Herberge. Der Küchemeister sah von ungefähr in ihre Schürze und staunte über die schönen goldenen Sachen, die sie darin hatte, und nachdem er sie genauer betrachtet hatte, sprach er: „Wollt ihr mir die nicht verkaufen?“ und bot ihr sechshundert Dukaten dafür. Röschen war damit gern zufrieden, und während sie nach der Herberge ging, trug der Koch die goldenen Blumen und Früchte auf's Schloß.

Die Dornen hatten Röschens Kleider arg zerfetzt. So kaufte sie sich neue, ließ sich alsdann ein wenig Essen und Trinken geben und erkundigte sich nach dem jungen Königssohn. Sie hörte nur Gutes von ihm, aber auch von seiner langen Abwesenheit, daß er verwünscht war, und daß er nach seiner Rückkehr sehr krank gewesen ist. Der Königssohn saß unterdessen an der Tafel, und so viel Mühe der Vater und die Gäste sich auch gaben, er war nicht aufzumuntern. Immerzu mußte er an Röschen denken. Und davon war er sehr traurig, denn er glaubte nicht anders, als daß die wilden Tiere sie zerrissen hätten. Nach vielen anderen Kostbarkeiten kam noch eine verdeckte Schüssel auf den Tisch. Und als der Koch sagte: „Das ist das Beste von allem“, schoben sie die Schüssel dem traurigen Königssohn hin. Der nahm den Deckel ab, und siehe, da lagen die goldenen Nüsse, Birnen und Äpfel darin! „Woher hast du die?“ fragte er den Koch. Und der Koch erzählte, es ihm, und auch, wie das Mädchen ausgesehen hat und daß sie eine ganz andere Sprache spricht. „Das ist sie!“ rief der Königssohn voller Freude, stand von der Tafel auf und eilte zum Gasthaus, wo Röschen war. Sie hatte sich inzwischen fein angezogen und sah eben aus dem Fenster, als der Königssohn ankam. Dann fielen sie einander in die Arme und küßten sich.

Nun gingen sie zusammen auf's Schloß, und als sie Arm in Arm in den Speisesaal traten, und der Königssohn Röschen vorstellte, da wurde großer Lärm. An der Tafel saßen nämlich mehrere Prinzessinnen, die sich Hoffnung auf den schönen Königssohn gemacht hatten, darunter besonders auch eine häßliche Verwandte, die Tochter vom Bruder des Königs, die keine Eltern mehr hatte. Als die sah und hörte, was da vorging, fing sie laut an zu lachen, und die anderen alle lachten mit. „Was lacht ihr?“ zürnte der Königssohn. Sie aber antworteten: „Uns ist gerade etwas eingefallen.“ Da rief er: „Das ist nicht wahr! Ihr lacht über diese Jungfrau da. Aber ich sage euch, sie hat mich erlöst und wird meine Gemahlin sein!“ Da willigte der König gern ein und bat die Gäste, gleich zur Hochzeit dazubleiben. Röschen indes wünschte, es möchten doch erst Vater Michel und Mutter Mieke geholt werden. Ein Regiment Soldaten wurde hingesandt und die Hochzeit so lange aufgeschoben. Die Soldaten zogen aus und reisten und reisten, und konnten erst gar nicht zu der Köhlerhütte hinfinden. Aber eines Tages fanden sie doch hin.

Die Köhlerleute standen traurig vor ihrer Hütte und sprachen wie so oft von Röschen. Wie sie die Soldaten erblickten, die geradeswegs auf ihr Haus zukamen, erschraken sie sehr und verschlossen die Tür. Als aber die Soldaten sagten, Röschen habe sie gesandt, da weinten sie vor Freude, öffneten die Tür, zogen ihre Sonntagskleider an und setzten sich auf den Wagen, den der Königssohn für sie mitgeschickt hatte. Und wie wurden sie in der Stadt von Röschen und von dem Königssohn herzlich empfangen! Und der König sprach zu ihnen: „Bleibt bei mir bis an den Tod, ihr sollt es gut haben." Und sie blieben da und freuten sich.

Die Hochzeit ward mit großer Pracht und Herrlichkeit gefeiert. Dann zogen die vornehmen Gäste wieder fort. Nur die häßliche Prinzessin, die keine Eltern mehr hatte, blieb da. Und die verleumdete die junge Frau wo sie nur konnte und sann auf ihr Verderben. Sie fing es auf alle mögliche Weise an, doch der Königssohn wurde an seiner Gemahlin nicht irre, und die Dienerinnen hatten sie so lieb, daß sie die gütige Herrin hüteten wie ihren eigenen Augapfel. So konnte die häßliche Prinzessin ihr lange nichts anhaben. Endlich aber machte sie es folgendermaßen: Sie baute ein allerliebstes rundes Gartenhäuschen und ließ es von einer alten Hexe verzaubern. Da brauchte es nur dreimal gedreht zu werden, was sehr leicht ging, und es hob sich in die Luft und flog in alle Welt. Wie nun alles fertig war, lud sie Röschen ein, das Haus zu besehen. Röschen freute sich darüber und ging arglos hinein. Als sie nun drinnen war, drehte die häßliche Prinzessin das Gartenhäuschen dreimal herum und es flog mit Röschen hoch in die Luft und davon. Die Dienerinnen weinten und rangen die Hände, da ließ die böse Prinzessin sie ins Gefängnis werfen, und als der alte König sich auch nach Röschen sehnte, mischte sie ihm Gift in den Wein, daß er starb. Und dem jungen König gab sie einen Trank, den ihr die alte Hexe gebraut hatte, der verblendete ihm so die Augen, daß er die häßliche Prinzessin für Röschen und für seine Gemahlin hielt. Und so machte er sie zur Königin.

Röschen saß unterdessen auf einer Klippe im Weltmeer. Nachdem ihr Häuschen lange geflogen und endlich mitten über das große Wasser gekommen war, zerbrach es in der Luft. Doch Röschen fiel nicht ins Wasser, wie die Hexe es gewollt hatte, sondern auf einen großen Stein, der im Meere lag und oben trocken war. Hier saß sie drei Tage und drei Nächte, hatte nichts zu essen und nichts zu trinken, und hätte sie nicht auf Gott vertraut, sie hätte verzweifeln müssen. Am Morgen des dritten Tages schien es mit ihr zu Ende zu gehen, sie konnte schon nicht mehr weinen und fiel von einer Ohnmacht in eine andere. Da plötzlich fuhr es am Himmel herauf wie eine schwarze Wolke. Es rauschte über ihr, und als sie den Kopf hob und aufsah, da war es nicht der Tod, sondern der Vogel Greif. Der senkte sich nieder, nahm sie mit seinen großen Fängen auf und trug sie fort über Meer und Land und setzte sie an der Stelle ab, wo einst der Königssohn zum weißen Ziegenbock geworden war. Und wie das geschah, muß ich zwischendurch mal kurz erzählen:

Mitten im Walde lag ein großer, heller Teich. Hier wohnte die Wasserfrau. Sie pflegte sich immer um die Mittagszeit zu baden und danach kämmte sie sich das Haar, das war ganz golden und so lang, daß sie sich hineinwickeln konnte. Und dabei sang sie wundervolle Lieder. Nun war einmal der Königssohn in dieser Gegend auf der Jagd. Da traf er auf ein weißes Reh, das sprang vor ihm ins dichte Gebüsch. Er nahm sein gutes Schwert und hieb sich Bahn ins Gebüsch und kam bis an den hellen Teich. Dort badetet gerade die Wasserfrau. Entrüstet über den ungebetenen Gast befahl sie ihm, sofort zurückzugehen. Er jedoch lachte und blieb stehen, und dazu hatte er auch noch schlechte Gedanken gegen sie. Da hüllte sich die Wasserfrau in ihr langes Haar, stieg über die Wasserfläche empor, hob die Hand und sprach: „Für Deine bösen Gedanken sollst Du sieben Jahre ein weißer Ziegenbock sein, und wenn Dich während dieser sieben Jahre nicht Köhlers Röschen erlöst, so bist Du's noch weitere sieben Jahre." Und sie sang ein sanftes Lied, daß die Blätter an den Bäumen aufhorchten, als wären's Ohren, alle Tiere im Walde den Atem anhielten und der Wind sich auf die Zweige setzte und lauschte.

Kaum war der Vogel Greif mit Röschen angekommen, quoll das Wasser in der Mitte des Teiches langsam auf und glänzte wie Silber. Alsbald erschien die Wasserfrau um zu baden und sich zu kämmen. Da sprach der Vogel Greif zu ihr: „Behalte Röschen so lange hier, bis ich wiederkomme." Und die Wasserfrau behielt Röschen da und ließ sich ihre ganze Geschichte erzählen.

Röschen hatte eben zu Ende erzählt, da kam wieder ein großer Schatten, er kam über den ganzen Teich, und mit dem Schatten kam der Vogel Greif. In seinen Fängen hielt er den verblendeten König und die häßliche Prinzessin. Er setzte sie nieder und flog wieder fort, und alle Bäume brausten, solch einen Sturm erregten seine Schwingen. Die Wasserfrau aber sang dem jungen König ein Lied, erst ganz leise, dannn immer lauter, und das Lied war die Geschichte vom jungen Röschen. Als sie zuletzt Röschens Namen sang, da holte der junge König tief Atem, öffnete seine Augen und sank weinend vor Röschen nieder. Es war ihm, als erwachte er aus einem schweren Traum. Die Wasserfrau aber war sehr ernst und sprach zu ihm: „Warum hast du die vergessen, die dich erlöst hat, und die falsche Dirne genommen? Führe Röschen heim in dein Schloß, verlaß sie nie wieder und halte sie lieb und wert, sonst wird es dir schlecht ergehen!" Der junge König bat herzlich um Verzeihung, setzte sich mit Röschen in den prachtvollen Wagen, der da stand, führte seine schöne Gemahlin jubelnd ins Schloß und hatte sie lieb bis in den Tod.

Die häßliche Prinzessin stand indessen am Ufer und schimpfte. Da schwamm die Wasserfrau heraus, warf sie zu Boden, entkleidete sie, peitschte ihr mit einer Haselrute dreimal über den Rücken und rief: „Fliege fort! Fliege fort!" Und die häßliche Prinzessin ward eine Eule und flog fort. Die Wasserfrau hat sie in den Wald bei der Köhlerhütte verbannt und da muß nun flattern und kreischen bis an den Jüngsten Tag. Vater Michel und Mutter Mieke haben viele Jahre friedlich und glücklich im Schloß gelebt. Nachdem Mutter Mieke die Kinder groß gewiegt hatte, ist sie einen sanften Tod gestorben. Danach hat sich Vater Michel hier nicht mehr wohl gefühlt und ist wieder in seine alte Köhlerhütte zurückgekehrt, wo er, so meinte er jedenfalls, seinem Gott näher war als in dem prächtigen Schloß in der Stadt. Dort hat er die verwunschene Eule noch oft kreischen gehört.

Der weiße Hirsch - ursprünglich in Stemmen

Es war einmal ein Müller, der hatte keine Kinder und war darüber sehr traurig. Als er nun eines Tages in seiner Mühle war und mahlte, sah er auf dem Mühlenteich eine große Schachtel schwimmen und fing sie ein. Neugierig öffnete er den Dekel. Und siehe! Da lag ein kleiner Knabe darin und weinte. Der Müller freute sich sehr, brachte ihn zu seiner Frau, und sie erzogen ihn mit Liebe und Sorgfalt und hatten ihn herzlich gern. Er war ihnen auch gehorsam und in Treue zugetan, doch hatte er immer etwas ganz Besonderes an sich. Als er vierzehn Jahre alt war, fragte ihn sein Vater, was er werden wolle und hoffte, er würde sagen: Ein Müller will ich werden. Er aber antwortete: „Ein Jäger will ich werden." Und so sehr die Mutter bat und so gern der Vater ihm die Mühle vererbt hätte, er blieb dabei: „Ein Jäger will ich werden." So kam er denn bei einem alten befreundeten Jäger in die Lehre und als der ihn einige Tage mitgenommen hatte, traf er alles, wonach er schoß.

Als er eines Tages so den Wald durchstreifte, sah er einen großen, weißen Hirsch. Er schoß nach ihm und hatte auch diesmal wieder gut gezielt, dennoch lief das blutende Tier davon. Verwundert folgte der Jägerbursch der Spur und gelangte bald an ein großes Schloß, welches er früher hier noch nie bemerkt hatte. Und da war der Hirsch verschwunden. Er ging hinein, fand aber keinen Menschen, und der weiße Hirsch war auch nirgends anzutreffen. Er durchsuchte alle Zimmer und kam zuletzt an eins, in dem stand ein großer Tisch mit den schönsten Speisen und in der einen Ecke befand sich ein weiches und reich ausgestattetes Bett. Da er sehr hungrig und müde war, aß er sich rechtschaffen satt und legte sich dann schlafen. Es wurde aber eine rauhe Nacht! Brüllend strich der Wind durch den dichten Forst und als die Glocke zwölf schlug, hörte er einen schrecklichen Lärm. Die Tür zu seinem Zimmer ward geöffnet, eine Gestalt trat herein und legte sich auf sein Bett. War er nun hierüber schon mächtig erschrocken, so entsetzte er sich noch weit mehr, als er die Gestalt berührte. Sie war rauh wie ein Bär und kalt wie Eis. Wie war er froh, als es endlich eins schlug und das Gespenst sich wieder davonmachte!

Am andern Tage, als der junge Jäger aufstand, fand er ein Frühstück auf dem Tisch, und nachdem er gegessen und getrunken hatte, ging er weg. Als er hinaus in den Hof kam, rief eine Stimme: „Junger Jäger, hat dir's hier gefallen, so komm heut' Abend wieder!" Sehr deutlich hörte er die Stimme. Aber woher sie gekommen war, das konnte er nicht herausbringen, denn nirgends fand er eine Spur von einem lebenden Wesen. So ging er denn der Mühle zu, wie er oft zu tun pflegte, und traf hier auch den alten Jäger an. Sie fragen ihn, wo er die Nacht über gewesen sei, denn sie hatten sich sehr um ihn gesorgt. Er jedoch antwortete ihnen nicht.

Am Abend begab er sich wieder in den Wald. Es erging ihm genau wie das erstemal. Als es zwölf schlug, erschien die Gestalt wieder und legte sich auf sein Bett. Sie war aber nicht mehr so kalt, sondern schon halb warm und nur noch halb rauh. Und als es eins schlug, verschwand sie wie in der vorigen Nacht. Am Morgen stand wieder ein köstliches Frühstück auf dem Tisch und er verzehrte es mit Genuß. Als er danach weggehen wollte und in den Schloßhof kam, rief die Stimme wieder: „Junger Jäger, hat dir's gefallen, so komm heut' Abend wieder!"

Die Eltern hatten wieder die ganz Nacht gewacht und auch der alte Jäger hatte keinen Schlaf finden können. Als der junge Jäger endlich zurückkehrte, und sie ihn fragten, wo er die Nacht zugebracht habe, da antwortete er ihnen wieder nicht. Nun paßten sie den ganzen Tag auf ihn auf und baten ihn, er solle bei ihnen bleiben. Doch gegen Abend schlich er sich heimlich fort und eilte wieder dem Schlosse zu. Auch diesmal begab sich alles wie das erste und das zweite Mal. Als aber um zwölf die Gestalt wieder zu ihm kam, war sie ganz glatt und warm und blieb bis in den hellen Morgen. Und als der junge Jäger die Augen aufschlug, fand er neben sich eine wunderschöne Königstochter! Sie standen auf und kleideten sich an. Und da kamen der König und die Königin mit vielen Dienstleuten herein und der König sagte zu ihm: „Du hast uns erlöst, darum sollst du nun unsere Tochter zur Gemahlin haben und nach meinem Tode König sein über das ganze Land."

Da ward große Freude überall. Der junge Jäger holte seine Eltern auf das Schloß und auch der alte Jäger mußte kommen und nun erzählte er ihnen, wo er die drei Nächte gewesen war. Am andern Tag wurde die Hochzeit gefeiert. Viele Gäste kamen und alle freuten sich über das schmucke Brautpaar.

Von dem Dreikessel - ursprünglich in Springe

Sieben Meilen hinter Eulenpfingsten lebten in alter Zeit ein Mann und eine Frau. Sie aßen und tranken und waren allzeit guter Dinge. Der Mann aber war ein Müller. Sie hatten eine einzige Tochter, die war so schön, daß sogar die Fische im Bach ihre Freude an ihr hatten und herbeikamen und in die Luft sprangen, wenn sie im Sommer am Wasser saß und ihre Füße spülte. So schön war sie.

Da kam eine teure Zeit ins Land und die Bauern brachten nur wenig Korn zum Mahlen in die Mühle. Deshalb hatten die Müllersleute bald nichts mehr zu Essen. So ging die Frau eines Tages hin, schüttelte alle Kisten und Kasten und klopfte alle Säcke aus, kochte einen Roggenbrei und tat etwas Salz daran. Dann sagte sie: „Dies wird unsere letzte Mahlzeit sein, wir können uns dann hinlegen und sterben." Als der Brei fertig war, kam der Mann in die Küche, nahm den hölzernen Löffel und wollte einmal davon schmecken. Die Frau aber verwehrte es ihm, und als er Gewalt brauchen wollte, nahm sie den Kessel auf den Kopf und lief davon, daß ihr die Haare um den Nacken flogen. Der Mann mit dem Löffel in der Hand setzte hinter ihr her und als die Tochter das sah, nahm sie ihre Schuhe in die Hand und lief hinter ihrem Vater her. Sie kamen bald in einen Wald, da verlor das Mädchen einen Schuh, und während sie den suchte, ohne ihn finden zu können, verschwanden Vater und Mutter zwischen den großen Bäumen. Da setzte sie sich hinter einen Busch und weinte. Und wenn sie daran dachte, daß sie für ihre zwei Füße nur noch einen Schuh hatte, weinte sie noch viel mehr.

Wie sie nun so da saß und jammerte und klagte, daß es einen Stein hätte erbarmen können, stand auf einmal eine steinalte Frau vor ihr. Die fragte: „Was fehlt dir, mein Kind?" Das Mädchen antwortete: „Ach, die Mutter kochte vom letzten Mehl einen Brei, und als der Vater davon schmecken wollte, wollte es die Mutter nicht leiden. Da hat sie den Kessel auf den Kopf genommen und ist davongelaufen, und der Vater läuft hinter ihr her mit dem Löffel in der Hand. Ich bin ihnen nachgelaufen, hab meinen einen Schuh verloren, und während ich den suchte, verschwanden Vater und Mutter hinter den Bäumen. Was soll ich nun anfangen? Ach, hätte ich doch nur den Schuh wieder!"

„Hier hast du einen anderen", sagte die Frau, griff in die Tasche, holte einen funkelnagelneuen Schuh heraus und gab ihn dem Mädchen. Sie sagte: „Sei ruhig, mein Kind. Wenn du tust, was ich dir jetzt sage, so wird alles gut. Geh noch ein wenig tiefer in den Wald hinein, da kommst du bald an ein großes Haus, das ist ein Königsschloß. Da geh hinein, und wenn sie dir viele Kleider vorlegen, seidene, wollene und leinene, und dir sagen, du sollst dir davon eins auswählen, so such dir das schönste seidene aus, und wenn sie dich fragen, warum du dir gerade das seidene wählst, so antworte: Ich bin in Seide erzogen. Das Mädchen bedankte sich und ging und kam bald an das schöne Schloß. Sie trat ein, und als ihr viele Kleider vorgelegt wurden, seidene, wollene und leinene, suchte sie sich das schönste seidene aus, wie die alte Frau ihr geraten hatte. Da kam der König herzu und fragte: „Warum wählst du dir denn gleich ein seidenes?" Sie antwortete: „Ich bin in Seide erzogen". Eigentlich aber war sie in Linnen erzogen.

Nun hatte der König einen Prinzen, der war zwölf Jahre alt und sollte heiraten, und als die Müllerstochter in dem seidenen Kleide herein kam, lief es dem Prinzen heiß durch's Herz und er sagte: „Lieber Vater, wenn ich doch nun einmal mit Gewalt heiraten soll, so gebt mir die", und er zeigte auf die Müllerstochter, „eine andere nehm ich nie und nimmermehr!" Des waren alle froh und die Hochzeit wurde angesetzt.

Eines Tages, die Braut stand gerade oben im Saale am Fenster und besah sich die Gegend, siehe, da lief da ihre Mutter vorbei mit dem Kessel auf dem Kopf, daß ihr die Haare um den Nacken flogen, und hinter ihr her lief der Vater mit dem großen, hölzernen Löffel in der Hand. Da konnte sie es nicht lassen, sie mußte laut auflachen. Das hörte der Prinz im Nebenzimmer, kam herein und fragte: „Schätzchen, was lachst du?" Sie wollte die Geschichte von ihren Eltern nicht gern erzählen und antwortete deshalb: „Ich lache darüber, daß wir in diesem kleinen Schlosse Hochzeit halten sollen. Wo sollen hier nur die vielen Gäste unterkommen?“ „Ja, hast du denn ein größeres?“ fragte der Prinz. Sie antwortete: „Ja, ein viel größeres.“ Sie hatte aber gar kein Schloß. „Ei“, sagte der Prinz, „so laß uns die Hochzeit noch acht Tage aufschieben. Wir bestellen dann alle Gäste auf dein Schloß und feiern dort die Hochzeit.“ Damit ging er weg, um es seinem Vater, dem König, zu sagen. Die Müllerstochter aber stieg hinab in den Hof und war traurig, denn wo sollte das große Schloß nun herkommen?

Während sie nun da so saß und weinte, stand auf einmal wieder die alte Frau vor ihr und fragte: „Was fehlt Dir?“ Die Müllerstochter erzählte ihr, was vorgefallen war, daß sie ihrem Bräutigam die Geschichte von ihren Eltern nicht erzählen wollte und vorgegeben habe, ein größeres Schloß zu besitzen. Nun solle die Hochzeit dort gefeiert werden, und dabei habe sie doch gar kein Schloß. „Das hast du doch“, erwiderte die Alte, „sei nur ruhig und fahre getrost mit hin. Wenn ihr ein Stückchen gefahren seid, springt ein weißer Pudel aus dem Gebüsch, den nur du allein sehen kannst. Wo der hinläuft, da laß dich hinfahren.“ Damit verschwand die alte Frau wieder und das Mädchen ging zurück in den Saal. Und als acht Tage um waren und die Gäste zur Hochzeit kamen, fuhren sie über die Brücke hinaus in den Wald. Bald sprang ein weißer Pudel aus dem Gebüsch, den nur die Müllerstochter sehen konnte und sonst keiner, und wohin der lief, ließ sie ihren Wagen fahren und die anderen Wagen kamen alle hinterdrein.

Als sie eine Weile unterwegs waren und den Gästen die Zeit zu lange zu dauern anfing, fragten sie: „Sind wir denn noch nicht bald da?“ Sie antwortete: „Sogleich.“ In demselben Augenblick stand der Pudel still und verschwand wieder im Gebüsch, und wo er verschwunden war, stand plötzlich ein großes Schloß mit hohen Türmen und hellen Fenstern, und lustig drängte sich der Rauch aus allen Schornsteinen. „Das ist mein Schloß“, sagte die Braut. Da stiegen alle aus und gingen hinein und siehe, die Tische waren gedeckt, die Betten gemacht und die Bedienten liefen ein und aus. Da hielten sie Hochzeit ein halbes Jahr lang. Dann, am letzten Tage, als sie schon gepackt hatten, um wieder nach dem alten Schlosse zu fahren und zum letztenmal bei Tische saßen, da plötzlich rumpste etwas gegen die Tür, daß sie krachend aufsprang. „Frau Königin! Frau Königin!“ rief eine Frau, die mit einem Kessel auf dem Kopfe hereinstürzte, „Frau Königin, schützt mich; mein Mann will mich schlagen!“ Und da kam der Mann hereingestürzt mit einem hölzernen Löffel in der Hand, der war ganz wütend und wollte die Frau schlagen, ließ es aber bleiben, als er die hohen Gäste sah.

„Das sind meine lieben Eltern“, sagte die junge Königin. Und der junge König freute sich, und der alte König auch, denn sie hatten die schöne junge Frau über die Maßen lieb. Da erzählte die Müllerstochter ihre ganze Geschichte. Und als sie geendet hatte, mußte einer der Bedienten den großen hölzernen Löffel nehmen und jedem der Gäste einen Löffel voll von dem Brei auf den Teller geben, dem alle ihr Glück zu verdanken hatten. Und alle aßen davon und lobten seinen Wohlgeschmack. Der Müller und die Müllerin aber bekamen Wein und Braten, soviel sie nur essen konnten, und das war nicht wenig, denn sie hatten sich ungemein hungrig gelaufen.

Waldminchen - ursprünglich in Hannover

Es war einmal ein kleines Mädchen, das machte seinen Eltern vielen Kummer, denn so hübsch es anzusehen war, so häßlich war sein Herz. Es war zänkisch und eigensinnig, und Ermahnungen und Strafen wollten bei ihm nicht anschlagen. Eines abends tummelte es draußen mit den Straßenjungen umher, und als es zum Essen gerufen wurde, wollte es nicht kommen. Und als es mit Gewalt geholt wurde, da wollte es nichts essen. So kam es hungrig ins Bett. Und als es in der Nacht aufwachte, war es hungrig und schrie nach einem Butterbrot, und als die Mutter nicht aufstehen wollte, da lärmte und kreischte es. „Ei", rief endlich die Mutter ärgerlich, „ich wollte Waldminchen käme und holte dich!" Und kaum hatte sie das gesagt, da ging die Kammertür auf und Waldminchen kam herein. Und die Waldfrau schritt auf das Bettchen los, zog die Decke weg, nahm das kleine Mädchen in ihren Arm und trug es hinaus in die Nacht. Als es am andern Morgen aufwachte, da lag es auf dürrem Laub in einer langen Höhle, und als es nun Vater und Mutter nicht finden konnte, fing es bitterlich an zu weinen.

Die Waldfrau aber hatte ein gutes Herz. Sie ging zu dem kleinen Mädchen und sagte: „Wärest du artig gewesen, so wärest du bei deinen Eltern geblieben, sobald du artig wirst, kommst du wieder hin, bleibst du aber so eigensinnig, dann geht dir's schlecht." Hierauf kamen Waldminchen Dienerinnen, zogen das kleine Mädchen hübsch an und fürhten es zu einem kleinen Hause hinten in der Höhle. Da waren viele kleine Kinder, mit denen lief es auf die Wiese, und sie pflückten Blumen und wandten Kränze. Und die Dienerinnen brachten ihnen das Beste zum Essen und zum Trinken. Das ging so mehrere Tage, aber dann fing das kleine Mädchen Zank mit den Kindern an. Da gingen sie zu Waldfrau und erzählten es ihr. Da kam es in einen dunklen Winkel und mußte da den ganzen Tag alleine sitzen. Als auch das nicht helfen wollte, nahm sie es auf den Arm und trug es tief in den Wald hinein. Als sie einen Tag gegangen waren, hörten sie ein fürchterliches Brausen und als sie nahe genug dran waren, sahen sie ein großes Wasser und an dem Wasser drei sonderbare Mühlen. Und die Waldfrau ging mit dem unartigen Mädchen auf die erste Mühle los, setzte es auf das Mühlrad und sagte: „Was jung ist, wird alt. Was alt ist, wird jung!". Und das Mühlrad drehte sich flinker und flinker und so oft das kleine Mädchen herum war, war es drei Jahre älter. Und als es ein altes, runzeliges Weib geworden war, da hoben es zwei Männer in den Kasten einer der beiden anderen Mühlen, die eine Weibermühle war, und während die Waldfrau wieder ihren Spruch sagte, war es schon wieder so jung wie vorher und noch hundertmal schöner geworden.

Als Waldminchen und das kleine Mädchen nun eben fort wollten, kam da ein alter Mann durch die Büsche gegangen. Das war der Vater. Und die Waldfrau führte ihn zu der dritten Mühle, die eine Männermühle war. Zwei Weiber warfen ihn in den Kasten und währen die Waldfrau wieder ihren Spruch sagte, kam er unten schon wieder als Jüngling zum Vorschein. Nun nahm er sein Kind bei der Hand und brachte es nach Hause. Seit der Zeit aber ist die Tochter immer gehorsam gewesen.

(gekürzt)

Von Zwergen, Koboldenund Riesen

Der Zwerg mit der grünen Peitsche - ursprünglich in Altenhagen

In alten Zeiten, als die Prinzessinnen noch nicht so vornehm waren, lebten einmal drei Königstöchter, die arbeiteten den ganzen Tag wie andere Mädchen. Eines Tages, die Sonne schien warm vom Himmel und die Vögel zwitscherten lustig darein, gingen die drei Schwestern in den Schloßgarten. Die älteste spann auf einem goldenen Rade, die zweite brachte die goldenen Fäden auf einen goldenen Haspel, und die jüngste spielte mit einem goldenen Apfel. Und dabei sangen sie so wundersüße Weisen, wie sie sonst kein Mensch singen kann und alle Vögel schwiegen still und hörten ihnen zu.

Da trug es sich zu, daß der goldene Apfel der jüngsten Königstochter in einen Busch rollte. Sie bog die Zweige auseinander, und als sie den goldenen Apfel eben aufgegriffen hatte, langte ein häßlicher Zwerg durch die Zweige des Strauches, packte sie und trug sie fort. Den goldenen Apfel hielt die Königstochter mit ihren feinen Händchen fest umklammert und nahm ihn mit. In demselben Augenblick faßten zwei andere häßliche Zwerge durch den hohen Busch, unter welchem die beiden anderen Königstöchter arbeiteten, packten sie und trugen auch sie fort. Die älteste Königstochter hielt das goldene Spinnrad, die zweite den goldenen Haspel fest, und sie nahmen beides mit. Die Zwerge liefen nun mit den Prinzessinnen in den großen Wald und brachten sie in eine tiefe Höhle. Da war alles aus Gold, und den Königstöchtern gebrach es an nichts. Sie waren indes sehr traurig und verzagt und aßen und tranken nur wenig, nur so viel, daß sie eben nicht verhungerten und verdursteten. Als dem König das schreckliche Unglück gemeldet wurde, zog er mit allen seinen Soldaten aus, um seine Töchter zu suchen, und alle Bürger und Bauern suchten auch mit. Die Prinzessinnen aber waren nicht zu finden.

Nun hatte der König eine Wache im Schloß zurückgelassen, die bestand aus einem Offizier, einem Wachtmeister und einem Soldaten. Kaum war der König fort, so überredete der Offizier den Wachtmeister, sie wollten die Krone stehlen und alles Gold und alle Edelsteine. Sie wollten auch den Soldaten dazu verführen, der weigerte sich mitzumachen und blieb auf seinem Posten. Da drohte ihm der Offizier ihn zu erstechen. Dieser Gewalt konnte sich der Soldat nicht widersetzen und so sagte er zu. Der Offizier und der Wachtmeister packten ihm nun den größten Teil dessen auf, was sie gestohlen hatten, und das war nicht wenig. Der Soldat folgte mit seiner Last den beiden und als sie in den großen Wald gelangten, legten ihm die beiden auch noch ihre Last auf, so daß der Soldat mit jedem Schritt glaubte, niederbrechen zu müssen. Der Offizier und der Wachtmeister aber gingen derweil lustig nebenher. Da plötzlich sprangen aus dem Gebüsch eine Menge Zwerge hervor. Die verbläuten den Offizier und den Wachtmeister tüchtig. Ihn selber aber erlösten sie von seiner Last und verschwanden mit der Krone, dem Gold und den Edelsteinen.

Nachdem sich der Offizier und der Wachtmeister von ihrem Schrecken erholt hatten, wanderten alle drei weiter und gelangten bei dunkler Nacht an ein kleines Haus. Sie klopfen an, woraufhin eine Stimme 'herein' sagte. Sie traten ein, aber drinnen schien nichts Lebendiges zu hausen, und so setzten sie sich gemütlich an den Tisch, der von Speisen und Getränken nur so klackte und schnabulierten wacker darauf los. Als sie satt waren, nahm der Offizier eine Tabakspfeife von der Wand und ging in die Küche, um Feuer zu holen. Während er nun in der Asche nach einem Funken suchte, flammte es plötzlich dreimal hell auf und bei jedem Lichtschein erhielt er einen Hieb über Kopf und Hände, wie von einer großen Peitsche. Entsetzt stürzte er zurück und schickte den Wachtmeister hinaus. Diesem erging es ebenso. Dann mußte der Soldat in die Küche. Auch er bekam drei Hiebe, aber ihn machte das nicht irre. Er sah vielmehr, als es hell war, nach oben, und siehe! Da oben im Wiemen schaukelte sich in einem großen Wurstring ein Zwerg, der hatte eine grüne Peitsche neben sich, und so oft er die Peitsche berührte, blitzte es. „Laß das Schlagen sein, oder ich wehre mich!" rief der Soldat, und als der Zwerg nicht nachließ, setzte er eine Leiter auf den Herd, stieg hinauf, ergriff den Zwerg beim Bart und schleuderte ihn zu Boden, daß er den Bart in der Hand behielt und der Zwerg heulend aus dem Hause lief. Da war alles still und die drei gingen zu Bett.

Am andern Morgen fanden sie, daß der Zwerg heftig geblutet hatte. Sie gingen der Spur nach und kamen an eine tiefe Höhle. „Laßt mich hinab!" sprach der Soldat, als die anderen beiden nicht wollten. Da banden sie ihm ein Seil um den Leib und ließen ihn hinunter. Unten traf er auf mehrere Türen. Und wenn er sie öffnete, fand er nur leere Zimmer. Endlich kam er an eine Tür, da wurde auf sein Klopfen „herein" gesagt. In dem Zimmer saß die älteste Königstochter. Sie hatte einen Zwerg auf dem Schoß, der schlief, während sie ihm das struppige Haar streichelte. „Nimm das Schwert von der Wand und hau ihm den Kopf ab!" flüsterte sie dem Soldaten zu. Der wollte das wohl gern tun, konnte aber das schwere Schwert nicht heben. Da sprach sie weiter: „Nimm die Kruke vom Bord und befeuchte mit der Salbe deine Gelenke, das wird dir Kraft geben!" Er tat es, und nun hob er mit Leichtigkeit das schwere Schwert und schlug dem Zwerg den Kopf ab. Die Königstochter dankte ihm von ganzem Herzen und schenkte ihm ihr goldenes Spinnrad. Der Soldat führte sie an die Öffnung, band ihr das Seil um den Leib und ließ sie von seinen Kameraden hinaufziehen.

Dann ging er zur nächsten Tür. Auch hier wurde „herein"" gesagt. In dem Zimmer saß die zweite Königstochter und hatte einen Zwerg auf dem Schoß. Er erlöste sie auf dieselbe Weise wie die erste. Und auch hinter der letzten Tür wurde „herein" gesagt und der Soldat fand in dem Zimmer die dritte Königstochter und auch sie hatte einen Zwerg auf dem Schoß. Er erlöste auch sie, aber als auch die dritte Königstochter nach oben gezogen war, kam das Seil nicht wieder herunter. Der Offizier und der Wachtmeister waren nämlich mit den Königstöchtern davongegangen, um sie ihrem Vater zu bringen.

Da war der Soldat in der Höhle in großer Not. Ratlos irrte er von Zimmer zu Zimmer. Plötzlich sah er vor einem der Zimmer die grüne Peitsche an einem Pflocke hängen. Er nahm sie und ging damit in das Zimmer hinein. Hei! Wie tanzte der Zwerg, als er den Soldaten erblickte! „Nun gib mir die Krone und das Gold und die Edelsteine!" forderte der Soldat und zeigte ihm die grüne Peitsche. „Sehr gern, sehr gern", erwiderte der Zwerg. Und da lagen die Krone, das Gold und die Edelsteine schon auf dem Tisch und es fehlte nicht ein Stück. „Nun schaff mich hinauf!" rief der Soldat. Und der Zwerg rief zurück „Sehr gern, sehr gern".

Da führte der Zwerg den Soldaten durch einen unterirdischen Gang auf die Erde, schenkte ihm einen Wagen mit sechs Pferden und der Soldat jagte zum König auf das Schloß. Als der König die ganze Wahrheit erfuhr und die Krone nebst dem Gold und den Edelsteinen sah, gab er dem Soldaten die jüngste Tochter und setzte ihm eigenhändig die Krone auf. Den Offizier samt dem Wachtmeister wollte er hängen lassen wegen ihrer Untreue, doch er begnadigte sie und machte den Offizier zu seinem Kutscher und den Wachtmeister zu seinem Bedienten.

(Colshorn)

Smeet Häutjen heriut!*

In eolen Teen, as et overall up de Eer noch Twerge geven harre, het se ok deep ünnern Stemmer Barge ehre Wohnunge hatt. Man dat is all lange her un se sin da verswunnen wie annerswo ok.

Eines giuen Dooges in'r Sommertied, seau kort vor'r Aarn, hodde de Stemmer Schaper Karel Peepenbrink baben up'n Stemmer Barge sene Schape. Hei harre von Dooge senen Ärger. Ünnen in Dörpe schöll en greote Hochteet efiert weern. Lunen Weeschen free den Tinsbiuren senen Ölsten. Un alle, up de wat eräket word, wören innelaan. Öne aver, iusen Musche Schaper, harren se nich innelaan, weil hei be düssen Art Gelegenheiten den Hals nich hille genaug vull kreegen könne. Un wenn hei denn einen in Baste harre, was hei en greoten Quesenkopp un fong jümmer an teau stänkern, dat'r sek neiner vor hechten könne. Vor liuter Wiut niu, datt öne düsse gladde Hochteetsfier iut'r Näse gaan schölle, schimpe hei in eins weg me senen triuen Teven: „Phelax, Lork, her kum be mek. Wutte inne Foore!“ Reine dewisch woord de döllmsche Keerl vor liuter Ärger. Mit'r lüttjen Schuten an senen langen Schaperstocke smeit hei de Schape, dä da ganz ruhig fräten deen, datt sei sek verjoogen, un reit den eolen groten Bock, de nichts ahnend in sene Neuchte kamm, seau wisse mit'n Hakenstocke an rechten Hinnerbeine, datt'e daalstörte.

Da kummt van Dörbruche her de ole Swain Krischan Wulf me sener Drifft heran etoogen. De was eok nich na'r Hochteet innelaan, harre aver eok gar nich damee eräket. Hei was de Ärmste in ganzen Dörpe un woone in Armenhiuse. Hei harre neinen heogen Heaut und eok neinen Kerkenrock. Me seener klatrigen Joppen, wo ein Flicken up'n annern satt un in sener smärigen Böxen könne hei jeo woll slecht en feine Biurenhochteet memaken. Düt sach hei in un was teaufree dabee. As hei vandooge sene Swene tauhoope tiuten dee un up senen Kauhorn bleis: „Tiuut - Tiuut - tiuut, laat de Sweene heriuut!“ deo harre öne de eole Tinsbiure en Buddel Branneween teauestäken, woreuber hei sek ganz bannig efreuet harre. Hei was in sener besten Stimmunge, denn hei harre all af un teau seau lütsch annelicket, un sung sek einen.

Deo sach hei up'n mal den Schaper, de en ganz ärgerliget un brummsches Gesichte reit. Hei wußte gleek, wat de Klocke esloogen harre, könne sek aver in sener heilen Hiut nich ebargen un reip öne teau: „Karel, Minsche, wat daast diu denn heer noch up'r Waa? Mak datt diu na Hius kummst un tu dek wat an, süs kummste te late na'r Hochteet!“ Deo woord de Schaper aver fuinsch! Hei grapsche en Bruil van'r Eere up un smeit däne hinder den Swain her, dat de hurtig make, dat hei me senen Sweenen na'n Leetgrunne hendal kamm. As hei weege was, sette sek iuse Schaper up'r Eere und keik na Stemmen hendal, ob woll all Hochteetslui te seihn wören. Un richtig, da kamm se all en Kaleschen van Bahrßen *(Barrigsen)* her ankarjuckelt. Vorn up'n Bocke satt de Biure, et was woll de ole Thele, me siner Friu un hinnen in'r Schottkelln satt'n ganze Reege Kinner. Be lüttjen keimen eok de Lui all iut'n Hiüsern un gungen na'n Hochteetshiuse. Niu diure et nich mer lange, un de Klocken fungen an te luien.

De lüttje Klockn heure sek an, as wenn en an'n kaputten Kaffeepott slat. Sei reip:

	„Wattenbeier-Koolschaln! Wattenbeier-Koolschalen!“
Und de greote Klockn reip:	*„Greote Beonen! Greote Beonen!“*
De lüttje antwoore:	*„Und de mag ek nich! Und de mag ek nicht!* „
Denn kamm de greote weer:	*„Giff se mek man! Giff se mek man!“*

Un seau güng dat jümmer füdder, jümmer afwesselnd. De Schaper smeit sek up'n Rügge un keik in'n bloogen Heben. Hei harre en Smacht in Baste und en Bärendöst, datt hei sek nich te helpen wußte. Aver en Kneaust dreuge Breod un en Stücke gälstrigen Speck, dateau swarten Zichorjenkaffee, dat was van Dooge allens in seen Bört, wo se doch an düssen Dooge ünnen in Dörpe in Saan un Braan swelgen. Nä, datt öne de Tinsbiure dütt annedaan un öne nich innelaan harre, dat wolle hei öne seen Levedooge nich vergeeten!

As hei seau en teetlang eleegen harre, word dat mitterweegens jümmer wärmer. De Sunne meine et seau giut, datt de Kraa up'n Boome jappe. Ganz stille was et ümme öne ewoorn. De Schape harren sek daal eleggt un arkauen und de Teve satt up'n Hinnerbeen'n, leit de Tungen lang iut'n Mule hängen un hechele vör Hitze un Döst. Deo heurt de Schaper up'n mal, datt eine seggt: „Smeet Häuitjen heriut!“ Hei verjooget sek, denn hei harre doch neinen Minschen eseihn, un richte sek up. Deo suiht hei en ganz lüttjen Twerg vor den deipen Locke be den greoten Doornbusche staan und iut den Locke flüggt en Müssen, de stölpet sek de Twerg up'n Kopp un swupp - was hei nich mer te seihn.

De Schaper ritt de Eogen up un denket: „Slaap ek ödder waak ek?“ Deo krappele noches seau'n lüttjen Keerl me'n langen Barte iut den Locke un röpt: „Smeet Häuitjen heriut!“ Un weer flüggt en Tarnkappen heriut, de sek de Twerg upsett't - un weege is hei. Seau gaat dat in ganzen seeben Mal. Deo schütt et iusen Musche Schaper dör den Kopp, schast doch man seihn, ob diu nich eok seau en Kappen kreegen kannst. Ganz smutsche slickt hei sek na den Locke hen un röpt hinein: „Smeet Häuitjen heriut!“ Deo seggt eine van ganz ünnen: „Is nein Häuitjen mer da, as Grootvadder sin Häuitjen!“

„Och“, antwoort de Schaper, „Grootvadders Häuitjen is eok all giut, smeet man riut!“ Un richdig, deo flüggt en Müssen heriut. Hurtig stölpet sek iuse Schaper de up'n Kopp un nein Minsche kann öne mer seihn. Düt was niu aver wat for! Teuf man, denke hei, jetzt gaaste eok na'r Hochteet un denn wutte woll seihn, datte teau denen Rechte kummst. Eseggt, edaan. Hei is up'n mal basig vergnuigt, locket senen Teven un seggt ganz fruindlich teau öne: „Phelax, passe mek giut up, ek kome balle weer!“ Hei smitt öne seen Freuistücke hen un sluirt na Stemmen hendal.

Been Tinsbiuren wören se all van'r Kerken weer trügge un seiten an langen Dischen up'r greoten Däle. Baben an Enne stund en Disch twer un da satt in'r Midden dat Briutpaat un rechts un links de beiden Öllern- Eok de eole greese Tinsbiuren-Opa me senen tweiundneegentig Joahren satt noches ganz risch hindern Dische. Sei eten und drünken un harren et just seau hille, as wenn se be'n Infeuern wören. Ganz ünnen an Dische was noch en Steaul free. Da sette sek iuse Musche Schaper hen, fong an teau eten un teau drünken, dat en beter „fräten un soupen“ datau seggt. De Mäikens, de dat Uppdischen deen, wunnern sek, dat de Schötteln und Pötte an düssse Stee immer seau reine as utelicket un de Flaschen jümmer leeg wören.

Et diure denn eok nich lange, deo was düsse Siuput von Schaper weer seau schetendicke, dat öhne ganz slecht woord. Un wat dee düsse Sweenegel? Hei klatere up'n Disch un wolle doch wahrhaftig in de greote Zuppenterreene rinmaken. Dabee stödde öne einer, de noch en Leepel vull Zuppen wolle, mit den greoten Sleif an de Tarnkappen, dat de öne van Koppe störte. un nu seihen se alle middenmal den Schaper in senen Taustanne baben up'n Dische staan. Dat gaff'n Halleo! Se togen öne von Dische herdal, fällen aver öne her un swüngen öne ganz gruenhaft dör. Denne faaten öne en paar stäbige Keerls ben Kripps, reiten de Greote Dör up un smeiten öne midden up'n Meßhoff. Heer bleiv hei erst en teetlang liggen, eir hei weer tau'r Besinnunge kamm. Denn kravvele hei sek heoch un sleik sek hen na Hius.

Fietschen, wat seen Friuensminsch was, verjeoge sek nich slecht, as hei so annestuikelt kamm. Un wo sach hei iut? De Kleder vull Meß un de Eogen blitzeblaag eslogen. „Dat scha'et dek garniches“, schimpe se leos, „datt se dek emal seau richdig verdöschet het, diu Siupiut!“ Un et härre nich veel anne fehlet, denn härre sei öne eok noches afeswungen. „Et schöll jeo eok nich weer vorkomen“, brummele de Schaper un drücke sek in de Stiuben, smeit sek up'n Fiusteaul un fung an te snarken. As hei den Amd noch nicht weer nöchtern teau kreegen was, möste sen Friusminsche hen na'n Barge un de Schape halen.

In'r Ulenflucht wören de Twerge alle weer in öre Höhlen, un denn tellen se, wat sei jeden Amd maken, öre Tarnkappen. Dabee stelle et sek heriut, datt eine fäle. Dei Kappen was bei den Geweule, as de Schaper seene Sleege kreigen hett, kaputt etrampelt. Dütt könne sei niu nich weeten. Sei wören mißtruisch ewooren un het sek annern Dooges me Sack un Pack upemaket un sin van Stemmer Barge verswunnen. Wo sei ebleeven sin, weit nein Minsche.

*** Einige in dieser Erzählung vorkommende plattdeutsche Wörter und was sie bedeuten:**

arkauen	wiederkäuen	Heben	Himmel
Aarn	Ernte	hendal	hinunter
Bruil	Erdbrocken	heoge Haut	Zylinder
döllmische Keerl	verrückter Kerl	hei hodde	er hütet
dar seck neiner	daß sich keiner	Kalesche	Gefährt, Kutsche
vor hechten	davor retten	leeg	leer, ohne etwas drin.
dewisch	verrückt, durcheinander	luttje Schuten	kleine Schaufel, Schäferhippe
Drifft	Herde, die unterwegs ist. auch: der Weg, auf dem die Herde zur Weide getrieben wird.	middenmal	auf einmel
		Neuchte	Nähe
		tauhope	zusammen
		Schaper	Schäfer
ebargen	zurückhalten	Schottkelln	kutschenkasten
Fiustaul	Sessel, Faulstuhl, Lehnstuhl	Swain	Schweinehirt
fuinsch	tückisch, falsch	Sleif	Stiel, Schwengel
füdder	weiter	Tinsbiure	großer Bauer, der Zinsen/Pacht einnimmt
Foore	Furche		
glad(de)	schön (e)	tu dek wat an	zieh dir was ordentliches an
Greote Dör	Große Tür, Toreinfahrt	vandooge	heute, heutzutage
Häuitjen	Hütchen, hier: Tarnkappe		

Und nun die gleiche Geschichte in Hochdeutsch:

Die Zwerge vom Stemmer Berg

Vor langer Zeit, als es noch Zwerge gab, hat es auch auf dem Stemmer Berg welche gegeben. Wie das zugegangen ist, daß die dort verschwunden sind, will ich hier erzählen.

Eines schönen Sommertages, so kurz vor der Ernte, hütete der Stemmer Schäfer Karl Piepenbrink oben auf dem Stemmer Berge seine Schafe. An diesem Tage hatte er aber seinen Ärger: Unten im Dorf wurde große Hochzeit gefeiert, denn Lunens Weeschen heiratete dem Großbauern seinen Ältesten. Und alle, auf die etwas gehalten wurde, waren dazu eingeladen. Ihn aber, den Schäfer, hatte man nicht eingeladen, weil er bei solchen Gelegenheiten den Hals immer nicht schnell genug voll kriegen kann. Und wenn er dann einen im Baste hatte, war er ein großer Querkopf und fing immer mit allen gleich so zu stänkern an, daß sich keiner vor ihm retten kann.

Vor lauter Wut nun, daß ihm diese schöne Hochzeit entgehen sollte, schimpfe er in einem fort mit seinem treuen Hund: „Phelax, Lork, komm her! Willst du kommen?“ - Ganz irre wurde der dumme Kerl vor lauter Ärger. Mit seiner kleinen Schäferhippe schmiß er nach den Schafen, die da ganz friedlich grasten, daß sie sich verjagten. Und den alten großen Bock, der nichtsahnend in seine Nähe kam, riß er mit dem Hakenstock am rechten Hinterbein, daß er stürzte.

Da kam vom Durchgang her der alte Schweinehirt Krischan (Christian) Wulf mit seiner Herde herangezogen. Der war auch nicht zur Hochzeit geladen, hatte aber auch gar nicht damit gerechnet. Er war der Ärmste im ganzen Dorf und wohnte im Armenhause. Er hatte auch keinen Zylinder und keinen Kirchenrock und mit seiner schäbigen Jacke, wo ein Flicken auf dem andern saß, und in seiner schmuddeligen Hose, konnte er ja schlecht eine feine Bauernhochzeit mitmachen. Das sah er ein und war dabei zufrieden. Als er heute seine Schweine zusammenholte und auf seinem Kuhhorn blies: „Tuut! - Tuut! - Tuut! Laat de Swine heriut!“ da hat ihm der alte Großbauer eine Flasche Branntwein zugesteckt, worüber er sich riesig gefreut hat. Deshalb war er auch in bester Stimmung, denn er hatte ab und zu schon ein wenig daran geleckt. Da sah er auf einmal den Schäfer, der da zwischen seinen Schafen herumstokelte und ein ganz ärgerliches und brummiges Gesicht machte. Krischan wußte gleich, was die Glocke geschlagen hatte, konnte sich aber nicht zurückhalten und rief ihm zu: „Mensch, Karl, was tust denn du noch hier auf der Weide? Mach daß du nach Haus kommst und zieh dir was Ordentliches an, sonst kommst du noch zu spät zur Hochzeit!“ Da wurde der Schäfer aber falsch. Er grapschte einen Brocken von der Erde auf und schmiß ihn hinter dem Schweinehirt her, der schnell machte, daß er mit seinen Schweinen zum Liethgrund hinunterkam. Als er weg war, setzte sich der Schäfer auf die Erde und sah nach Stemmen hinunter, ob wohl schon Hochzeitsleute zu sehen wären.

Und richtig, da kam auch schon eine Kutsche von Barrigsen her. Vorn auf dem Bock saß der Bauer, es schien der alte Theele zu sein, mit seiner Frau, und hinten im Kutschenwagen saß eine ganze Reihe Kinder. So langsam kamen auch die Leute aus ihren Häusern und gingen zum Hochzeitshause. Nun dauerte es nicht mehr lange, bis die Glocken anfingen zu läuten.

Die kleine Glocke hörte sich an, als wenn jemand an einen kaputten Kaffeepott schlägt. Sie rief:
„Wattenbeier-Kaltschale! Wattenbeier-Kaltschale!“
Und die große Glocke fiel ein: *„Große Bohnen! Große Bohnen!“*
Die kleine antwortete: *„Und die mag ich nicht! Und die mag ich nicht!“*
Dann kam die große wieder: *„Gib sie mir mal! Gib sie mir mal!“*

Und so ging es weiter, immer abwechselnd. Der Schäfer warf sich auf den Rücken und sah in den blauen Himmel. Er hatte solchen Hunger und solchen Durst, daß er sich nicht mehr zu helfen wußte. Aber mehr als einen Knust trockenes Brot und ein Stück ranzigen Speck, dazu schwarzen Zichorienkaffe, hatte er heute, wo sie unten im Dorfe in Sauß und Braus *(in Sahne und Braten)* schwelgten, nicht. Nein, daß ihm der Großbauer das angetan hat, daß er ihn nicht eingeladen hat, das wird er ihm sein Lebtag nicht vergessen!

Während er eine Zeitlang so gelegen hatte, war es immer wärmer geworden und die Sonne meinte es so gut, daß die Krähe auf dem Baume jappste. Sonst war es ganz still ringsumher. Die Schafe hatten sich hingelegt und wiederkäuten und der Hund saß auf den Hinterbeinen, ließ seine Zunge aus dem Maule hängen und hechelte vor Hitze und Durst. Da hörte der Schäfer auf einmal, daß jemand sagte: *„Wirf's Hütchen heraus!"* Er verjagte sich. Hatte er doch niemanden gesehen! Als er sich aufrichtete, sah er einen ganz kleinen Zwerg vor dem tiefen Loch bei dem großen Dornbusche stehen und aus dem Loch eine Mütze herausfliegen, die sich der Zwerg über den Kopf stülpte und schwupp - war er nicht mehr zu sehen. Der Schäfer riß die Augen auf und dachte: „Schlaf ich nun oder schlaf ich nicht?" Da krabbelt noch so ein kleiner Kerl mit langem Bart aus dem Loch heraus und ruft hinein: „Wirf's Hütchen heraus!" Und wieder fliegt so eine Mütze heraus. Die setzt sich der Zwerg auf den Kopf, und - weg ist er. So geht das sieben Mal.

Da schießt es dem Schäfer durch den Kopf: sollst doch mal sehen, ob du nicht auch so eine Mütze kriegen kannst. Leise schleicht er sich zu dem Loch hin und ruft hinein: „Wirf's Hütchen heraus!" Da antwortet jemand von ganz unten: „Ist kein Hütchen mehr da als Großvaters Hütchen!"

„Ach, Großvaters Hütchen ist auch ganz gut, wirf's mal heraus!" Und richtig, da fliegt eine Mütze heraus. Die stülpt sich der Schäfer schnell über - und kein Mensch kann ihn mehr sehen. Das war nun aber was! Wart nur, dachte der Schäfer, jetzt gehst du auch zur Hochzeit, und dann willst du doch sehen, daß du zu deinem Recht kommst. Gesagt, getan. Er ist auf einmal ganz vergnügt, lockt seinen Hund heran und sagt ganz freundlich zu ihm: „Phelax, passe mir gut auf die Schafe auf, ich komme bald wieder!" Er warf ihm noch sein Frühstück hin und ging dann nach Stemmen hinunter.

Die Kirche war schon zu Ende und alle waren wieder zurück und saßen beim Großbauern an langen Tischen auf der großen Diele. Oben am Ende stand ein Tisch quer, da saß in der Mitte das Brautpaar und rechts und links davon die beiden Eltern. Auch der alte Großvater mit seinen zweiundneunzig Jahren saß da ganz frisch auf seinem Platz. Sie aßen und tranken und hatten es so eilig, als wenn sie beim Ernte-Einfahren wären.

Ganz unten am Tische war noch ein Stuhl frei. Da setzte sich der Schäfer hin und fing so an zu essen und zu trinken, daß man besser fressen und saufen sagt. Die Mädchen, die da auftischten, wunderten sich, daß die Schüsseln und Platten an dieser Stelle immer so sauber wie ausgeleckt und die Flaschen immer leer waren. Es dauerte auch gar nicht lange, da war der Schäfer so vollgegessen, daß ihm ganz schlecht wurde. Und was tut er in seinem Suff, dieser Swinegel von Schäfer? Er steigt doch wahrhaftig auf den Tisch und will in die große Suppenschüssel hineinmachen. Dabei stößt ihn einer, der noch einen Löffel Suppe essen will, mit dem Löffelstiel an die Tarnkappe, daß die ihm vom Kopf fällt.

Und nun sehen alle den Schäfer in seinem Zustand auf dem Tisch stehen. Das gab ein Halloo! Sie zogen ihn vom Tisch herunter, fielen über ihn her und prügelten ihn ordentlich durch. Ein paar kräftige Kerle packten ihn beim Kragen, rissen die Große Tür auf und warfen ihn mitten auf den Misthof. Hier blieb er eine Zeitlang liegen. Als er wieder zur Besinnung kam, krabbelte er sich hoch und schlich nach Haus. Fietschen, seine Frau, verjagte sich nicht schlecht, als er so angetorkelt kam. Und wie er aussah!? Das Zeug nach Mist stinkend und die Augen blitzeblau geschlagen!

„Das schadet dir gar nichts“, schimpfte sie los, daß sie dich einmal so richtig verdroschen haben, du alter Saufbold, du!“ Und es hat nicht viel gefehlt, dann hätte sie ihm auch noch welche gegeben. „Es soll ja auch nicht wieder vorkommen“, brummte der Schäfer, verdrückte sich in die Stube, warf sich auf den Sessel und fing an zu schnarchen. Als er am Abend noch immer nicht nüchtern war, mußte Fietschen, seine Frau hin zum Stemmer Berg und die Schafe heimholen.

In der Ulenflucht waren die Zwerge alle wieder in ihrer Höhle und zählten, wie jeden Abend, ihre Tarnkappen. Dabei stellten sie fest, daß eine fehlte. Sie wurden mißtrauisch und machten sich am andern Tage mit Sack und Pack auf und davon. Seitdem sind sie vom Stemmer Berge verschwunden. Wo sie hingegangen sind, weiß keiner.

(nach Heinrich Schasse)

Die Zwerge auf der Hochzeit

Vor vielen Jahren war in einem Dorfe im Auetal eine große Hochzeit. Es gab in Hülle und Fülle zu essen. Aber merkwürdig: kaum hatte man die vollen Schüsseln aufgetragen, waren sie auch schon wieder leer. Braut und Bräutigam sahen sich verwundert an. Da sie aber die Hochzeitsgäste nicht hungrig fortgehen lassen konnten, holten sie alles heran, was sie an Vorräten besaßen.

Als es am Abend zur Gifte* ging, da war auf einmal die ganze Stube voller Zwerge. Sie hatten ihre Nebelkappen abgenommen und waren deshalb jetzt zu sehen. Da wußten Braut und Bräutigam, warum sie soviel Speisen und Getränke hatten auftragen müssen. Die vielen Zwerge hatten alle mitgegessen.

Waren sie beim Essen dabei gewesen, so waren sie nun auch bei der Gifte dabei. Und jeder Zwerg legte ein Goldstück in den Korb, so daß der kaum groß genug war, alles zu fassen. So ausgestattet hatten die Brautleute ein sorgenfreies Leben bis ans Ende ihrer Tage.

(Marlies Berndt, nach: Heimatsagen)

Anmerkung: Gifte = veralteter Ausdruck für Gabe, hier: Hochzeitsgabe, häufig in Geld.

Die Heinzelmännchen von Almhorst

Die Geschichte von den Zwergen, die sich mit Tarnkappen unsichtbar machen und zur Hochzeit gehen, ist weit verbreitet. Sie wird in zahlreichen Variationen und mit den unterschiedlichsten Ausschmückungen erzählt und manches Dorf erhebt Anspruch darauf, daß es sich bei dieser Geschichte um seine Geschichte handelt, so auch Almhorst:

In alten Zeiten, als sich noch Heinzelmännchen unter den Menschen sehen ließen und ihnen aus mancherlei Verlegenheiten und Not halfen, war einmal eine große Bauernhochzeit in Almhorst. Das ganze Dorf war zu diesem Fest eingeladen, nur der Schäfer nicht, weil die Brauteltern ihm nicht gut gesonnen waren. Darüber war er sehr ärgerlich und sann auf Rache.

Während alles lustig in den beiden großen Zelten saß, mußte der Schäfer seine Herde hinaustreiben. Sein Weg führte ihn durch den großen Wald, der sich zwischen Almhorst und Latwehren erstreckte. Und wie er so langsam und rachebrütend zwischen den alten Bäumen dahinschlenderte, hörte er plötzlich ein feines, silberhelles Stimmchen rufen: „Smiet't Häutchen rut!" Dann noch einmal - und noch ein paarmal. Voll Staunen und Neugierde schlich sich der Schäfer vorsichtig zu der Stelle, von der ihm der süße Ruf zu kommen schien. Aber er sah niemand. Und wie er so suchte, bemerkte er unter einer alten tausendjährigen Eiche im Wurzelwerk ein Loch, das tief in die Erde führte. Diese Höhle hatte der Schäfer sein Lebtag noch nicht gesehen, darum kniete er nieder und spähte neugierig hinein. Beim Aufstehen rief er aus Scherz mit verstellter, feiner Stimme: „Smiet't Häutchen rut!"

Und siehe, im nächsten Augenblick kam auch schon ein großer, leichter Hut herausgeflogen, nebelgrau und mit großer Krempe. Belustigt griff der Schäfer nach dem Hut und setzte ihn auf. Er paßte ihm ganz ausgezeichnet, und machte den, der ihn trug, auch noch unsichtbar! Ein Silberstimmchen aus der Tiefe rief noch: „Bringene balle wedder; et is de leßte!" Der Schäfer jubelte laut auf. Jetzt wollte er allen denen im Dorf aber einen Streich spielen! Er hürdete seine Schafe ein, ließ seine Hunde als treue Wächter zurück und eilte zum Dorfe. Gleich beim ersten Haus stülpte er sich den Zauberhut über den Kopf und betrat, nun völlig unsichtbar, das Hochzeitszelt. Er sah sie alle, sie sahen ihn jedoch nicht. Das machte ihm viel Vergnügen. Bald zupfte er diesen am Ohr, bald stupste er jenen an der Nase. Dann sahen sich alle verwundert an. Dem Bräutigam nahm er den Reisbrei vor der Nase weg und verzehrte ihn selber, dem Brautvater trank er das Bier vor den Augen aus und so fort. Bald tauchten über die Narrenstreiche allerlei Vermutungen auf, und weil man des Guten schon zu viel hatte, kam es zu Neckereien, Zank und Streit. Und es dauerte nicht lange, da war auch schon die schönste Prügelei im Gange. Weil sich der Schäfer aber zu weit dazwischen wagte, schlug ihm jemand den unsichtbarmachenden Hut vom Kopf. Jetzt erkannte man den Übeltäter und rechnete gründlich mit ihm ab. Natürlich kam das Hütchen nicht wieder in die Höhle der Heinzelmännchen zurück Darüber wurden die Heinzelmännchen sehr ärgerlich, zogen bald fort und ließen nie wieder etwas von sich hören und sehen.

Die Zwerghütchen - von Wilhelm Busch

Eines Abends lag ein Schäfer bei seiner Herde auf dem Felde. Da sah er auf einmal viele ganz kleine Zwerge, die riefen in ein Erdloch hinein: Smiet Häutken herut! Jeder kriegte ein Hütchen herausgeworfen, und wenn er es aufsetzte, war er nicht mehr zu sehen. Das gefiel dem Schäfer. Deshalb rief auch er rief in das Loch hinein: Smiet Häutken herut! Da rief es von innen: Is näine mehr as Grootvaar sin häot. Der Schäfer antwortete: Is ok all gäot. Und das traf sich gut, denn der größere Hut war für den dicken Kopf des Schäfers grad passend.

Im Dorf war gerade Hochzeit. Da gingen die Zwerge hin und der Schäfer ging mit ihnen, und weil sie keiner sehen konnte, aßen und tranken sie nach Herzenslust so viel sie wollten. Als sie satt waren, hätten die Zwerge Großvaters Hut dem Schäfer gern wieder abgenommen, konnten aber nicht daran reichen. Da beredeten sie ihn, er sollte sich doch so zum Spaß einmal über die große Schale mit Reisbrei, die auf dem Tische stand, in die Hocke setzen. Der Schäfer tat ihnen den Gefallen, und wie er sich klein machte, schwupp, rissen ihm die Zwerge den Hut weg, so daß er plötzlich dasaß in seiner Blöße vor den Augen der Hochzeitsgäste.

So eine Tracht Schläge, wie da, meinte der Schäfer, hätte er noch nie gekriegt.

(Wilhelm Busch: Ut oler Tied)

Wie der Stemmer Berg entstand

In der Umgegend von Stemmen lebte vorzeiten ein seltsames Paar: Mutter und Sohn. Der Sohn war von riesiger Gestalt und so groß, daß er nicht in einer normalen menschlichen Behausung wohnen konnte. Ja, er mußte sogar nachts draußen bleiben. Wenn er sich ausruhen wollte und das Wetter trocken war, legte er sich am liebsten in einen Graben an der Straße. Die Leute aus Stemmen, die ihn kannte, gingen ruhig an ihm vorüber, selbst dann, wenn es dunkel war, denn der Riese war von gutmütiger Art. Die Leute aus den anderen Dörfern aber trauten sich um die Nachtzeit nicht ins Dorf und machten einen großen Bogen um Stemmen, um dem Riesen nicht zu begegnen. Seine Mutter, die in einer alten Kate wohnte, versorgte ihren Sohn mit allem, was er an Nahrung und Kleidung brauchte. Wieder einmal hatte sie mit großer Mühe soviel Wollgarn zusammenbekommen, daß sie ihm ein Paar Strümpfe stricken konnte. Sie war schon beim zweiten Hacken angelangt, da traf sie der Schlag. Sie erholte sich nicht mehr und starb. Weil man sie ganz gern gehabt hatte, und auch um den Riesen zum Freund zu behalten, wurde sie unter großer Teilnahme beigesetzt.

Der Riese war über den Tod seiner Mutter sehr traurig, und niemand war da, der sich fortan so recht um ihn kümmerte. Deshalb wanderte er ohne Wahl und Ziel planlos umher. Bald sahen ihn die Leute hinter dem Deister, bald schritt er über die Leine hinweg. Doch abends stellte er sich meist wieder am gewohnten Platz ein. Eines Tages aber machte er sich schon frühmorgens zu einem größeren Fußmarsch auf. Er ist über Berge und Flüsse dahingeschritten, hat die Segelboote über das Steinhuder Meer ziehen sehen, hat die kleinen Menschenkinder in den Gebirgen beim Losbrechen der großen Steinblöcke beobachtet und sich in der Heide über den Schäfer mit seinen Schnucken gefreut, die alle so spaßig dahinkrabbelten. Erst am folgenden Tage kehrte er heim und kam um die Ulenflucht in Stemmen an.

Von dem anstrengenden Marsch im heißen Sonnenschein war er so müde geworden wie nie zuvor. Und bei dem Weg durch die Heide hatte er so viel Sand in die Schnallenschuhe bekommen, daß ihm die Füße wund geworden waren und er kaum noch zutreten konnte. Behaglich reckte und streckte er sich in seinem Graben aus und beschloß, nun erst einmal gut auszuschlafen. Als am andern Tage die Leute da vorbeikamen, fanden sie den Riesen ganz gegen seine Gewohnheit noch schlafend, und als sie nähertraten, spürten sie keinen Atem bei ihm. Sie nahmen ihren ganzen Mut zusammen und machten sich an ihm zu schaffen, doch er lag wie ein Baum und rührte sich nicht. „Er ist tot," sagten sie und schickten sich an, ihn zu begraben.

Während der Tischler mit seinen Gesellen einen mächtigen Sarg zimmerte, ging der Kuhlengräber mit einigen Freunden daran, ein riesiges Grab auszuschaufeln. Dann hoben viele Hände den Riesen in sein Bretterhaus, fuhren ihn zu der vorbereiteten Grabstätte und senkten ihn ins Grab. Wie aber eine Erdscholle nach der anderen auf den Sarg hinabpolterte, erwachte der Riese aus seinem tiefen Schlaf. Er merkte sofort, was geschehen war und brüllte in seiner Not: „Macht mich frei, macht mich frei! Ich bin nicht tot! Macht mich frei!" Da bekamen es die Leute mit der Angst. Mit Mühe quälten sie den Sarg wieder ans Tageslicht. Als man den Deckel löste, fuhr der Riese in die Höhe. Er zog seine Schuhe aus und schüttete den Sand und den Dreck aus, der noch von seiner großen Wanderung darin war. Da entstand vor den Augen der entsetzten Männer und Frauen ein Hügel, der sich nach beiden Seiten hin langsam ausdehnte und im Westen bei dem Dorf Barrigsen, im Osten bei Göxe ein Ende fand. So ist der „Stemmer Berg" entstanden. Weil es ihm aber bei den Leuten von Stemmen jetzt nicht mehr gefiel, verließ er die Gegend und ist nie mehr zurückgekehrt.

Borges und Hapke

Auch auf dem Benther Berg wohnte einst ein Riese. Der hieß Hapke. Und auf dem Gehrdener Berg gegenüber wohnte auch ein Riese, der hieß Borges. Die beiden waren gut befreundet und halfen sich gegenseitig aus, wann immer sie konnten. Von Beruf waren beide Zimmerleute und ihre Werkzeuge waren riesenmäßig. Sie waren so schwer, daß sie ein normaler Mensch gar nicht hätte heben können. Die beiden Riesen aber handhabten sie wie unsereins die seinen.

Nun hatte zwar jeder seine eigenen Werkzeuge, aber das Beil, das mußten sie gemeinsam benutzen, denn sie hatten nur ein einzige. Und wenn der Riese Hapke vom Benther Berg das Beil brauchte und das war gerade bei dem Riesen Borges auf dem Gehrdener Berg, dann trat er vor sein mächtiges Haus und rief mit dröhnender Stimme hinüber: „Borges, wirf mir mal das Beil herüber!“ Und Borges warf das Beil mit einem gewaltigen Schwung über die weite Fläche zwischen den beiden Bergen und Hapke fing es mit Leichtigkeit auf. Und wenn der Riese Borges das Beil brauchte, und es befand sich gerade bei dem Riesen Hapke auf dem Benther Berg, dann trat Borges vor sein Haus und rief mit ebenso gewaltiger Stimme hinüber: „Hapke, wirf mir mal das Beil herüber!“ Und Hapke warf das Beil mit gewaltigem Schwung über die weite Fläche zwischen den beiden Bergen und Borges fing es mit Leichtigkeit auf.

Eines Tages, als der Riese Hapke wieder einmal nach dem Beil gerufen hatte, passierte es, daß der Riese Borges dem Beil nicht genug Schwung mit auf den Weg gab. Das Beil erreichte sein Ziel nicht, sondern fiel westlich von dem Hapkenberg zu Boden und grub sich tief in die Erde ein. Nur der lange Stiel war noch zu sehen. Hapke sprang mit einem mächtigen Sprung von seinem Berg herunter, packte den Stiel und zog das Beil mit einem gewaltigen Ruck aus der Erde. Das Loch, welches von dem Beil zurückblieb, ist aber geblieben, füllte sich mit Wasser und ist noch heute zu sehen. Es ist der Dunketeich von Everloh.

Die Hünenburg

Oberhalb des Dorfes Altenhagen I finden sich im hohen Gebirge Felsen und einzelne herumliegende große Sandsteine. Die Sage berichtet, daß da in der Heidenzeit eine mächtige Burg gestanden hat, in der einst Riesen, gehaust haben. Die Riesen wurden in altern Zeiten „Hünen“ genannt, daher hat die Hünenburg ihren Namen und der ist bis auf den heutigen Tag erhalten. Die Hünen haben dort auch ihre Toten begraben. Die Hügel, unter denen sie liegen, kann man noch heute sehen. Der letzte Riese hat aus Mißmut, daß er allein nur noch übrig gebliebenist, die ganze Burg zerstört und die Steine weit umhergeschleudert. Den größten Stein aber hat er über sich gewälzt und sich damit selbst begraben. Der Platz, wo das geschehen ist, wird noch heute die ‘Hünenburg’ genannt.

Anmerkung: Noch heute werden besonders groß und stämmig gewachsene Menschen „Hünen“ genannt.

Haniël und Esegir

Einige tausend Jahre vor unserer Zeitrechnung hat es zwischen der heutigen Stadt **Bad Münder** und dem Ort **Hamelspringe** ein Dorf gegeben, dessen Name und Lage längst vergessen und vergangen sind. Dort hat ein arbeitsamer und rechtschaffener Bauer mit seiner Frau gelebt. Die hatten zwei Söhne und zwei Töchter. Das jüngste Kind, ein Sohn, gedieh zum Stolz und zur Freude der Eltern überaus prächtig. Sie nannten ihn „Esegir“, was so viel bedeutet wie „er kann kräftig zupacken“. Doch bald wandelte sich die Freude der Eltern in Entsetzen, denn der Knabe wuchs über alle Maßen, somit war auch sein Hunger unmäßig. Alles, was die Eltern und Geschwister an Essen entbehren konnten, gaben sie dem Jüngsten, und auch die Nachbarn brachten, was sie übrig hatten. Doch bald reichte auch das kaum mehr, den ärgsten Hunger Esegirs zu stillen. So stahl sich der Junge immer häufiger in die Speisekammer, um die Vorräte zu plündern, ja, er griff sich sogar das Futter aus den Trögen, das Schweine, Rinder und Ziegen fressen sollten. So ging es sechzehn Jahre. Esegir wuchs zu hünenhafter Gestalt heran.

Da kam große Not über das ganze Land. Wochenlanger Regen und schlimme Hagelschläge verdarben die Frucht auf den Feldern, die Menschen litten schweren Hunger. Selbst der Wald lieferte kaum Früchte und Pilze. Von ingrimmigem Hunger gepeinigt, drang Esegir in die Speisekammer ein. Als er gerade begann, die kargen Vorräte in sich hineinzuschlingen, kam sein Vater darauf zu und versuchte ihn wegzuziehen. Voller Enttäuschung, Wut und Scham schlug der Sohn den Vater mit einem mächtigen Fausthieb nieder. Der Vater, von dem furchtbaren Schlag getroffen, sank leblos zu Boden. Esegir stürzte, von blindem Entsetzen gepackt, nach draußen, hastete dem Walde zu und ward von da an nie wieder gesehen.

Etwa zur gleichen Zeit wuchs in einem anderen Dorf, das zwischen den heutigen Gemeinden **Eimbeckhausen** und **Messenkamp** lag und heute ebenfalls verschollen ist, ein Junge auf, den die Dorfbewohner „Haniël" nannten. Dieser Name bedeutet „von riesenhaftem Wuchs". Er hatte weder Eltern noch sonstige Anverwandte, sondern war vor Jahren von Umherziehenden zurückgelassen worden. Als die große Hungersnot ausbrach, wurden ihm die Türen versperrt, und so trollte er sich, von Hunger und tiefer Einsamkeit getrieben, dem nahen **Deister** zu. Auch ihn sahen die Menschen nie wieder. Er hauste nun im wilden Deisterwald. Ganz oben auf dem Kamm, da, wo der Wald am dichtesten und undurchdringlichsten war, hatte er sich mit seinen riesigen Händen und seiner ungeheuren Körperkraft aus groben Steinen ein Gemäuer aufgetürmt, aus mächtigen Baumstämmen ein Dach gelegt, es mit Gezweig, Laub und Moos gegen Regen gesichert und den Innenraum mit weichem Waldheu ausgelegt. Er lebte von den Früchten des Waldes, sammelte Beeren und Pilze. Seine Hauptnahrung aber waren die Tiere des Deisterwaldes, die er sehr geschickt in selbstgefertigten Schlingen zu fangen verstand. Oft war er so hungrig, daß er das Fleisch gleich roh hinunterschlang. Aus den Fellen machte er sich grobe, aber wärmende Kleidung und fertigte sogar Schuhe daraus. Um seine Hüften hatte er einen Schurz gebunden, und aus den Fellen von zwölf Hirschen hatte er sich einen riesenhaften Mantel genäht, unter dem seine säulenhaften, schwarz-behaarten Beine hervorschauten. Der vorn offene Mantel ließ den Blick frei auf seine ausladende Brust, die dicht mit schwarzen, gekräuselten Haaren bedeckt war, seine tellergroßen, schorfigen Hände mit den gekrümmten Fingern konnten mittelstarke Bäume wie Streichhölzer knicken. Am beeindruckendsten aber war sein mächtiger Schädel. Schwarzes, schulterlanges Haar umrahmte wild zerzaust das breite Gesicht. Unter einer klobigen, flachen Stirn und buschigen Brauen blickten tiefblaue, flinke Augen hervor. Zwischen der breiten Nase und den wulstigen Lippen saß ein schwarzer Bart, der sich über das gesamte Kinn hinzog und von dort bis auf die Brust hinabhing. So stapfte der Riese Haniël durch sein Revier. Bären und Wölfe mieden die Begegnung mit ihm. Er war der unbeschränkte Herrscher des Deisters.

An kalten Winterabenden, wenn der klirrende Frost allzu hart durch Hütte und Fell kroch, konnte es geschehen, daß Haniël ein Feuer anzündete, um sich zu wärmen. Er sammelte Reisig und schlug Funken aus Steinen. Bald leuchtete ein weithin sichbarer Feuerschein auf.

Auch aus dem **Süntelgebirge** konnte man an solchen Abenden ein Feuer aufscheinen sehen. Dort hauste Esegir in einer mächtigen Hütte, die er, ähnlich wie Haniël, aus dem errichtet hatte, was er im Wald fand. Auch seine Kleidung war so gefertigt, wie die von Haniël. Statt schwarzer Haare waren die Esegirs flammend rot, auch der Bart. Seine Augen aber waren grünlich-hell, blickten einmal schrecklich wild, dann wieder ausdruckslos, wie tot. Esegir schlug zuweilen mit den Händen gegen die mächtigen Bäume, daß der Wald erzitterte und die Tiere in blankem Schrecken flohen. Seither gibt es im Süntel keine Hirsche mehr. Er stapfte mit den Füßen den Boden, daß die Wasseradern in den Felsen wie Quellen zutage schosssen. Er tobte oft so wüst, daß die Menschen im Tal in panischem Schrecken von den Feldern eilten, ihre Viehherden verließen und sich ängstlich in den Häusern verkrochen.

Haniël, der dieses Toben und Wüten von seinem Aussichtsplatz auf dem Deisterkamm nur undeutlich beobachten konnte, ahnte bald, daß dort einer wie er sein mußte. Eine übermächtige Scheu vor dem Tobenden hielt ihn aber davon ab, sich näher an ihn heranzuwagen. Da er nun gar so einsam war, begann er oft ganz fürchterlich zu klagen und zu heulen. Die Menschen, die am Fuße des Deisters ihre Felder bestellten und ihr Vieh weideten, hielten sich die Ohren zu, denn die große Traurigkeit des Riesen auf dem Deister befiel dann auch sie. Esegir hörte dieses Klagen von ferne, und auch ihn überkam eine solche Wehmut, daß er sich in seiner Hütte verkroch. So gingen viele Jahre hin, in denen die Riesen tobten und klagten, Menschen geboren wurden und starben.

An einem lindblauen Frühlingsmorgen, eine schummrige Morgensonne schien durch den Frühdunst, lag Haniël sinnend in den wärmenden Strahlen. Da hörte er das Klingeln der Glocken und Glöckchen, welche die Rinder und Ziegen um den Hals trugen, wenn sie zur Weide getrieben wurden. Aber neben dem Glockenklang drang noch ein anderer Laut an sein Ohr. Das war ein zartes, helles Singen, wie er es nie zuvor vernommen hatte. Bald erblickte er die Sängerin: Es war ein junges Mädchen von herrlicher Gestalt. Lang fiel das blonde Haar auf ihre Schultern herab. Das Mädchen trieb mit einem Stöckchen die Tiere vor sich her und sang voller Lust und Freude. Haniël vermochte den Blick nicht von diesem engelgleichen Geschöpf zu wenden und entbrannte alsbald in großer Sehnsucht nach dem Mädchen. Wie aber sollte er sich ihr zu erkennen geben? Würde sie bei seinem Anblick nicht zu Tode erschrecken? Dennoch war sein Verlangen, sich dem Mädchen zu nähern, so übermächtig, daß er Tag und Nacht darauf sann, wie er das anstellen könnte. Eines Abends fiel ihm ein, daß er sich mit etwas Hübschem schmücken könnte, um seinen furchterregenden Anblick zu mildern. Es war viel Zeit darüber hingegangen und bereits Winter geworden, die Blumen waren verblüht, Baum und Strauch standen kahl. Das Mädchen weidete die Ziegen und Rinder Tag für Tag am Waldesrand.

Da trieb eines Tages ein schrecklich tobender Sturm aus Westen den Zweig einer wundersamen Pflanze in den Deister. Er war mit grün glänzenden Blättern und leuchtend roten Beeren besetzt. Haniël fand diesen Zweig. Er entsann sich, daß die Leute aus seinem Deisterdorf den Strauch, von dem dieser Zweig stammte, 'Hülse' nannten. Die Menschen schmückten gern damit ihre Wohnräume im Winter. Sie hatten ihn dann und wann aus dem Süntel geholt, weil es ihn im Deister nicht gab. So beschloß Haniël, in den Süntel zu gehen und sich mit Hülsenzweigen zu schmücken. Dann würde er dem begehrten Mädchen gegenübertreten und es für sich gewinnen.

Eines Abends stapfte er los und fand bald, was er suchte. Oberhalb des heutigen Dorfes Hülsede war der Waldboden dicht bestanden mit Hülsesträuchern. Er pflückte, so viel er konnte. Plötzlich hörte er ein furchtbares Poltern und Grollen, ein wüstes Brüllen und Fluchen. Esegir, mit fliegendem rotem Haar, stampfte in schäumender Wut heran, ergriff einen riesigen Felsstein und schleuderte ihn auf den Hülsendieb. Haniël floh in höchstem Schrecken. Doch Esegir folgte ihm und schleuderte Stein auf Stein nach ihm. Haniël, auf seiner Flucht wurde mehrfach getroffen, blutete stark. Er ließ sich am Rande des Deisterwaldes fallen. Die

Hülsenzweige, die er mühsam bis hierher gerettet hatte, fielen auf den Waldboden und schlugen Wurzeln. Noch heute wachsen sie im Buchenwald oberhalb von **Blumenhagen**.

Als sich Haniël ein wenig von seinem Schrecken und von den Schmerzen erholt hatte, machte er sich auf zum Deisterkamm. Er beschloß, dem Süntelriesen seinen Angriff heimzuzahlen. Er ergriff ein paar Felssteine und schleuderte sie mit ungeheurer Wucht in den Süntel. Aber Esegir, in seiner unbändigen Wut, schleuderte seinerseits Stein auf Stein gegen den Deister. Die Schlacht tobte tage- und nächtelang. Die Menschen in den Dörfern, zutiefst erschrocken ob der tobenden Riesen, hatten sich in ihre Häuser geflüchtet und auch das Mädchen hatte sich mit seinen Eltern versteckt.

Haniël merkte bald, daß sein Mädchen nicht mehr erschien. Da geriet er so in Wut, daß er ein paar Felsbrocken aufhob, in Richtung auf den Süntel vordrang und die Brocken mit großer Wucht abschleuderte. Esegir, der darauf nur gewartet hatte, hob auch einen riesigen Felsbrocken auf, wuchtete ihn bis ins Tal und schleuderte ihn dem flüchtenden Haniël nach. Der war inzwischen fast auf dem Kamm angelangt, da traf ihn der Felsen voll in den mächtigen Rücken, so daß er besinnungslos niedersank und bald darauf starb. Unterhalb des Nordmannsturms liegt dieser Brocken heute noch. Er wird die „Teufelskanzel“ genannt. Um ihn herum liegen noch viele andere der Steine, die Esegir gegen Haniël geschleudert hatte. Haniël aber hört man noch heute klagen und stöhnen, weit über seinen Tod hinaus. Wenn ein leichter Wind die Bäume im nachtstillen Deister wiegt, dann kann man ihn hören. Esegir, dessen Kräfte rasch nachließen, schleuderte die Steine immer weniger weit. Am Rande des Dorfes **Altenhagen II** sieht man noch Einschlaglöcher. Leider wurden viele von ihnen inzwischen mit Müll verfüllt.

Als vom Deister kein Stein mehr geflogen kam, schichtete Esegir alle Steine, deren er habhaft werden konnte, zu einem hohen Felsen auf, um sich dahinter zu verstecken, denn er hatte Angst, Haniël, von dessen Tod er nichts wußte, würde ihn erneut angreifen. Nachdem er den letzten Stein obenauf geschichtet hatte, sank er, zu Tode erschöpft, über den Klippenrand und brach sich beim Herabfallen das Genick. Die Klippen finden wir heute noch: sie werden die „Hohensteine“ genannt.

Seit dieser Zeit haben Süntel und Deister keine Riesen mehr gesehen. Die Menschen aber, die fürchteten, es könnte sich erneut Schreckliches zutragen, haben ihre Dörfer verlassen. Andere sind gekommen und haben neue Dörfer gegründet. Ruhige und unruhige Zeiten haben seitdem in Süntel und Deister einander abgelöst. Heute ist es ruhig zwischen Deister und Süntel, aber die steinernen Zeugen des Kampfes kann man noch sehen. Sie sind Mahnung und Zeugnis dafür, daß Gewalt und Streit nur Unheil anrichten und daß es bei einem Kampf, zumal wenn er hart ist und lange dauert, nur Besiegte, keine Sieger gibt. Deshalb wollten wir alles tun, daß niemals wieder Streit, Kampf und Verderben den Frieden aus dem Tal zwischen Deister und Süntel verdrängen.

Wolfgang Schiefer

Gruss vom Süntel.
Blick von der Hirschkuppe gegen den Süntel.
Neuer Thurm.
Alter Thurm.
Die westlichste Klippe

Gruss vom
Hohenstein von Barksen aus gesehen.

Dat Spoikerdings von Pottholtensen - eine Spinnstubengeschichte

Ümme achttähnhunnertundrüttig herümme spoik et in Pottholtensen an hellichten Dage. In den einen Biurenhiuse was jümmer en Polternd un Dürenslaand un Ramentend. Faaken *(oft)* buffet et an de Dischbeine, dat de Zoppen *(Suppe)* or't Melkmaus *(Milchmus, Mehlsuppe mit Milch gekocht)* overn Napprand strucke un overn Disch fluot. Un aan Unnerlat reip et balle von Bodden, balle ut de Slaapkamern, balle von de Rookkamern „Stellet mek en Napp dicken Röis up'n Bodden". Un ier se dat nich edaan harren, ier gaff sek dat Spoikerdings nich tofrein. An annern Dage was de ganße Napp raaneputzet, as wenn'n de Hund iutelicket härre, un dat Spektakelnd un Bollwerkend gung van frischen los, bet se den Spauke wier dicken Röis hensetten.

De Geschichte diure niu woll all en Monat. Seihn härre noch nemmes wat, aver den Luien in den Hiuse word dat an leßten Enne te dull. De Biur gung na'n Amte Kalenbarg un vertelle den Amtmann de ganße Geschichte. De Amtmann hoire neepe tau un sä: „Wir wollen die Sache untersuchen. Ich denke, das Spuken soll sich bald legen." Den annern Dag all kamm de Landdragiuner iut'n Dörpe roien un hale 'n Biurmester af un beide güngen se in't Spoikerhius un de Biur un en poar Nahwers wören dor ok middebi. Se güngen in alle Stiuwen un Kamers, in de Küchen un in'n Kelder, in'n Stall un up'n Bodden, awer dat Spoikerdings laat seck ok vor der hoogen Kommischuon nich seihn, et foppe sei bloot un was sei inne Stiuwen, denn reip et iut de Köken: „Niu sin ek höir". Un güngen se hille in de Köken, denn reip et van de Stiuwendör: „Niu sin ek höir all wier".

De Biur tog me soiner Familje in en anner Hius un dat Deinstmäken wuord alle Dage in dat Spoikerhius schicket me en Napp vull dicken Röis. Süs wür an leßten Enne dat Spoikerdings up den Infall komen, un hätt den Biurn in soiner noien Wuohnunge besacht, un da wür doch nein Minsche wat an elegen west. As dat lange naug ediurt härre, säe dat Spoikerdings eines Dages tau den Mäken, as et wier me den Napp vull Röisbröi ankam: „Wuste mek giern man seihn, denn kumm morgen Middag wenn de Bäeklockn *(Betglocke)* slaat uppen Bodden". Un as dat Mäken hengung, was et ganß stille in Hiuse und midden uppen Bodden lagg en gruoten Pump berunnen (geronnenes) Bluot. Dat Spoikerdings was wege, dat Polternd hatt en Enne un de Biur kunn wier in söin Hius. Wat dat awer me den Spoikerdings vor en Bewandtnis harre, dat is nemmes *(keiner)* gewahr wurn.

(G. Ch. Coers: Hannoversche Geschichtsblätter 1909, S. 349.)

Anmerkung: Coers erzählt diese Geschichte in Plattdeutsch. Er hat sie nach eigenen Angaben dem Volksmund abgelauscht. Wir haben sie hier nach dem Original übernommen.

Die Geschichte von dem Spoikerdings in Pottholtensen wird auch unter dem Titel „Hans hat Hunger" erzählt und stark gekürzt. Durch die Kürzung ist ihr eigentlicher Sinn nicht zu erkennen und die Geschichte verliert an Reiz. Die folgende Übertragung ins Hochdeutsche hält sich eng an den plattdeutschen Text und ist bemüht, dessen Originalität zu übernehmen:

Hans hat Hunger

Um Achtzehnhundertunddreißig herum spukte es in Pottholtensen am hellichten Tage. In einem der Bauernhäuser war immer ein Poltern, Türenschlagen und Ramenten. Oft bufffte es an die Tischbeine, daß die Suppe oder der Mehlbrei über den Tellerrand schwappte und auf den Tisch floß. Und ohne Unterlaß rief es bald vom Boden, bald aus der Schlafkammer, bald aus der Räucherkammer „Stellt mir mal einen Napf dicken Reis auf den Boden!" Und eh sie das nicht getan hatten, gab sich der Geist nicht zufrieden. Am andern Tag war der ganze Napf leergegessen, als wenn ihn der Hund ausgeleckt hätte und das Spektakeln und Bollwerken ging von neuem los, bis sie dem Geist wieder dicken Reis hinsetzten.

Die Geschichte dauerte nun schon einen ganzen Monat. Gesehn hatte noch niemand was, aber den Leuten in dem Hause wurde es letzten Endes zu toll. Der Bauer ging zum Amte Kalenberg und erzählte dem Amtmann die ganze Geschichte. Der Amtmann hörte neugierig zu und sagte: „Wir wollen die Sache untersuchen. Ich denke, das Spuken soll sich bald legen." Am andern Tag schon kam der Landdragoner aus dem Dorf angeritten und holte den Bauermeister ab und beide gingen in das Geisterhaus und der Bauer und ein paar Nachbarn waren auch mit dabei. Sie gingen in alle Stuben und Kammern, in die Küche und in den Keller, in den Stall und auf den Boden, aber der Poltergeist läßt sich auch vor der hohen Kommission nicht blicken, er foppt sie bloß, und waren sie in der Stube, dann rief er aus der Küche: „Nun bin ich hier!" Und gingen sie schnell in die Küche, dann rief es von der Stube: „Nun bin ich schon wieder hier!"

Der Bauer zog mit seiner Familie in ein anderes Haus und das Dienstmädchen wurde jeden Tag mit einem Napf voll dickem Reis in das Geisterhaus geschickt. Sonst wäre am Ende der Geist noch auf den Einfall gekommen, den Bauern und seine Familie in seiner neuen Wohnung zu besuchen, und da wäre doch keinem etwas dran gelegen gewesen. Als es lange genug gedauert hatte, sagte der Geist eines Tages zu dem Mädchen, als es wieder mit dem Napf voll Reisbrei ankam: „Willste mich gern mal sehn, dann komm morgen Mittag wenn die Betglocken läuten auf den Boden." Und als das Mädchen hinging, war es ganz stille im Hause und mitten auf dem Boden lag ein großer Klumpen geronnenes Blut. Der Geist war weg, das Poltern hatte ein Ende, und der Bauer konnte wieder in sein Haus. Was das mit dem Geist aber für eine Bewandtnis gehabt hat, das ist niemand je gewahr geworden.

Die geheimnisvolle Spukgeschichte von dem Spoikerdings in Pottholtensen hat auch die Märchensammlerin Ida Schulze sehr beschäftigt. Sie suchte nach Erklärungen für die Erscheinung dieses Kobolds und findet drei mögliche Ansätze dazu. Dabei kommt zu der Erkenntnis, daß die Geschichte von dem reis-fordernden Kobold ihren Ursprung vielleicht schon im Jahr 1757 hat, oder noch viel älter ist und gar auf altem heidnischen Glauben beruht:

1. Die plattdeutsche Wiedergabe der Sage vom hungrigen Hans in Pottholtensen erweckt besonders den Eindruck, daß der Glaube an den Hausgeist durch die in früheren Jahrhunderten häufiger angewandte Kunst eines Bauchredners verstärkt wurde. Sein Zweck war, sich in den kargen Jahren reichlicheres Essen zu verschaffen. Als er glaubte, die Gaukelei könne ihm gefährlich werden, mußte der redende Poltergeist, den niemand je gesehen hatte, verschwinden. Deshalb kündigte er seine sichtbare Erscheinung für den nächsten Tag an, vergoß in der Zwischenzeit das Blut irgend eines Tieres auf dem Boden und täuschte damit seinen Tod vor. (Ida Schulze, nach: Karl Seiffart, in: Hannoversche Geschichten und Sagen. Herausgegeben von Dr. Hermann Weichelt. I., S. 178)

2. Nach der hochdeutschen Überlieferung bezieht sich die Sage auf die Zeit vor der Schlacht bei Hastenbeck im Jahre 1757. Der Ruf des Hausgeistes: „Pottholtensen, Pottholtensen, Hans hat Hunger", verstummte, als die Franzosen in die Dörfer zwischen Weser und Leine eindrangen und man sagt, der Geist habe die infolge der Besatzung eintretende Hungersnot ankündigen wollen. (Ida Schulze, nach: Grimm: Mythologie III, S. 147)

3. Nach altem Glauben sind Hausgeister die Seelen ungetauft gestorbener Kinder, die sich bis zu einer bestimmten Zeit von dem Haus, in dem sie geboren sind, nicht lösen können. Dem entspricht das ihnen dargereichte Essen - Brei ist das Speiseopfer für die Seelen der Abgeschiedenen, das in gleicher Form auch der Anführerin des Totenheeres während ihre Umzuges in den heiligen zwölf Nächten dargebracht wird. Als entkörperte Seele bleibt die Gestalt des Hausgeistes dem menschlichen Auge verborgen. Bisweilen aber wird sein Schatten sichtbar, die Seelen sind Schemen. Sobald der den Menschen sich freundlich, hilfreich und schützend erweisende Geist das Haus verläßt, schwindet mit ihm der Segen und Unglück, Not und Unfriede kehren ein. (Ida Schulze, nach: Dr. Alfred Lehmann: Aberglaube und Zauberei von den ältesten Zeiten bis in die Gegenwart. Verlag Ferdinand Enke, Stuttgart, III. Deutsche Auflage 1925, S. 732)

Wassergeister, Gespenster und ruhelose Geister

Von Elben, Luchtbolden und Waterpooken

In den sumpfigen Wasserlöchern und ausgedehnten Sumpfflächen, von denen es früher rings um Grove und Rodenberg eine Menge gab, hielten sich der Sage nach die Wassergeister auf. Solche mit Schilf bewachsenen Teiche und Tümpel trugen Namen wie „Elbendeepe", „Elbenlock", „Elbrauk", „Sülwerkaule", usw.

Elben - auch Wassernymphen oder Wasserjungfrauen geheißen - sind der Sage nach zierliche, elfenhafte weibliche Wesen mit langen goldenen Haaren und hellglänzender Schuppenhaut. Sie hausen tief unter Teichen und Sümpfen. Aus ihren dortigen Kristallbehausungen steigen sie hin und wieder in mondhellen Nächten empor um über dem Erdboden schwebend phantastische Reigentänze aufzuführen. Dabei locken sie junge Burschen, die in der Nähe vorbeikommen, mit ihren Sirenenkünsten bis an die Sumpflöcher heran. Dann ziehen sie ihre Opfer mit hinab in ihr unterirdisches Reich, aus dem es keine Rückkehr gibt.

In kleineren Sumpfflächen haben die **Luchtbolde** - auch Luchtmänneken oder Lüchtenmänneken (= Irrwische oder Irrlichter) genannt - ihren Unterschlupf. Diese kleinen puppenhaften Wesen hüpfen nach Eintritt der Dunkelheit besonders in lauen Sommernächten in der Nähe ihrer Sümpfe wie kleine Flämmchen umher. Sie führen harmlose Wanderer, die zu nächtlicher Stunde an einer solchen Stelle vorüberkommen, vom rechten Wege ab, daß sie stundenlang in die Irre gehen. So erging es einst einem armen Mädchen, das bis spät in die Nacht hinein beim Flachsjäten war (siehe: „Die gütige Fee").

Eine andere Art von Wassergeistern sind die kleinen zwergenhaften **Waterpooke**. Sie bewohnen die Bäche, Tümpel und kleineren Gewässer und gelten trotz ihres furchterregenden Aussehens - sie haben einen großen unförmigen Kopf, lange dünne Arme und sind am ganzen Körper mit gelben Haaren bewachsen - als harmlos. Nur ein einziges Mal soll es vorgekommen sein, daß ein Waterpook einen Rodenberger Schulknaben mitgenommen hat, der sich zu weit in seine Nähe gewagt hatte.

Verwandt mit den Waterpooken sind die **Knemelinge,** die in den sumpfigen Uferbbereichen der Bäche und Flüsse hausen. Sie haben das allerschrecklichste Aussehen aller Wassergeister, sind aber so harmlos, daß es nichts Besonderes von ihnen zu berichten gibt.

Lüchtenmänneken auf Gräberloh

Schon von alters her sind die Einwohner der Orte Beber und Schmarrie davon überzeugt, daß es auf dem Wege zwischen ihren Orten, der über das Gräberloh führt, nicht recht geheuer ist. Lüchtenmänneken sind es, Irrlichter, die dort um Mitternacht den Wanderer vom Wege ablockten, daß er eine ganze Weile umherirrte. In späterer Zeit machte sich die männliche Jugend von Beber und Schmarrie diese Erscheinung zunutze, trieb durch Verkleidung und allerlei Scherze Schabernak mit den Mädchen und sorgte so dafür, daß die Erinnerung an den Spuk um das Gräberloh nicht in Vergessenheit geriet. Eines dieser geisterhaften Erlebnisse hat Walter Meyerhoff * in Versform gesetzt:

Im Rücken von Garnen manch schweres Stück,
kehrt spät von der Bauernkundschaft zurück Hans Henke, der Leineweber.
Da schlägt es zwölf, die Geisterzeit . . .
und Henkes Augen werden weit. Wo bleiben die Lichter von Beber?
Es huschen Gestalten im Wiesenrausch.
Jäh bleckt es ihn an aus Busch und Strauch wie wutverzerrte Gesichter.
Nun muß er am Gräberloh vorbei -
In seinem Halse erstickt ein Schrei: Im Gräberloh tanzen die Lichter!
Nun kommen sie näher, nun sind sie heran,
Vom Wege ab irrt der geängstigte Mann und läuft mit erstarrender Seele.
Ein höhnisches Lachen - o höllischer Gruß!
Kalt krampfen sich Krallen um seinen Fuß und Grauen zerwürgt ihm die Kehle.
Das Käuzchen schreit und die Unke ruft.
Der Weg ist verloren in Dunst und Luft, und der Irrwisch sitzt ihm im Nacken.
In die Knie drückt ihn die eisige Last,
Er stolpert und rennt, von Entsetzen gefaßt. Schon will ihn die Todesangst packen.
Da dröhnet es „eins“ - mit versagender Hand
Schlägt er ein Kreuz - der Spuk ist gebannt, im Nebel zerfließen die Flammen.
Er stürzt in die Stube zu Frau und Knecht:
„Lenore“ wat Du daust, dau recht.

* Walter Meyerhoff war vor dem Ersten Weltkrieg als Referendar in Bad Münder am Amtsgericht tätig. Er wurde später Landgerichtspräsident in Göttingen. Ist das Gedicht eine Anspielung auf die Ballade „Leonore“ von Gottfried August Böger?

Das Elbenloch

Eines Nachts kehrten zwei junge Burschen in Gesellschaft zweier junger Mädchen von der Großen-Nenndorfer Kirchweih nach Hause zurück. Auf ihrem Heimwege kamen sie an einem der sumpfigen Wasserlöcher vorbei. Als die beiden Paare in der Nähe des Elbenloches angelangt waren, wiegten sich vor ihnen in anmutigen Windungen einige der Elben in phantstischen Reigentänzen hin und her. Ihre nackten Leiber glänzten im hellen Mondenschein wie flüssiges Silber und verführerisch winkten sie mit den Händen. Trotz aller Warnungen der Mädchen folgten die angetrunkenen Burschen den Lockungen der schillernden Gestalten bis zum Elbenloch, wo sie zusammen mit den Elben im hohen dichten Schilf spurlos verschwanden.

Die von Entsetzen gepackten Mädchen liefen eiligen Schrittes die letzte Wegstrecke nach Grove und schreckten mit der Unglücksbotschaft vom Verschwinden der jungen Burschen deren Eltern aus dem Schlafe. Diese eilten unter lautem Jammergeschrei, begleitet von Nachbarn und Angehörigen dem Elbenloch zu und riefen verzweifelt nach ihren Söhnen. Aber alle Klagerufe verhallten vergebens, denn die Elben geben keinen, den sie mit ihren Sirenenkünsten in ihr unterirdisches kristallenes Reich gelockt haben, jemals wieder heraus.

Die gütige Fee - ein Märchen -

Vor langen Jahren lebte in Rodenberg eine gar böse Frau. Die hatte eine junge, schöne Stieftochter, welche sie hart und lieblos behandelte. Eines Tages schickte sie sie ins Bürgerfeld hinaus, um Flachs zu jäten. Das arme Mädchen arbeitete fleißig bis die Nacht hereinbrach. Es war schon dunkel, als es sich auf den Heimweg machte. Als es am Venerdeep (Deep = Tiefe) vorüberkam, tauchten da ganz plötzlich aus dem dunklen Teich einige Luchtbolde auf und hüpften wie flackernde Lämpchen vor ihm hin und her.

Das Mädchen erschrak heftig und wurde durch die Irrlichter so in Verwirrung gebracht, daß es den rechten Weg verlor und nach stundenlangem Umherirren im dunklen Felde laut weinend und todmüde auf einen Stein niedersank. Während es so auf dem Steine kauerte, kam wie zufällig eine gütige Fee vorüber, erblickte das verhärmte Kind, sprach es an und ließ sich all das Leid erzählen, das es durch die Stiefmutter erdulden mußte. Mit milden Worten tröstete die gute Fee das arme Kind, schenkte ihm einen mit Goldgulden gefüllten Beutel und schob ihr einen funkelnden Goldreif auf den Finger. Dann führte sie das überraschte Mädchen auf den richtigen Weg zurück und verschwand.

Das auf diese Weise so reich beschenkte Mädchen fand nun ohne Mühe zu seinem Elternhause zurück. Voller Glück zeigte es seine Schätze. Doch zu seinem großen Kummer mußte es nicht nur die Goldstücke, sondern auch den kostbaren Ring sogleich an die Stiefmutter abgeben. Davon erfuhr der Bürgermeister von Rodenberg. Er nahm sich des beraubten Mädchens an und zwang die habsüchtige Stiefmutter, den ganzen Schatz wieder herauszugeben.

Nun war die Stieftochter ein reiches Mädchen. Und bald schon feierte sie Hochzeit mit einem jungen braven Bürgersohn, der sie schon zu der Zeit zur Braut erwählt hatte, als sie noch arm war. Die Luchtbolde und die gütige Fee haben die glücklichen Brautleute nicht vergessen und gedachten ihrer bei dem reichen Hochzeitsmahle in großer Dankbarkeit.

(Marlies Berndt, nach Mithoff)

Die Waterpooke und die Rodenberger Schulknaben

Die Rodenberger Schulknaben, welche oftmals am Ufer der Aue in der Sutewiese umhertollten, vergnügten sich häufig damit, die Waterpooke, die hier hausten, zu reizen und zu necken. Sie schlugen mit langen Ruten auf die Wasserfläche und riefen dabei in einem fort:

„Brassenkopp wo biste,
kummste riut so kriste
einen op de Kiste.“

An einem Sonnabend in der Dämmerung trieben die Knaben wieder einmal dieses Spiel. Sie wußten aber nicht, daß ein Waterpook diese Stelle der Aue zu seinem Revier gemacht hatte. Als nun dem Wassergeist die Neckereien der Knaben zu toll wurden, tauchte er dicht am Ufer empor, ergriff mit seinen langausgestreckten Armen die Beine von einem der Knaben und zog ihn mit sich in die Tiefe. Die übrigen waren zunächst ganz verdutzt, eilten dann aber, laut um Hilfe schreiend, nach Rodenberg zurück. Viele Leute kamen mit langen Hakenstangen zur Aue gelaufen und suchten den Grund des Flusses ab. Doch alles Suchen war vergebens. Am nächsten Tag wurde die Leiche des Knaben am Wehr angeschwemmt.

(Marlies Berndt, In Anlehnung an Mithoff)

Die unerlöste Gräfin von Hallerburg

Vor Zeiten lebte auf der Hallerburg bei Springe ein Graf, der mit seinen Nachbarn ständig in Fehde lag. Seine Untertanen behandelte er schlecht und trieb sie unermüdlich zur Arbeit an und seine Gemahlin tat es ihm gleich. Außerdem war sie hoffärtig, stolz, üppig und buhlte mit den gemeinen Stallknechten. Schließlich wollten die Bürger von Hameln, Springe und Münder sich das nicht mehr gefallen lassen, weil sie der Plackerei überdrüssig waren. Sie verbündeten sich und belagerten die Burg des Grafen.

Der Graf schickte jedoch einen Boten durch einen unterirdischen Gang aus der Burg nach Hannover und bat um Hilfe. Die erhielt er auch. Das Bürgerheer der drei verbündeten Orte wurde geschlagen und die Stadt Springe zum großen Teil zerstört. Darauf eilte der Graf mit seinem Heer nach Münder, um auch diese Stadt zu züchtigen. Die Gräfin ließ jedoch unterdessen 30 Kinder sowie einige alte Männer und Frauen einfangen und umbringen, wobei sie vom Burgfried der Burg zuschaute.

Nun begab es sich, daß der Graf in der Schlacht bei Sedemünde(r) von den Hamelnern erschlagen wurde. Die Nachricht vom Tode ihres Gatten erschütterte die Gräfin so sehr, daß sie siech wurde. Sie überdachte ihr sündvolles Leben und Bangen um ihr Seelenheil ließ sie nicht zur Ruhe kommen. Da bereute sie das Leid, das sie den Bürgern der Stadt Springe angetan hatte. Sie ließ die Schöppen und Ältesten der Stadt Springe zu sich kommen, schenkte den Bürgern die Freiheit und gab ihnen viel Land zum Eigentum. Außerdem ordnete sie an, daß jedes Jahr 30 Kinder neu gekleidet werden und daß ein jedes neben einem Weizenbrot noch etwas Geld erhalten sollte. Dieser Brauch hielt sich lange Zeit und wurde in Springe noch um das Jahr 1800 praktiziert.

Nach dem Tode der Gräfin konnte ihr Geist aber dennoch keine Ruhe finden. Mittags um 12 Uhr oder zu mitternächtlicher Stunde erschien er bei der Burg. Jeden, den er dort antraf, forderte er auf, ihm zu folgen. Aber keiner hatte den Mut dazu. Nur einmal, zur Zeit des Siebenjährigen Krieges, soll ein Soldat der hannoverschen Garde es gewagt haben, dem Geist der Gräfin in die Bergspalten zu folgen. Er ist von diesem Abenteuer nicht wieder zurückgekehrt.

Der Sage nach wird dem, der die Gräfin erlösen kann, ein großer Schatz zuteil. Ob sie inzwischen erlöst ist, weiß keiner zu sagen.

(nach Schaumann)

Anmerkung: August Ludolf Friedrich Schaumann war als Fahnenjunker im 13. Hannoverschen Regiment im Jahr 1799 in Eimbeckhausen auf dem Rittergut einquartiert und hat auf amüsante Weise aufgeschrieben, was er dort gesehen, erlebt und gehört hat.

Die weißen Jungfern vom Osterberg - in drei Geschichten -

Erste Geschichte:
Der Osterberg - über ihn führt die Altenbekener Strecke - setzt sich nach Altenhagen I zu in den höheren Katzberg fort, auf dessen Höhe einst das edle Geschlecht derer von Saldern gesessen hat. Ihre Stammburg wurde vor Jahrhunderten in einer Fehde mit dem Grafen von Hallermund zerstört. Der Burgherr fiel im Kampfe, seine drei unverheirateten Töchter zogen nach Münder und starben als alte Jungfern. Da sie keine Nachkommen hatten, vermachten sie in ihrem Testament den Osterberg den jungen Bürgersöhnen von Münder. Das war eine Lust, als die jungen Leute ihr Erbe antraten! Wenn sie ein Fest feiern oder ein Gelage halten wollten, schlugen sie im Osterberg Holz, verkauften es und hatten dann jedesmal einen netten Betrag zur Verfügung. Besonders vor der Fastenzeit ging es hoch her. Acht Tage lang wurde da gefeiert. Das Treiben ihrer Söhne wurde den Eltern schließlich zu arg. Sie baten den hochweisen Magistrat um Hilfe. Der erklärte daraufhin, dem Testament zuwider, den Osterberg einfach zum Eigentum der Stadt, was er bis auf den heutigen Tag geblieben ist. Die drei Jungfern haben seitdem im Grabe keine Ruhe mehr. Alle hundert Jahre erscheint eines der Edelfräulein um die Abendzeit in den sumpfigen Sälderwiesen als weiße Dame dem erschrockenen Wanderer.

Zweite Geschichte:
Ein junger Bürgersohn befand sich in einer hellen Mondnacht auf dem Heimweg durch die nebligen Sälderwiesen. Da schwebten plötzlich drei weiße Jungfern neben ihm her. Eine von ihnen sprach ihn an und bat: „Willst Du für uns in den Osterberg gehen?“ Er stutzte und wagte nicht zu antworten.Da sprach die weiße Jungfer weiter: „Du wirst bald an eine tiefe Schlucht kommen, darin findest Du den Eingang, der ins Innere des Berges führt. Geh' mutig den langen Gang entlang bis du in ein weites Gewölbe kommst. Darin steht in der Mitte ein Tisch, unter dem ein grimmiger Hund liegt. Fürchte Dich nicht vor dem grimmigen Hund. Geh zum Tisch, nimm eines von den zwei verschiedenen Dingen, die auf dem Tisch liegen und bring uns das her. Wir werden Dir Deinen Dienst reichlich belohnen, wenn Du das Rechte bringst.“

Der Jüngling dachte: warum sollte ich ihnen den Gefallen nicht tun? Und er ging hin. Er fand alles so, wie es die weiße Jungfer beschrieben hatte: Auf dem Tisch lagen zwei Dinge: ein Schlüsselbund und ein Blumenstrauß. Er wählte nicht lange. Die Blumen dufteten so süß. Der Blumenstrauß muß es sein, den sich die weißen Jungfern wünschen, dachte er, und nahm ihn mit. Als er mit dem Strauß zurückkehrte, brachen alle drei Jungfern in Wehklagen aus: „Ach hättest Du doch das Schlüsselbund gebracht! Dann wären wir erlöst und fänden endlich Ruhe im Grabe. Nun dauert es wieder lange Zeit, bis wir erlöst werden können! Wenn Du jetzt einen Walnußbaum pflanzst, wenn der zu stattlicher Größe herangewachsen ist, sodaß aus seinem Holze eine Wiege geschnitzt werden kann und ein Knabe, der aber ein Sonntagskind sein muß und in dieser Wiege gelegen hat, zu einem Jüngling herangewachsen ist, dann ist es möglich, daß wir erlöst werden, wenn er uns nicht die Blumen, sondern das Schlüsselbund aus dem Berge holt. Dir können wir den Silberschatz im Burgberg nicht geben. Lebe wohl!“ Und während sie diese Worte sprachen, verschwanden die weißen Jungfern . Nur ein langer Nebelstreif zeigte noch für einige Zeit die Stelle an, wo sie gestanden hatten.

Dritte Geschichte:
Vor vielen Jahren lebte auf der Hallerburg ein Ritter, dessen Frau mit Hinterlassung von drei Töchtern starb. Der Ritter heiratete wieder, war aber in der zweiten Ehe nicht glücklich, denn die zweite Frau war seinen geliebten Kindern eine böse Stiefmutter. Sie quälte die armen Mädchen auf alle erdenkliche Weise, sodaß die Kinder zu ihrem Vater gingen und ihn baten ihn, er möge sie doch fliehen lassen, sie könnten das Leben bei der Stiefmutter nicht mehr ertragen. Der Vater gab seine Einwilligung und die drei Töchter flohen in den Osterberg. Hier haben sie lange Jahre gelebt und den Leuten aus Münder viel Gutes getan. In ihrem Testament haben sie den unverheirateten Männern von Münder den ganzen Osterberg vermacht. Als ihre Zeit gekommen war sind sie eine nach der anderen gestorben, doch an gewissen Tagen gehen sie noch heute weinend durch den Wald auf dem Osterberg.

Der Osterberg ist jetzt Eigentum des Magistrats. Der erste Pastor bekommt aus dem Forst jährlich 16 Fuder Brennholz. Dafür muß er den Junggesellen in Münder alljährlich zu Fastnacht einen Schinken von 16 Pfund und einen Käse von 20 Pfund zu liefern.

(nach Mitthoff)

Die drei Jungfrauen vom Hallermundskopf

In dem unterirdische Gang, der vom Hallermundkopf zur Domäne in Springe führt, wohnen drei verwünschte Jungfrauen. Alle hundert Jahre kommen sie, in weiße Gewänder gekleidet und mit einem Pudel mit rotem Halsband auf dem Arm, des nachts bei Mondschein aus ihrer Behausung hervor. Wenn ihnen in dieser Nacht ein Mann begegnet, der in der Christnacht geboren ist, dann fragen sie ihn, ob er sie erlösen will. Und wenn er das will, dann bitten sie ihn, den mächtigen Drachen totzuschlagen, der sie bewacht. Erst wenn ihm das gelungen ist, sind sie erlöst.

Die Erlösung der drei Jungfrauen

Es war einmal ein Schäfer, der hütete seine Herde am Hallermundskopfe und hatte sich dort eine Hütte aufgeschlagen. Eines Morgens stand er an seinem Fenster und hörte, daß draußen jemand sang. Er schaute hinaus und sah drei Frauengestalten. Als sie ihn bemerkten, kam die eine zu ihm und sprach: „Erlöse uns, wir sind verwünscht! “Der Schäfer antwortete: „Erst will ich zum Tisch des Herrn gehen. Morgen früh könnt Ihr wiederkommen, dann gehe ich mit.“ Er ging nach Springe zum Pastor, erzählte ihm alles und bekam das Abendmahl. Der Schäfer nahm Abschied von seiner Frau und seinen Kindern und sagte zu ihnen: „Ihr sollt nicht weinen, weil ich fortgehe. Für diesmal komme ich wieder“.

Dann ging er fort. Die drei Frauen warteten schon auf ihn. Sie gingen mit ihm tiefer in den Wald bis sie an einen tiefen Abgrund kamen. Da mußten sie hinein. Als sie drin waren, tat sich der Abgrund zu und vor dem Schäfer waren eine Menge Türen. Die eine Jungfrau hatte ein Bund Schlüssel in der Hand und klopfte mit den Schlüsseln an jede Tür. So tat sie, bis sie an die letzte Tür kamen. Die sprang ganz von selber auf. Da saßen an einem Tisch zwölf Männer mit langen weißen Bärten. Als der Schäfer sie sah, erschrak er sehr, sie aber sahen ihn freundlich an. In einer Ecke des Raumes lag ein großer Haufen Erde. Davon hießen die Jungfrauen ihn so viel zu nehmen, wie in seine Taschen hineinging.

„Was soll ich denn damit anfangen?“ fragte der Schäfer. Sie sprachen: „Stecke dir die Taschen voll, soviel hineingeht, aber nimm die Erde nicht eher heraus, als bis du zum Pastor kommst. “Der Schäfer tat, wie ihm die Frauen geheißen haben und stopfte von der Erde in seine Taschen, so viel hineinging. Da tat es plötzlich einen gewaltigen Krach durch den ganzen Berg und der Schäfer stand an der Stelle, wo er in den Wald hineingegangen war. Vor ihm standen die drei Jungfrauen, dankten ihm, daß er sie erlöst hatte und sagten, das sei deshalb, weil er sich vorher das Abendmahl hatte geben lassen. Wenn er sich das Abendmahl vorher nicht hätte geben lassen, wären an ihrer Stelle die zwölf Männer erlöst, denn die seien verwünscht, weil sie nie zum Heiligen Abendmahl gegangen sind. Dann verschwanden die drei Jungfrauen ganz plötzlich vor seinen Augen.

Der Schäfer ging, als er nach Springe zurückkam, gleich zum Pastor und erzählte ihm, was er erlebt hatte. Als er aber die Erde aus seinen Taschen holte, da war es lauter Gold. Der Schäfer starb drei Tage darauf von dem Schrecken. Seine Frau und seine Kinder aber hatten an dem Golde genug, solange sie lebten.

Die Dame mit dem Schlüsselbund

Es war einmal eine Frau, die wollte Futter für ihre Ziege holen. Sie ging in den Wald, und als sie am Hallermundskopf war, da kam ein Hund dahergelaufen, der trug ein goldenes Halsband. Die Frau rief ihn zu sich heran. Aber nicht der Hund, sondern eine Frauengestalt mit einem großen Schlüsselbund kam auf sie zu. Da erschrak die Frau heftig, ließ ihre Kiepe und die Sichel stehen und rannte nach Springe zurück. Nach einiger Zeit ging die Frau in den Wald zurück, um ihre Sachen zu holen. Als sie nun hin kam, war ihre Kiepe ein Sack voll Gold und die Sichel hatte sich in einen Mann verwandelt. Der Mann ist bei ihrem Näherkommen spurlos verschwunden. Den Sack voll Gold nahm sie mit nach Hause und hatte Geld genug ihr ganzes Leben lang.

Der Spuk im Pfarrhaus

In der Nacht des 23. Oktober 1805 nahmen im Grover Pfarrhause unheimliche Vorgänge ihren Anfang. Gegen Mitternacht wurden die Bewohner durch ein anhaltendes Gepolter unsanft aus dem Schlaf geweckt. Die beiden Mägde stürzten laut schreiend aus ihrer Schlafkammer hervor, weil die Bettstellen, in denen sie geruht hatten, von unsichtbarer Hand durchs Zimmer geschoben und Tisch und Stühle krachend durcheinander geworfen wurden. Dasselbe Spektakel ging dann auch in der nebenan liegenden Gesindestube los und alle Hausgenossen flüchteten, vor Schreck erstarrt, in die oberen Räume des Hauses.

Anderntags, als in der Abendzeit die Frau des Pfarrers mit ihren Mägden in der Küche beschäftigt war, setzte sich plötzlich der von der Decke herabhänge Krüselhaken in pendelnde Bewegung und der daran angebrachte Trankrüsel fiel zu Boden und erlöschte. Nun entstand in der in Dunkel gehüllten Küche ein wahrer Höllenlärm: Kessel und Schüsseln, Töpfe, Eimer und anderes Küchengerät flog in tollem Wirbel durcheinander. Die Hausfrau und die beiden Mägde flüchteten mit lautem Angstgeschrei zur Tür hinaus und wagten die Küche bei Dunkelheit nicht wieder zu betreten. Nacht für Nacht, oft schon abends, traten nun diese unheimlichen Störungen in den verschiedenen Räumen des Pfarrhauses auf und hielten die Bewohner fortwährend in Angst und Schrecken. Selbst die Pferde und Kühe, deren Stallungen sich entlang der großen Diele befanden, wurden durch das nächtliche Rumoren in merkliche Erregung versetzt.

Am empfindlichsten hatte der Pfarrer selbst, der eigentlich keine Furcht kannte, unter diesen Zuständen zu leiden. Saß er abends, seiner Gewohnheit gemäß, arbeitend am Schreibtisch, verlöschten auf unerklärliche Weise die Lampen, flogen ihm Bücher an den Kopf, oder es wurde der Sessel, auf dem er saß, durch heftige

Stöße hin- und hergerückt. Dann sprang er auf und schlug mit seinem Stock um sich, suchte auch jeden Winkel des dunklen Zimmers ab, konnte aber nie ein lebendes Wesen entdecken.

Um dem Pfarrer in der Ermittlung der rätselhaften Ruhestörungen zu Hilfe zu kommen, nahm der Amtmann Lang alle Pfarrhausdienstboten und auch andere Personen scharf ins Verhör. Er selbst hielt sich nächtelang im Pfarrhause auf und ließ zwei Gendarmen abwechselnd in dem Hause Nachtwache halten. Aber der Spuck ließ nicht nach. Bald hier, bald dort, wurden Möbel durchs Zimmer gezogen, Truhen und Schränken, die auf dem Flur und in den Kammern standen von den Wänden gerückt und deren Türen und Deckel krachend auf- und zugeschlagen. Gleiches geschah mit den Zimmertüren. Eines Nachts entlockten unsichtbare Hände dem im Wohnzimmer stehenden Spinett geisterhaft klingende Akkorde. Dazu gerieten die im Zimmer befindlichen kleineren Möbelstücke, Tische, Stühle und Fußbänke und Spinnräder, in hüpfende Bewegung, wobei auch Feuerhaken und Feuerpüster klirrend den Takt schlugen. Dem Amtmann, der mit dem Pfarrer beherzt die Stube betrat, flogen ein kupferner Leuchter und zwei Becher dicht am Kopfe vorbei und dem Pastor wurde ein Arbeitskorb, mit allerlei Nähzeug gefüllt, auf den Rücken geworfen. Von den Urhebern des Spuks war jedoch keine Spur aufzufinden.

Auch in den Schlafzimmern hörten die nächtlichen Störungen nicht auf. Da hoben sich die Bettstellen eine handbreit vom Fußboden in die Höhe und sanken mit einem gelinden Stoß wieder herab oder von den Betten wurden von unsichtbaren Händen die Oberdecken weggezogen. Dann sprangen die Mutter und die Kinder entsetzt aus den Betten und flüchteten für den Rest der Nacht in die Wohnstube. Schließlich verließ die Frau des Pfarrers mit ihren Kindern das Pfarrhaus. Sie fanden auf dem Schlosse bei der Familie des Amtmanns Lang eine gastliche Aufnahme. Auch der Kleinknecht und die beiden Mägde waren nicht zu bewegen, weiterhin die Nächte im Spukhause zu verbringen, sie schliefen nun im Pfarrwitwenhaus und kehrten nur tagsüber zur Verrichtung der nötigsten Arbeiten zurück. Der Pfarrer aber und mit ihm der Großknecht wichen und wankten nicht und boten aller Spukerei tapfer und furchtlos die Stirn. Gegen Ende der zweiten Spukwoche trafen die Kirchenältesten die Anordnung, daß aus der Kirchengemeinde nach einer bestimmten Reihenfolge immer zwanzig Mann abends ins Pfarrhause gehen sollten, um die Nacht hindurch die Räume zu besetzen und von Zeit zu Zeit auch zu durchschreiten. Trotz allem hielt der Spuk weiter an, wobei die Wachhabenden selbst jedoch nicht ernstlich belästigt wurden.

Von verschiedenen Seiten wurde der Vorschlag gemacht, zur Vertreibung des Geistes die Hilfe der alten Schlingel in Anspruch zu nehmen. Die alte Schlingel aus der Mühlenstraße war eine zauberkundige Frau. Sie hatte schon aus verschiedenen Häusern in Rodenberg und den umliegenden Dörfern Klopfteufel und andere böse Geister vertrieben und war auch als berühmte Wahrsagerin weit über Rodenberg hinaus bekannt. Sie prophezeite Lebensschicksale aus den Handlinien und durch Kartenlegen, schlug Gespenster und Vampire in die Flucht, betete Kranke gesund, besprach Blutungen, Lähmungen und andere Gebrechen und trieb den Teufel und böse Geister nicht nur aus Gebäuden aus, sondern befreite auch Menschen davon.

Dem Pfarrer widerstrebte es, solche Zauberkünste anzuwenden. Nachdem der Spuk aber zweiundzwanzig Nächte lang angehalten hatte und kein Ende abzusehen war, gab er schließlich nach langem Sträuben seine Einwilligung. Die alte Schlingel wurde geholt und ließ sich für eine Nacht mutterseelenallein im Pfarrhause einschließen, da sie angab, nur so imstande zu sein, die bösen Geister auszutreiben. Wunderbarerweise blieb der erhoffte Erfolg nicht aus. Schon in der nächsten Nacht herrschte vollkommene Ruhe und die Familie des Pfarrers und das Gesinde kehrten erleichterten Herzens zurück ins Pfarrhaus. Alle dankten Gott, daß sie diese schlimme Zeit endlich und wohlbehalten überstanden hatten.

Für den Pfarrer Sander, der unter diesen geisterhaften Vorgängen arg gelitten hatte, war es natürlich ein bedrückender Gedanke, daß das Pfarrhaus jetzt überall als ein Spukhaus angesehen wurde. Auch war es ihm, als einem Verkünder des reinen Wortes Gottes über alle Maßen peinlich, daß die im Geruch einer Zauberin stehende Schlingel mit seiner Einwilligung ihre Zauberkünste in seinem Pfarrhause vorgenommen hatte. Er sprach daher in und außer Hause niemals ein Wort über diese Spukgeschichte. Auch im Kreise seiner Familie durfte nie mehr darauf zurückgekommen werden. In den sechziger Jahren des 19. Jahrhunderts wußten sich jedoch noch mehrere alte Leute des großen Spuks im Pfarrhause zu erinnern.

(nach Mithoff, Band II S. 98f)

Der Schatz im Messenkämper Bruch

In der Aueniederung zwischen der Obermühle und der Mittelmühle breitete sich einst der Eichwald des Messenkämper Bruches aus. Hier war einst zur Nachtzeit häufig ein Mann anzutreffen, dem der Kopf verkehrt auf den Schultern saß. Er bewachte einen kostbaren Schatz, der unter einem Hügel in der Mitte des Bruches vergraben ist. Diesen Schatz hatte eine Räuberbande dort vergraben, die früher hier gehaust hat. Zur Strafe für die Greueltaten, welche die Räuberbande zu ihren Lebzeiten verübt hatte, ist ihr Anführer an diesen Ort gebannt. Er muß den Schatz so lange bewachen, bis ihn ein furchtloser Mann hebt. Schon viele Leute sind heimlich in der Mitternachtsstunde in den Bruch gegangen, um den Schatz auszugraben. Sobald aber das unheimliche Gespenst über ihre Schultern blickte, eilten sie entsetzt von dannen. Wer es nicht glaubt, der mag selbst hingehen und sich überzeugen. Die aufgewühlten Gruben sind noch heute zu sehen, aber den Schatz hat bisher keiner gehoben. Und wenn sich auch weiterhin keiner dazu findet, wird die arme Seele für immer unerlöst bleiben.

(nach Meissel, S. 60)

Pastor Hölscher

Vor vielen hundert Jahren wohnte in Springe ein Pastor mit Namen Hölscher. Der war ein unruhiger Geist, der es sogar mit dem Teufel hielt. Er wurde verurteilt und in der Nähe des Weghauses hingerichtet. Aber er konnte auch im Tode nicht zur Ruhe kommen. Immer wieder fand man ihn auf der Treppe zu seiner Wohnung. Als man ihn sechsmal begraben hatte, ohne ihn los zu werden, wollte man ihn über die Grenze bringen. Ein Bauer nahm ihn auf seinen Wagen und fuhr ihn zu dem Glockenteich in Sedemünder. Dort lud er ihn ab und wollte nach Hause fahren. Aber der Pastor gab ihm einen Schlag mit einer glühenden Peitsche ins Gesicht, sprang hinter dem Fuhrmann auf den Wagen und schlug auf die Pferde los, daß sie weiß von Schaum waren, als sie wieder in Springe ankamen. Nun wollte man die Leiche des Pastors verbannen. Die Leute wandten sich an einen Bischof. Der schickte drei Jünglinge, die ihn bannen sollten. Aber dem ersten sagte Hölscher: „Du tust mir nichts, denn Du hast auch schon einmal gestohlen: Du hast in deinem Schuh eine Ähre vom Felde mitgenommen". Dem zweiten sagte er: „Du tust mir auch nichts, denn Du bist auch nicht rein von Sünden." Aber dem dritten konnte er nichts nachweisen. Und der bannte ihn in das Holz bei dem Taternpfahl.

Seitdem marschiert Hölscher jedes Jahr in der Mainacht wieder auf Springe zu. Und jedes Jahr kommt er um einen Hahnenschritt weiter.Aus Ärger über seine Ohnmacht springt er Frauen, die in seinem Revier Holz lesen, auf die Kiepe und führt sie in die Irre.

Der Grover Präzepter

Ein Kantor in Rodenberg, so berichtet die Sage, hat einst das Kind seiner ledigen Tochter umgebracht und zu nächtlicher Stunde auf seinem Acker oben am Langwege begraben. Weil die gottlose Tat zu seinen Lebzeiten nicht ans Tageslicht gekommen ist, entging der Kantor der welichen Strafe. Doch im Tode muß er für die gottlose Tat büßen. In manchen Nächten erscheint er als Spukgestalt und irrt, den Kindersarg mit seinem gemordeten Enkelkind auf den Schultern tragend und mit schauerlicher Stimme ein Grabeslied singend, auf dem Felde umher. Wann der Fluch ein Ende hatte, ist nicht überliefert.

(nach Mithoff, Band II, S. 97)

Der Mann im grauen Mantel

Diese Geschichte ist in Barsinghausen auch unter dem Titel „Der stumme Kriegsinvalide“ bekannt.

An einem sonnigen Winternachmittag des Jahres 1650 gingen zwei Klosterfrauen aus dem Kloster zu Barsinghausen spazieren, um sich an der herrlichen, schneebedeckten Landschaft zu erfreuen. Sie unterhielten sich über dies und das und an Gesprächsstoff hatten sie keinen Mangel. So waren sie weiter gegangen, als sie eigentlich beabsichtigt hatten und Egestorf lag schon dicht vor ihnen. Da kehrten sie um und wählten einen schmalen Fußpfad, um schneller wieder nach Barsinghausen zurück zu gelangen, denn sie wollten noch vor Einbruch der Dämmerung wieder im Kloster sein.

Sie gingen also zügigen Schrittes den schmalen Fußpfad entlang, während sich schon die ersten Abendschatten über die Landschaft legten. Da war's ihnen plötzlich, als wenn jemand vor ihnen her ginge. Und wirklich. Ganz deutlich sahen sie eine gekrümmte, hagere Gestalt vor sich dahinschreiten. Sie war in einen langen, grauen Soldatenmantel gehüllt, trug auf dem Kopf eine alte Soldatenmütze, welche zum Schutz gegen Wind und Wetter weit über die Ohren gezogen war und stützte sich, um sich aufrecht zu halten, auf einen knotigen Krückstock. So wanderte die Gestalt vor ihnen her. Und obgleich die Klosterfrauen nicht wußten, wo der Wanderer so plötzlich hergekommen war, hatten sie keine Angst. Erst, als sie bemerkten, daß die Gestalt in der frischen Schneedecke keine Fußspuren hinterlassen hatte, gerieten sie in Erregung. Und während sie sich ihre Furcht gegenseitig eingestanden, verschwand die stumme Gestalt vor ihren Augen genau so plötzlich, wie sie erchienen war.

Dank ihres starken Gottvertrauens faßten die beiden Frauen wieder Mut, gingen weiter und passierten beherzt die unheimliche Stelle wo die Gestalt verschwunden war. Mit klopfendem Herzen gelangten sie wohlbehalten in ihrem Kloster an. Den winterlichen Spaziergang aber und die Erscheinung der stummen Gestalt, die ihnen unerklärlich blieb, haben sie nie vergessen.

Auch andere Leute erzählten von der Begegnung mit der grauen Gestalt und noch fünfzig Jahre später will man sie zwischen Egestorf und Kirchdorf gesehen haben. Aber kein Mensch wagte es je, sie anzureden, obgleich Böses von ihr nicht bekannt war. Das Volk aber erzählt, daß es der Geist eines herzlosen Kriegsmannes sei, der, von Gewissensbissen gepeinigt, im Grabe keine Ruhe finden könne, weil er einst in einem Gefecht seinen eigenen Anführer erschossen und wertvolle Kriegsbeue an sich genommen habe.

(nach Bock)

Der gottlose Schäfer

Vor alten Zeiten hatte ein Schäfer bei einer Abendmahlsfeier die ihm vom Priester gereichte Hostie nicht genossen, sondern heimlicherweise aus dem Munde wieder herausgenommen und später zur Bereitung eines Zaubermittels verwendet. Wie zu erwarten war, blieb die Strafe des Himmels nicht aus. Gar bald gingen die Hände und auch die Zunge des Frevlers in Fäulnis über. Um seinen furchtbaren Körper- und Gewissensqualen ein Ende zu bereiten, ging der Schäfer hin und erhängte sich an der auf der Kammerflage* stehenden Eiche. Der arme Sünder sollte jedoch auch im Tode keine Ruhe finden, obwohl man ihn unter demselben Baume eingescharrt hatte. Um Mitternacht entsteigt er seinem Grab und rutscht auf den Knien um den Eichbaum herum, so lange, bis der im Geäst sitzende Kolkrabe dreimal sein „Rab, Rab," gekrächzt hat.

(nach Mithoff, Band II S. - 96)

* Kammerflage ist eine Flurbezeichnung

Der unehrliche Pflüger

Ein Bauer aus Groß-Munzel, der danach trachtete, seinen Grund und Boden zu vermehren, ohne dafür etwas hinlegen zu müssen, war eines Tages auf den Gedanken gekommen, seinem Nachbarn Land abzupflügen und den Grenzstein heimlich zu versetzen. Solange er lebte merkte niemand etwas davon. Als der Bauer jedoch zum Sterben kam, hatte er ein qualvolles Ende. Sein Geist und sein Gemüt waren so bedrückt, daß seine Angehörigen nichts Gutes ahnten. Und wirklich, ihre böse Ahnung wurde bald bestätigt. Obwohl der Bauer in allen Ehren begraben worden war, fand er keine Ruhe in seinem unterirdischen Zuhause. Des nachts um die zwölfte Stunde verließ er sein Grab und zog als schwarze Gestalt mit einem schwarzen Gespann über den Acker und pflügte auf dem Stücke, welches rechts am Wege von Groß-Munzel nach Klein-Munzel liegt. Aber um nichts kam er weiter. Und wenn er mit seiner Pflugschar den Grenzstein rammte, schlugen Flammen daraus empor. Wann der unehrliche Pflüger endlich seine Ruhe gefunden hat, ist nicht bekannt.

(nach Gewecke)

Der nächtliche Pflüger

Mitternacht war längst vorüber, als einige Bauern aus dem Kruge kamen und sich auf den Heimweg machten. Als sie draußen vor der Tür anlangten, staunten sie über die prachtvolle Mondnacht und gingen in heiterster Laune dahin. Sie waren erst wenige Schritte gegangen, da sahen sie auf dem Felde einen Pflüger bei der Arbeit. Erstaunt blieben sie stehen und sahen ihm eine Weile zu. Schweigsam zogen die hageren schwarzen Gäule den blanken Pflug und ebenso schweigsam folgte ihnen die hagere Gestalt des Pflügers. Aber merkwürdiger kriegte er kein Land um. Darüber gerieten die späten Heimkehrer in staunendes Gelächter. Einer von ihnen meinte, er wolle es mal versuchen, und war mit wenigen schnellen Schritten dort. Doch als er nach dem Pflugstert griff, war die Erscheinung verschwunden. Von da ab mieden sie diesen Ort zu so später Stunde, denn sie waren sich sicher, daß hier eine ruhelose Seele ihre Sünden abbüßte. Heute ist von dem nächtlichen Pflüger nichts mehr zu hören. Die ganze Gegend ist mit Häusern bebaut.

(nach Bock)

Der ruhelose Landmesser

Manche Leute, die zur Mitternachtszeit durch die Fluren von Algesdorf und Klein-Nenndorf schritten, haben eine merkwürdige Beobachtung gemacht. Sie sahen plötzlich im freien Feld einen Mann, der auf seinem Haupt eine gewaltigen Schlapphut trug. In seiner Rechten hielt er einen derben Eikheister und neben ihm her schlich ein großer, schwarzer Hund. Der Mann zog planlos über das Feld. Bald sah man ihn hier, bald sah man ihn dort. Verschiedene Leute behaupten, man könne an der wunderlichen Gestalt ruhig vorbeigehen, sie blicke nicht einmal zur Seite, sondern habe das finstere, verzerrte Gesicht unverwandt zur Erde gerichtet. Es war die von Gott geächtete Seele eines unredlichen Landmessers.

Die Sage berichtet, daß der Ruhelose zu seinen Lebzeiten einen schweren Fluch auf sich geladen hatte: Als in der Zeit um 1800 die Heerstraße von Hannover über Nenndorf nach Köln gebaut wurde, hätte die neue Landstraße auf der Strecke von Bad Nenndorf nach Stadthagen eigentlich geradeaus über das Rehbocksche Kalkwerk geführt werden müssen. Dabei wären die Feldmarken von Horsten, Riepen und Beckedorf durchschnitten worden.. Das war den Bauern dieser drei Dörfer nicht recht, denn einmal wären ihre Koppeln getrennt worden, und zum andern wären sie manchen Morgen ihres fruchtbaren Ackerlandes los geworden. Deshalb freundeten sie sich mit dem Landmesser an, der die Straßenpläne festlegte. Durch gute Worte und gutes Geld hatten sie ihn bald auf ihrer Seite, und er tat ihnen gern einen kleinen Gefallen und änderte den Plan. Er verwarf den kürzeren Weg und führte die neue Straße in einem großen Bogen um die Gemarkungen

Horsten, Riepen und Beckedorf herum, dicht an Klein-Nenndorf und Algesdorf vorbei. Nun sollten die Leute aus Klein-Nenndorf und Algesdorf Acker- und Gartenland hergeben. Alle ihre Einsprüche gegen die neue Straßenführung nutzten nichts. Die so Geschädigten ballten heimlich sie die Faust in der Tasche und verwünschten den bis in alle Ewigkeit, der an ihrem Mißgeschick schuld war. Ihr gerechter Wunsch ging in Erfüllung, sobald dem Landmesser die Seinigen die starren Augen zugedrückt und ihn hinausgetragen hatten.

(Berndt, nach „Heimatsagen")

Die Wittröcksche

In Großgoltern lebte einmal eine Frau mit Namen Wittrock, von der man schon zu ihren Lebzeiten sagte, daß sie mit dem Bösen im Bunde stehe. Man mied solange sie lebte ihre Nähe. Doch als sie gestorben war, wollte man ihr ein ehrliches Begräbnis nicht versagen. Man legte sie also in einen Sarg und wollte sie nach alter Sitte mit einem Bauernwagen zum Kirchhof zu fahren. Man spannte an, aber das Pferd konnte den Wagen nicht von der Stelle kriegen. Man spannte ein zweites Pferd vor den Wagen. Aber der Wagen ließ sich nicht bewegen. Da spannte man ein drittes und sogar ein viertes Pferd vor. Aber der Wagen war nicht von der Stelle zu bringen. obwohl die Pferde zogen, daß ihnen der Schaum vor dem Munde stand und sie über und über mit Schweiß bedeckt waren. Da blieb den Sargträgern nichts anderes übrig, als den Sarg vom Wagen zu heben und ihn zu Fuß zum Kirchhof zu tragen. Dort ließen sie ihn in die Grube hinab.

Das Trauergefolge war darüber bestürzt und kehrte bedrückt ins Dorf zurück. Und wie die Leute an dem Haus vorbeikamen, in dem die Tote, die sie eben zu Gabe gebracht hatten, gelebt hatte, da - o Schreck! - lag sie oben in ihrem Stubenfenster. Sie hatte die Arme auf die Fensterbank gestützt und grinste gräßlich auf die Zurückkehrenden herab. Nun begann eine Zeit des Schreckens für die Dorfbewohner. Schließlich gelang es einem herbeigerufenen Pater, die Frau mitsamt dem bösen Geist, der sie besessen hatte, in das Minschenbrauk* oberhalb von Barsinghausen zu verbannen. Dort schöpft sie bis zum heutien Tage mit einem Eimer ohne Boden einen Teich aus. Erst wenn der Teich völlig geleert ist, soll der Bann ein Ende haben.

(nach Bock; s. a. Meier)

* Das Minschenbrauck, auch Menschenbruch, ist ein Flurstück, das zwischen der Barsinghäuser und der Hohenbosteler Flur liegt, und zwar nach Hohenbostel hin.

Der Geist der Drostin

Auf dem Edelhofe zu Landringhausen stand in früheren Zeiten ein Bauwerk, welches durch seine Schlichtheit und Größe und wegen seiner vielen Fenster besonders auffiel. Wenn auch das große, geräumige Gebäude allen im Dorfe gefiel, so hätte doch niemand aus dem Orte drin wohnen mögen. Um keinen Preis der Welt! Denn die alte Drostin ging darin um. Sobald es im Dorfe zwölf Uhr schlug, erschien ihr ruheloser Geist. Leise schwebte er durch das Haus treppauf, treppab und hin und her, bis die Uhr zum nächsten Stundenschlag ausholte. Warum der Geist der Drostin keine Ruhe finden konnte, ist nicht überliefert. Aber niemand wagte ihm zu egegnen. Und weil auch niemand mehr in dem Gebäude wohnte, verfiel es mit der Zeit immer mehr und ist schließllich ganz verschwunden. Mit dem Gebäude ist aber auch der Geist der Drostin verschwunden, denn man hat nie wieder etwas von ihm gehört.

(nach Bock, S. 19)

Die mutige Magd

An einem heißen Sommerabend saß der Gutsherr von Bredenbeck mit seinen Gästen fröhlich unter den schattenspendenden Kastanien im Gutspark. Man aß und trank und tauschte Neuigkeiten aus. Schließlich kam amn auf Spuk- und Geisterdinge zu sprechen und bald lief allen ein Gruseln über den Rücken. Nur eine Magd, die beim Auftragen half, meinte, sie fürchte sich nicht, auch nicht vor dem Teufel. Da beschloß ihr Herr sie auf die Probe zu stellen. In Bredenbeck gehörte seit Menschengedenken ein altersgrauer Turm zu den Gebäuden auf dem Gutsgelände. Wie die Sage erzählt, war es in dem Turm während der Geisterstunde nicht ganz geheuer. Deshalb hielt der Gutsherr den Turm und das im Obergeschoß befindliche einzige Zimmer auch stets verschlossen und bewahrte den Schlüssel eigenhändig auf. Den gab er nun der Magd und sagte, wenn sie so ohne Furcht sei, möge sie das doch beweisen und um Mitternacht einmal in das Turmzimmer gehen. Und er versprach ihr eine goldene Spange, wenn sie ohne Schaden zurückkehre und einen Beweis mitbrächte.

Gegen Mitternacht ging die Magd in den Turm und stieg die Treppe hinauf. Als sie eben den Schlüssel in das Schloß stecken wollte um aufzuschließen, sprang die Tür von selbst auf, sodaß sie den Schlüssel gar nicht brauchte. Eine kleine Flamme erleuchtete den Raum, in dem ein Tisch, mehrere Stühle und verschiedenes Hausgerät standen. In einer Ecke sah sie eine Ritterrüstung, aus deren Augenschlitzen zwei Augen unheimliche glühten, während die Säbel an der Wand zu rasseln begannen. Der Magd gruselte es nun doch. Schnell ergriff sie ein goldenes Kästchen, das auf dem Tisch stand und floh aus dem Zimmer und die Treppe hinunter und hinaus aus dem Turm. Gerade noch rechtzeitig, bevor die Türen von Zimmer und Turm von selbst hinter ihr ins Schloß fielen.

Drei Wochen später befand sich die Gutsherrschaft gerade zum Sonntagsgottesdient in der Kirche. Die Magd war allein zu Hause. Da klopfte es plötzlich am Tor. Ein fremder Krieger bat um Einlaß. Und weil im Hause stets eine gute Gastfreundschaft gepflegt wurde, ließ die Magd den Fremden eintreten, nahm ein Licht und ging in den Keller, einen kühlen Trunk für ihn zu holen. Aber der Kriegsmann folgte ihr, und als sie auf der Kellertreppe war, bedrohte er sie mit den Worten: „Warte, du Neugierige. Du sollst mein Turmzimmer nicht wiedersehen. Mit meinem zweischneidigen Schwert werde ich dir jetzt den Garaus machen."

Während er das Schwert aus der Scheide zog, blies die Magd schnell das Licht aus, entschlüpfte durch einen Seitenausgang und verriegelte die Kellertür. Als der Gutsherr zurückkam, erzählte sie ihm, was vorgefallen war. Da ließ der Gutsherr den ganzen Keller von seinen Knechten durchsuchen, aber die fanden nichts Ungewöhnliches. In der darauffolgenden Nacht aber, während der Geisterstunde, überrumpelte der geheimnisvolle Ritter den Herrn von Bredenbeck und raubte ihm das goldene Kästchen, das die Magd aus dem Turmzimmer mitgenommen hatte. Dabei ertönte ein furchtbarer Lärm vom Turm, den seitdem niemand mehr zu betreten wagte.

Man erzählt, daß ein Ritter, der einen anderen erschlagen und ihm seine Kleinodien geraubt hatte, zur Strafe in das Turmzimmer gebannt ist. Dort muß er die gestohlenen Kleinodien, die in dem goldenen Kästchen aufbewahrt sind, bewachen bis ans Ende aller Tage. Wer ihn dabei stört, der wagt sein Leben.

Das Huckup-Denkmal in Hildesheim
nach einer alten Postkarte von 1907 (Poststempel)

Vom Aufhucker: von Werwolf, Bärwolf, Böxenwulf und Huckup

Der „Aufhucker“

Der Aufhucker ist ein weltweit bekannter Unhold. Er begegnet uns in der Sage als Werwolf, Bärwold, Böxenwulf, Huckup, manchmal auch in Gestalt eines anderen Tieres. Er springt seinem Opfer in der Abenddämmerung oder nachts, meist um Mitternacht, aber mitunter auch am hellichten Tage während des Mittagsläutens, von hinten auf den Rücken und läßt sich ein Stück weit tragen. Mit den Vorderfüßen (oder Armen) krallt er sich an den Schultern seines Opfers fest, daß dem der Angstschweiß auf die Stirn tritt und sich das Haar sträubt. Dem Überfallenen bricht der Angstschweiß aus, er kann kaum noch atmen und bricht unter der zusätzlichen Last oft sogar zusammen. Ein Opfer des Aufhuckers kann jeder werden, aber auch wer sich etwas zuschulden hat kommen lassen kann von ihm überfallen werden, wie das Huckup-Denkmal in Hildesheim deutlich kundtut. Sein Machtbereich endet meist an der Ortsgrenze, einer besonderen Flurgrenze oder vor dem nächsten Dorf. Da läßt er dann von seinem Opfer ab und verschwindet, ohne gesehen zu werden. Es soll auch vorgekommen sein, daß er durch ein Fenster oder durch eine Haustür guckte oder daß er bei einer Festversammlung erschien, wo er sich nach seinem nächsten Opfer umsah.

Der Aufhucker ist aber nicht wirklich ein Wolf, sondern ein Mensch, der sich durch Umschnallen eines Zauberriemens oder Zaubergürtels in einen Wolf verwandeln kann. Wenn man ihm den Gürtel wegnimmt, was aber sehr schwierig ist und viel Mut erfordert, verliert er seine Macht und wird wieder zu dem Menschen, der er in Wirklichkeit ist. Wehe ihm, wenn er dann erkannt wird!

Natürlich trieb der Aufhucker auch diesseits und jenseits des Deisters sein Unwesen, wovon eine ganze Menge Geschichten erzählen.

* „Werwolf“ leitet sich ab von lat.‘vir’ = Mann, althd. ‘wer’. In Hermann Löns’ „Wehrwolf“ nennt sich eine Gruppe Männer, die sich im Dreißigjährigen Krieg zusammengeschlossen haben, um ihre Familien, Hab und Gut vor den räuberischen Horden zu schützen. Löns schreibt seinen Wehrwolf bewußt m „h“ und setzt sich damit von Werwolf (ohne „h) ab.

Der Zaubergürtel

Auf dem Wege, der nördlich des Stemmer Berges von Stemmen und Göxe führt, kommt man auf halber Strecke an einem Teich vorbei, der mit Eichen und Buchen umstanden ist. Das ist der Liethgrund. Hier waren einmal zwei Waldarbeiter mit dem Fällen einiger dicker Bäume beschäftigt. Nachdem sie nun eine zeitlang gearbeitet hatten machten Pause, aßen ihr Vesperbrot, ruhten danach am Rande des Teiches aus und schauten träumerisch in das Wasser hinein. Da sagte plötzlich der eine zu dem anderen: „Mek rumpelt dat sau in mienen Liewe.“ Der andere, nichts Böses ahnend, erwiderte ihm scherzend: „Ja, wer von ‘ner Stuten dat Fohlen over 'ehucket hat, den schöll et woll in'n Buke rumpeln." Er ahnte nicht, daß er damit seinen Kollegen ertappt hatte, der ein heimlicher Werwolf war. Der hatte nämlich einen Zauberriemen mit dem er sich in einen Werwolf verwandeln konnte. Diesen Zauberriemen trug er immer bei sich und damit drohte er nun dem andern, der davon nichts gewußt hatte, indem er ihn ihm vor das Gesicht hielt. „Schade, dat ek dek nich gleek me'efräten hebbe!" sagte er drohend zu ihm. Der aber bekam es mit der Angst und hütete sich fortan vor seinem Kollegen.

(nach Bock)

Der Werwolf im Liethgrund

Wer den alten Weg von Stemmen nach Göxe geht kommt etwa auf halbem Wege zu einer Senke, die ehemals mit viel Wasser gefüllt war. Das ist der Liehtgrund. Da fanden sich früher die Hirten mit ihren Herden ein, um die tiere zu tränken und im Schatten der großen Bäume zu ruhen. Die uralten Bäume, Eichen, Buchen und Kastanien, boten Schutz bei jedem Wetter. Darunter ist eine Buchengruppe, die besonders auffällt. Die Sage berichtet, daß diese Buchen als Erinnerung an einen Hirtenknaben gepflanz worden sind, der da von einem Blitz erschlagen wurde während er seine Herde hütete. Trotz der Idylle, die an diesem Fleckchen Erde herrscht, sind die Leute hier früher nur mit Angst und Bangen durch den Liethgrund gegangen, weil da ein Werwolf sein Unwesentrieb. Näheres ist darüber aber nicht bekannt.

(nach Alma Seidel)

Der Böxenwulf zwischen Bad Nenndorf und Horsten

Auf dem Wege von Bad Nenndorf nach Horsten liegt auf der linken Seite das „Echternfeld". Diese große Landkoppel war in früheren Zeiten lauter Wiesenland, umhegt und durchzogen von Hecken und Büschen. Zwischen den Hecken verlief ein Fußweg, der bei schönem Wetter und gemähtem Gras gut begehbar war. Nachts aber mieden die Leute diesen Weg, weil sich da der Böxenwulf herumtrieb und wählten lieber den längeren Weg über die Landstraße. Der Böxenwulf sprang, wie alle Böxenwölfe, dem einsamen Wanderer auf den Rücken und lastete schwer auf seinen Schultern, sodaß er shließlich schweißtriefend dahinkreuchte und heilfroh war, wenn er die Stelle erreicht hatte, wo er wieder absprang. Er hat aber keinem wirklich etwas zuleide getan.

(in Anlehnung an Wagenführer)

Der Büxenwolf von Altenhagen

In Altenhagen erzählt man von einem Büxenwolf, der bei einem Dorffest, als die Gesellschaft mitten im schönsten Tanzen war, durch die halboffene Scheunentür auf die Tanzdiele hereinsah. Die jungen Burschen nahmen ihren ganzen Mut zusammen und wollten ihm zu Leibe rücken. Da lief der Büxenwulf mit großer Geschwindigkeit davon, daß sie nichts Deutliches mehr von ihm erkennen konnten.

Der Horster Böxenwulf

Ein Hausschlachter aus Lyhren hatte bei Verwandten in Horsten ein Schwein geschlachtet. Am Abend stellten sich die Freunde und Nachbarn zur Wostweike (Schlachtefest) ein. Unter ihnen war einer, den hatten sie in Verdacht, daß er ein Böxenwulf sei. Es war schon spät, als sich der Schlachter auf den Heimweg machte. Kurz vor ihm hatte der, den sie in Verdacht hatten, unauffällig das Haus verlassen. Der Schlachter ahnte nichts Gutes. Er faßte deshalb sein Beil fester als er einen Wiesenweg einschlug, der einsam zwischen Hecken und Zäunen dahinführte. Der Böxenwulf hatte damit gerechnet, daß der Schlachter diesen Weg gehen würde und lauerte ihm da auf. Als der Schlachter eben ein Weidetor bestiegen hatte, sprang der Böxenwulf hinter einer Hecke hervor und versperrte ihm den Weg. Der Schlachter, auf alles gefaßt, hob das Beil, stürzte vor und rief:

> „Teuf! Ek will dek helpen! Ek slae dek me dän Biele vör'n Kopp, dat du upper Stee liggen bliwst! Ek hebbe woll 'ewußt, dat du mek upluerst. Dorümme bist'e ok äre weggegan, ümme mek as Böxenwulf antauspringen. Mak blot, dat du wegkummst, süß slae ek dek för'n dull'n Teben dot!"*

Da packte den Böxenwulf die Angst und er verschwand in der Dunkelheit.

(Heimatsagen)

* "Wart nur! Ich will dir helfen! Ich schlag dich mit dem Beil vor'n Kopf, daß du auf der Stelle liegen bleibst! Ich hab wohl gewußt, daß du mir auflauerst. Darum bist du auch eher weggegangen, um mich als Böxenwulf anzuspringen. Mach bloß, daß du wegkommst, sonst schlag ich dich für einen tollwütigen Hund tot."

Schlachter Flügge entlarvt einen Wärwolf

Eines nachts kehrte der Rodenberger Schlachter Otto Flügge von seiner Arbeit aus Horsten zurück. Als er beim Galgenbrink auf dem Grover Maschanger angelangt war, sprang ihm plötzlich von einem Weidenbaum ein Wärwolf auf den Rücken und umklammerte würgend seinen Hals. Der tapfere Schlachtermeister, ein großer, starker Mann, ließ sich nicht blüffen. Er packte dem Ungeheuer an's Fell und riß es ihm mit kräftigem Ruck vom Rücken herab. Dann drückte er es trotz heftiger Gegenwehr fest zu Boden, griff mit aller Gewalt nach dem Wolfsriemen und entriß ihm auch den. Sogleich setzte die Umwandlung ein und der Schlachter erkannte in dem entlarvten Wärwolf den Meierbauern aus Horsten, bei dem er schon manches Stück Vieh gekauft hatte. Der Entlarvte versicherte hoch und heilig, daß er sich in der Person geirrt habe und daß er einem Bekannten niemals ein Leid zufügen würde. Der Schlachter nahm die Entschuldigung an, ließ den auf dem Boden Liegenden frei und gab ihm auf sein Bitten den Wolfsriemen zurück. Dafür mußte der Bauer dem Schlachter unentgeltlich eines seiner fetten Rinder herausgeben. Der Schlachter versprach, über den Vorfall zu schweigen und hielt auch das Versprechen. Nur seiner Frau erzählte er unter dem Siegel der Verschwiegenheit davon. Bald darauf wußte jeder in Rodenberg und in der ganzen Umgebung wer der Werwolf war.

(in Anlehnung an die Rodenberger Chronik)

Karl Bögers Begegnung mit einem Wärwolf

Der Rodenberger Bäckermeister Karl Böger, ein unerschrockener Mann, war an einem Herbsttage in Algesdorf um Kuchen für eine Hochzeit zu backen. Nach getaner Arbeit trat er in der Abenddämmerung den Heimweg an. Er benutzte einen ehemaligen Feldweg, ging am jüdischen Friedhof vorbei und durchschritt das Algesdorfer Feld. Als er die Kammerrehre *(= Flurbezeichnung)* erreicht hatte, sah er da auf einem Torgatter einen sprungbereiten Wärwolf sitzen. Doch bevor der sich auf den Bäcker stürzen konnte, schlug ihm dieser kräftig aufs Fell und entriß ihm nach heftigem Kampfe den Wolfsriemen. Im selben Moment verwandelte sich der Wärwolf in einen gutgekleideten Mann, der schleunigst die Flucht ergriff und unerkannt entkam. Mit dem Woldsriemen in der Hand lief der Bäckermeister eilig nach Rodenberg. Als er an der Tegtmeyerschen Schmiede vorbeikam sah er, daß dort noch gearbeitet wurde. Er trat ein und berichtete von seiner Begegnung mit dem Wärwolf. Und da er den Wolfsriemen nicht mit nach Hause nehmen wollte, beschlossen die Männer, ihn zu verbrennen und warfen ihn in das noch glimmende Feuer. Kaum hatten die Flammen den Wolfsriemen umzüngelt, da entströmte ihm ein blauer stickiger Schwefeldunst Ein furchtbarer Knall folgte und mit einem grellen Feuerschweif stob der Zauberriemen zischend aus dem Schmiedefeuer hervor und durch die Esse hinaus ins Freie.

(in Anlehnung an Mithoff)

Zwei Bauern wehren einen Böxenwulf ab

Kommen einmal zwei Bauern spät abends von der Mühle nach Hause und tragen jeder einen Sack Mehl heim. Da hockt dem einen ein Böxenwulf auf. Sogleich ruft er dem andern, er möge ihm doch zu Hilfe kommen. Der wirft seinen Sack zur Erde und schlägt mit einem Stock auf den Böxenwulf ein, daß der eiligst davonflieht. Am andern Tag kommen sie zu einem reichen Bauern, der stand schon lange im Verdacht, seinen Reichtum nicht auf ehrliche Weise erworben zu haben. Da liegt der im Bett, ist todkrank und läßt sich vom Feldscher die Wunden verbinden. Da haben sie wohl erfahren, wer der Böxenwulf gewesen ist.

Der Wehrwolf von Leveste

In früheren Zeiten wagte niemand zur Mitternachtsstunde durch den Hohlweg zu gehen, der von Leveste nach Gehrden führt, denn hier lauerte ein Wehrwolf in Gestalt eines Ochsen dem nächtlichen Wanderer auf. Vom Halse herab hing ihm eine lange, schwere Kette, die bei jedem Schritt laut durch die Nacht klirrte. Von diesem mitternächtlichen Untier wußten die Alten mancherlei Schauriges zu erzählen.

Als die Bauern wieder einmal im Kruge beisammen saßen kam die Rede auch auf den Werwolf im Hohlwege. Da packte sie alle das Grauen und nach langem Hin- und Herreden machten sie eine hohe Wette, daß niemand es mit dem Wehrwolf aufzunehmen wage. Es ging nämlich die Sage, er könne ein ganzes Schaf auf einmal hinunterschlucken. Einen der Bauern reizte aber der Wetterlös. So erbot er sich, noch in dieser Nacht in den Hohlweg zu gehen. Mit einer Wagenrunge* bewaffnet zog er also gegen Mitternacht in den Hohlweg. Nicht lange, da kam auch schon der Wehrwolf auf ihn zu. Der Bauer faßte sich ein Herz und versetzte ihm mit der Wagenrunge einen so furchtbaren Hieb über den Schädel, daß er sogleich am Boden lag. Noch im selben Augenblick warf er seine Wagenrunge fort und lief, so schnell er konnte, ins Dorf zurück und in den Krug.

„Koomt hille, koomt hille", rief er, „ek hebbe wen dot e'slahn!" Die Bauern, die noch eifrig beim Zechen waren, sprangen erschrocken auf, griffen nach Laternen und Knüppeln und folgten ihm. Als sie in den Hohlweg kamen, lag da der Wehrwolf wirklich tot am Boden. Sie untersuchten ihn gründlich und schlitzen ihm, da er sich nicht mehr rührte, den Bauch auf. Und siehe, da kam ein Mensch zum Vorschein, der um seinen Bauch noch den Zaubergürtel trug. Ein Wehrwolf aber ward von Stund an in diesem Hohlweg nie wieder beobachtet worden und darüber war man weit und breit herzlich froh.

(nach Bock)

* Wagenrunge = die leiterähnlichen Seitenteile des Bauernwagens

Der Huckup von Ostermunzel

In früheren Zeiten ging es auf dem Lande anders zu als heute. Auch der Polizeidienst war ein ganz anderer, statt Gendarmen gab es Untervögte. Die waren der Schrecken der ländlichen Bevölkerung, besonders im Herbst, wenn die Leute bis zur Dämmerung auf dem Felde gearbeitet hatten und am Abend noch das Vieh versorgen mußten. Wenn sie sich nun mit offenem Licht* in Scheune und Stall zu schaffen machten und der Untervogt erwischte sie dabei, mußten sie unweigerlich Strafe bezahlten. Daß die Untervögte an diesen Strafgeldern aber sehr interessiert waren, hatte seinen guten Grund darin, weil sie Anteil daran hatten. Je mehr Strafgelder sie einnahmen, umso größer war ihr eigener Verdienst.

Nun hatte der Untervogt, zu dessen Revier Ostermunzel gehörte, da einen Bauern wiederholt angezeigt. Dafür beschloß der Bauer sich zu rächen. Und als der Untervogt wieder einmal nach Ostermunzel kam, um nach dem Rechten zu sehen, versteckte sich der Bauer im Graben an der Straße, die nach Barrigsen führt. Da lauerte er ihm auf, denn er wußte, daß der Untervogt anschließend immer diesen Weg ging. Und richtig, wie immer verließ der Untervogt Ostermunzel in Richtung Barrigsen. Als er an der Stelle vorbeikam, wo ihm der Bauer auflauerte, ließ dieser ihn erst vorübergehen, lief ihm dann von hinten nach und sprang ihm auf den Rücken. Mit den Beinen hielt er sich um den Leib fest, mit dem linken Arm umklammerte er den Hals des Untervogts und mit der Faust der rechten Hand versetzte er ihm fortwährend Schläge auf den Kopf und ins Gesicht. In der Nähe von Barrigsen sprang er ab und verschwand im Dunkel der Nacht, ohne erkannt worden zu sein.

Als die Leute der Umgegend von diesem Vorfall hörten, meinten sie nicht anders, als daß es der Huckup gewesen sei, der dem Untervogt so zugesetzt hatte. Sie mieden deshalb diesen Weg bei Nacht, wann immer es möglich war. Erst als der Untervogt längst tot war, offenbarte der Bauer sein Geheimnis und die Angst vor dem Huckup schwand allmählich. Doch noch heute erzählt man sich in Ostermunzel von dem Huckup an der Straße zwischen Ostermunzel und Barrigsen.

* „offenes Licht“ = offene Flamme = bedeutete immer auch Brandgefahr.

Der Huckup im Rästebusch

Früher, als es noch den „Mühlenzwang“ gab, mußten die Bauern im Sünteltal ihr Getreide bei der Gutsmühle in Lauenau oder in der Landermühle bei Rohrsen mahlen lassen. Sie brachten ihr Korn mit dem Pferdegespann oder huckepack auf dem eigenen Rücken hin und nahmen auf dieselbe Weise Mehl und Schrot mit zurück. Die Bauern aus Bakede und den umliegenden Dörfern waren der Landermühle zugewiesen. Der Weg dorthin war weit, deshalb mußten sie öfter eine Ruhepause einlegen. Das taten sie meist an Raststellen, die am Wege lagen. Eine war der „Rästebusch“ am Mühlenwege zwischen Rohrsen und Egestorf. In der Abenddämmerung oder gar bei Nacht machten die Mühlengänger da aber nicht gern halt, denn es spukte da in der Geisterstunde. Auch der Huckup hat hier sein Unwesen getrieben. Vor dem fürchteten sich vor allem die Fußgänger denn wen er ansprang, den richtete er arg zu. Die Überfallenen ließen dann schnell ihren Sack und Pack fallen und suchten sich durch eilige Flucht zu retten. Im Jahre 1828 hörte der Mühlenzwang auf. Zwanzig Jahre später fiel bei der Verkopplung auch der Rästebusch der neuen Flurbereinigung zum Opfer, weil viele Wege in der Feldmark anders gelegt wurden. Das hatte aber auch sein Gutes, denn seit dieser Zeit hat man nichts mehr von dem gefürchteten Huckupp gehört.

(nach H. Meier, Bakede)

Der Huckup im Ohrtal

Zwischen Nettelrede und Münder liegt das Ohrtal. Der Sage nach hat auch hier der Huckup einst sein Unwesen getrieben. Er lauerte dem nächtlichen Wanderer auf, und kam da einer um Mitternacht vorbei, sprang er ihm auf den Rücken und ließ sich bis ans Ende seines Machtbereiches oder bis zum Ein-Uhr-Glockenschlag tragen.

Das Ohrtal träumt im Mondenglanz; die Elfen wiegen sich im Tanz.
Durch Dorngebüsch der Nachtwind zieht; er flüstert am Graben im dürren Ried.
Ein Wanderer naht mit schwerem Gang. - „Schon Mitternacht?“ so stöhnt er bang.
Vom Dorfe tönt wie Geistersang dumpf durch das Ohrtal Glockenklang.
Und als der letzte Schlag verhallt, erfaßt ihn Grauen, eisigkalt.
Des Huckups gräßliche Gestalt hat sich um seinen Hals gekrallt.
Kalt bricht der Angstschweiß ihm hervor; der Huckupp flüstert ihm ins Ohr.
Es klingt als ob der Toten Chor hohl aus dem Boden dringt empor.
Im Ohre summt’s ihm: „Komm herab ins Ruhebett, ins stille Grab!“
Ihm stockt das Herz; fast schlägts’s nicht mehr. - Zur Erde sinkt er matt und schwer.
„Eins“ schlägt es - mit dem Glockenschall verschwunden sind die Geister all.
Noch zitternd steht der Wandrer auf und eilt nach Haus in schnellem Lauf.
Und hinter ihm höhnt noch der Wind: „Geschwinder, schneller! Lauf geschwind!
Wer schwer bezecht nach Hause zieht, kommt leicht dem Huckup ins Gebiet.!“

(nach Meissel)

Der Huckup sitzt einem Müller auf

Um die Jahrhundertwende lebte in Bredenbeck ein Müller, den man im Dorfe den „Antichrist" nannte. Die Dorfbewohner hatten ihm diesen Spitznamen gegeben, weil er aus der Reihe tanzte und nicht zur Kirche ging, wie es üblich war. Doch eigentlich tat man ihm mit damit Unrecht, denn obwohl er kein Kirchgänger war studierte er doch eifrig die Bibel. Oft besuchte er einen Freund in Evestorf, um mit ihm gemeinsam in der Bibel zu lesen. Darüber wurde es meist sehr spät. Eines Abends befand sich der Müller noch spät auf dem Heimweg. Es war um Mitternacht, gerade um die Geisterstunde, als er bei den alten Kopfweiden mittewegs zwischen Evestorf und Bredenbeck vorbei kam. Und weil es nicht nur dunkel sondern auch neblig war, mußte er gut aufpassen, daß er den rechten Weg durchs Feld nicht verfehlte. Da sprang ihm plötzlich etwas auf den Rücken, klammerte sich ihm um Hals und Schultern und blökte ihm allerlei Verwünschungen ins Ohr. „Aller guten Geister sind drei!" schrie der Müller aus Leibeskräften, aber der Huckup ließ sich nicht abschütteln. Der Müller mußte ihn bis Bredenbeck mitschleppen. Erst bei der Kniggeschen Scheune hat er von seinem Opfer abgelassen haben und ist mit greulichem Lachen in Nacht und Nebel verschwunden.

(in Anlehnung an Gewecke)

Der Huckup von Eimbeckhausen

Früher hatten die Menschen hier nur das Holzfeuer, an dem sie sich wärmen konnten und auf dem sie ihr Mahl zubreiteten. In der Regel war ihnen erlaubt, im Walde Leseholz zu sammeln oder trockene Heester* zu fällen. Dabei wurde das Holz zunächst auf einen großen Haufen geworfen und nach einigen Tagen abgeholt. Manch einer erlebte aber eine böse Überaschung, wenn er hinkam und sein Holz holen wollte. Es war nämlich oft nicht mehr da, weil Holzdiebe es bereits abgefahren hatten. In Eimbeckhausen war der Söhrenkamp (In den Söhren) eines der größten Waldgebiete, wo die Einwohner Holz sammeln durften.

Die Holzdiebe machten sich meistens in der Abenddämmerung oder gar die Mitternachtstunde an ihr sträfliches Werk. Doch der Diebstahl bekam manchem von ihnen schlecht. Um in den Söhrenkamp zu gelangen und um von da das Holz abzufahren, mußte man einen Weidenkamp passieren, der an der Einfahrt und an der Ausfahrt durch einen Schlagbaum gesichert war. Passierten sie den Schlagbaum am Eingang des Weidenkamps, sprang ihnen der Huckup auf den Rücken. Der richtete sie böse zu und sprang erst am Ausgangsschagbaum wieder ab. In ihrem Schrecken suchten die Diebe dann ihr Heil in der Flucht und ließen das Diebesgut stehen. So kam es, daß am andern Morgen die vollbeladenen Holzwagen mitsamt den vorgespannten Pferden im Weidenkamp gefunden wurden und das gestohlene Holz doch noch an den rechtmäßigen Eigentümer kam. Das Treiben des Huckup sprach sich unter der Bevölkerung herum und bald wurde kein Leseholz mehr aus dem Söhrenkamp heimlich abgefahren.

Der Huckup aber, dem nun sein Betätigungsfeld genommen war, suchte sich daraufhin eine andere Aufgabe. Die fand er im Ort selbst, wo er in der Wellnerschen Gasse, zwischen der Hauptstraße und der St.-Martin-Straße, sein Unwesen trieb. Da befand sich vor über 200 Jahren das Rehsesche Gasthaus. Verließ nun um Mitternacht der letzte Gast das Wirtshaus und nahm seinen Weg durch die Wellnersche Gasse, sprang ihm der Huckup auf den Rücken und begleitete ihn bis ans Ende der Gasse. Der Spuk fand erst ein Ende, als das Gasthaus nicht mehr betrieben wurde.

Ob sich der Huckup woanders wieder ein neues Betätigungsfeld gesucht hat, ist nicht bekannt. Jedenfalls ist seitdem in Eimbeckhausen von dem Huckup nichts mehr gemerkt worden.

* Heester = Heister = junger Laubbaum, der von selbst aufgelaufen ist.

Der Huckup „Butter-Krone“

Um die Jahrhundertwende lebte in Eimbeckhausen ein Mann mit bürgerlichem Namen Heinrich Krone. Er war gehbehindert, denn er hatte ein Holzbein. Von Beruf war er Stuhltischler. Im Ort kannte man ihn aber auch unter dem Namen „Butter-Krone“. Das kam daher, weil seine Eltern mit Butter handelten. Sein Spitzname aber war „Huckup“. Diesen Spitznamen hatte Heinrich Krone von den Dorfbewohnern erhalten, weil er sich zeitweilig wie ein Huckup gebärdete: Bei Dunkelheit sprang er ihnen auf den Rücken und ließ sich tragen, bis sie vor Erschöpfung nicht mehr konnten. Dabei hatte er es besonders auf die Frauen und jungen Mädchen abgesehen. Das ging so weit, daß die sich abends kaum noch auf die Straße trauten. Eine Erklärung für das sonderbare Verhalten des Mannes hatte man nicht, deshalb nahm man an, daß es sich um eine Krankheit handelte.

Die ständigen Belästigungen, besonders auch die ihrer Frauen und Töchter, wurden den Männern von Eimbeckhausen mit der Zeit zu bunt. Sie legten sich auf die Lauer, und eines abends, in Höhe des Hofes Anderten in der heutigen Straße „Am Bach“, erwischten sie ihn, als er gerade wieder einmal dabei war, einer Frau auf den Rücken zu springen. Sie stürzten sich mit Spazierstöcken auf ihn und schlugen ihn grün und blau. Der Denkzettel, der Heinrich Krone da verpaßt wurde, half für alle Zeit. Er war fortan von seiner „Krankheit“ geheilt.

(nach mündlicher Überlieferung)

Hexengeschichten

Hexenverfolgung

Die Erscheinung der Hexenverfolgung in Europa hatte ihren Anfang gegen Ende des 13. Jahrhunderts, breitete sich von Spanien (Pyrenäen) her in den folgenden hundert Jahren nur zögernd aus, nahm dann aber rasch zu. Es ist sonderbar, daß diese Erscheinung nur in den christlichen Ländern ursprünglich weströmischer Orientierung auftrat, sowohl in den katholischen wie in den protestantischen, nicht aber in den griechisch-orthodoxen und islamischen Ländern. Sie fällt in eine Zeit des politischen, religiösen und sozialen Umbruchs. Die Auflösung feudaler Herrschaftsverhältnisse, Glaubenskriege und Agrarkrisen erzeugten eine erhöhte soziale Unsicherheit bei der Bevölkerung. Die Schuld daran gab man den Hexen, die man hauptsächlich in den schwächeren Bevölkerungsschichten fand. Nur selten, vor allem bei Intrigen, wurden auch höhergestellte Personen in die Verfolgung einbezogen.

Die „Hexenbulle" des Papstes Innozenz VIII (1484) und der „Hexenhammer", eine Schrift der päpstlichen Inquisitoren Sprenger und Institoris (1487) bringen auch in Deutschland größere hexenverfolgungen in Gang. Sie erreichten im 17. Jahrhundert ihren Höhepunkt und hörten in der zweiten Hälfte des 18. Jahrhunderts ganz auf. Die Gesamtzahl der Todesopfer läßt sich nicht ermitteln. Sorgfältige Schätzungen schwanken zwischen vielen Hunterttausenden und einer Million. (Die Zahl der Opfer ist wohl in Deutschland, dem Zentrum der Hexenverfolgung, am größten gewesen.)

Im Heiligen Römischen Reich Deutscher Nation vermochten die Hexenverfolger immer neue Jagdgebiete zu finden, denn jedes der mehr als 300 Teile, in die das Reich zersplittert war, besaß weitgehende Hoheitsrechte und übte eigene Gerichtsbarkeit über Leben und Tod. War es den Hexenverfolgern einmal gelungen, eines dieser selbständigen Gemeindewesen oder eine reichsunmittelbare Kleinstadt ihrer Schreckensherrschaft zu unterwerfen, dann konnte ihrem Treiben meist durch keine übergeordnete Macht mehr Einhalt geboten werden. Das Eigentum der Verurteilten fiel immer den Verfolgern anheim. So wurden die Hexenjagden für diese zu gewinnbringenden Aktionen. - Unbegreiflich für uns heute ist es, daß auch die gelehrtesten Männer jener Zeit, sowie Päpste, Kardinäle, Priester, Könige und Kaiser an die Existenz von Hexen glaubten und sich in den Dienst ihrer Verfolgung stellten.

Seit dem 16. Jahrhundert lagen die Hexenverfolgungen weitgehend bei den weltlichen Gewalten. Ohne ordentlichen Gerichtsbeschluß und ohne Geständnis durfte keine Hexe verurteilt und hingerichet werden. Einen besonderen Ruf in der Verfolgung und Vernichtung von Hexen hat sich das Herzogtum Braunschweig-Wolfenbüttel erworben, sodaß man Hexen, die nicht gestehen wollten, damit drohte, sie nach Wolfenbüttel zu bringen. Das reichte meist, um das gewünschte Geständnis zu erhalten. Im Jahr 1590 soll Herzog Heinrich Julius viele Hexenmeister und Zauberinnen aus dem Göttingischen und dem Calenbergischen Teil des Landes Braunschweig in Wolfenbüttel zusammenbringen und verbrennen haben lassen (nach Dinghaus, S. 51).

Herzog Heinrich Julius (1589 - 1613) galt als Sachkenner der Hexerei. Sein gottgefälliger Eifer bei der Verfolgung und Vernichtung der Hexen wurde sogar in seiner Leichenpredigt erwähnt. Auch Herzog August der Jüngere veranstaltete in den Jahren 1610 bis 1615 Sammelprozesse und Massenhinrichtungen von Hexen. Sie sollen diejenigen von Herzog Heinrich Julius sogar noch übertroffen haben. In den Jahren 1631 bis 1662 gingen diese Hexenprozesse zu Ende, weil die Schweden in ihrem Herrschaftsbereich sie untersagten. Von katholischer Seite beginnt gleichfalls erster nachhaltiger Widerstand durch den Jesuiten Friedrich Spee von Langenfels (1631). Gegen Ende des 17. Jahrhunderts flaute die Hexenverfolgung dann ab.

Wer waren nun eigentlich diese 'Hexen'?

Die ersten und häufigsten Opfer des Hexenwahns waren meist arme, alte Weiber, schwach, einsam, oft unbeliebt: Randexistenzen der damaligen Gesellschaftsordnung, die nicht den Schutz und den Beistand hatten und fanden, den sie nötig gehabt hätten um der Hexenjustiz zu entkommen. Später wurden auch junge Frauen, Männer und sogar unmündige Kinder und Geistliche Opfer der Hexenverfolgung. Meist begann es damit, daß eine verdächtige Person, das war meist eine Frau, festgenommen und unter der Folter gezwungen wurde, ihren Teufelspakt zu bekennen und die Namen von anderen Hexen anzugeben. Der Teufelspakt, das waren Teufelsbuhlschaft, Schadenzauber, Teilnahme am Hexentanz. In ihrer Todesangst und unter Schmerzen gaben die Gequälten dann Namen an, die ihnen gerade einfielen. Oft legten ihnen ihre Peiniger auch schon Namen in den Mund, die sie nur zu bestätigen brauchten. Die Hexenverfolgung konnte weitergehen.

Man schrieb den Hexen die Schuld für allerlei Unheil zu: Hagelschlag, Trockenheit, Frost- und Hitze in besonderem Ausmaß oder zu unrechter Zeit, Krankheiten bei Mensch und Tier, Siechtum der Kinder oder der plötzliche Tod eines Menschen, alles wurde den Hexen angelastet. Deshalb mußten sie unschädlich gemacht werden. Und das geschah am besten durch Feuer.

In späterer Zeit kam noch eine andere Art von Hexen dazu. Die waren ungleich zahlreicher als die alten Hexen und lebten unerkannt zwischen den nichtsahnenden guten Menschen. Nicht einmal Ehemänner merkten es, wenn ihre Frauen es mit dem Buhlteufel trieben und zum Hexensabbat ausflogen. Mit der Hexe alter Art hatten sie den Trieb zur unglückbringenden Bosheit gemein. Doch war ihre Bosheit noch sehr viel gefährlicher, weil sie sich in den Dienst des Satans also gegen die Kirche, gestellt hatten. Schaden und Unheil, die sie den Menschen zufügten, sollten zum Zusammenbruch der ganzen Christenheit führen und dem Satan die endgültige Herrschaft auf der Erde verschaffen. Klar, daß man sie vernichten mußte.

Hexenproben im Sünnekenbusch

Personen, die man der Hexerei anklagte, gaben ihre Schuld natürlich nicht ohne weiteres zu. Deshalb bediente sich die Gerichtsbarkeit neben oder zusätzlich zur Folter häufig der sogenannten Hexenprobe, um die Schuldigen letztendlich zu überführen. Außerdem dienten diese Hexenproben auch dazu, Menschen, gegen die man keine eigentlichen Beschuldigungen hatte, zu verhaften, um sie auf die Folter zu bringen.

Es gab drei verschiedene Arten von Hexenproben: Die Nadelprobe, die Wiegeprobe und die Wasserprobe. Die Wasserprobe war wohl die häufigste und wurde auch im Tal zwischen Deister und Süntel angewendet. Der Hexenhügel, die Hexenbuche und der Hexenteich im Sünnekenbusch bei Waltershagen geben noch heute Zeugnis von diesem Verfolgungswahn. Die Wasserprobe gestaltete sich stets zu einem öffentlichen Schauspiel vor einer sich neugierig drängenden Menge. Noch heute sind um den Hexenteich bei Waltershagen deutlich die abgestuften Standplätze für die Schaulustigen zu erkennen. Bei der Wasserprobe wurde die verdächtige Person kreuzweise gebunden, so daß der linke Fuß an die rechte Hand und der rechte Fuß an die linke Hand gefesselt war. In dieser Haltung senkte man das Opfer auf dem Rücken ins Wasser. Um ein Ertrinken zu verhüten, hielt der Hexenjäger die verdächtige Person an einem Tau. Die dieser Probe Unterworfenen blieben immer oben schwimmen und gingen nie unter. Darin lag dann der Beweis, daß das Wasser als Element der Reinheit den Teufelsgenossen nicht aufnahm. So mußten diese Hexenproben unweigerlich zu Ungunsten der verdächtigten Person ausfallen. Für die rechte Aussagekraft der Wasserprobe gibt es für die Hexenverfolger zwei Erklärungen: Nach der ersten ist das Wasser ein heiliges Element, das auch für die Taufe verwendet wird. Als solches nimmt es alles Fromme und Reine in sich auf und stößt alles Unheilige ab. Daher schwimmen alle Teufelsbräute oben. Nach der zweiten Erklärung wird behauptet, daß Hexen leichter sind als normale Menschen, weshalb sie ja auch fliegen können. Deshalb gehen sie im Wasser nicht unter, sondern bleiben immer auf dem Wasser schwimmen.

Hexenverbrennungen in Lauenau

Nach der Hexenprobe wurden die überführten Personen sogleich zum Hinrichtungsplatz auf der Schweinemasch geführt, die hinter dem Amtsschlosse Lauenau lag. Es ist sicher, daß die Hexenverbrennungen in der damaligen Zeit auch in unserer Gegend einen großen Umfang angenommen haben. Das läßt sich u. a. daraus erkennen, daß die von Münchhausen zu Lauenau sich im Jahre 1587 bei ihrem Landesherrn beschwerten, weil ihre Dienstleute als eine Neuerung der Lasten zuviel Holzfuhren zum Hexenverbrennen leisten mußten. Die Beschwerde wurde mit der Begründung abgewiesen, daß solche Dienste ein Teil der Landfolge seien.

Die schriftlichen Aufzeichnungen über die Hexenprozesse in Lauenau sind fast alle verlorengegangen. Erhalten sind nur die kurzen Angaben im ältesten Eimbeckhäuser Kirchenbuch (1611 - 1667), das aus dem Jahre 1624 über die Verurteilung und Verbrennung von fünf Eimbeckhäuser Hexen berichtet. Diese Aufzeichnungen stammen von dem damaligen Pastor Magister Christian Koken und zeigen, daß der gelehrte Magister von der Schuld der Hexen ebenso überzeugt war, wie von der Lehre Christi:

Anno Dni. 1624 14. May wurden die beiden Hexen und Zauberin, die alte Roßine und Agnes Buß, Cordten Stelten eheliche Haußfrau wegen ihrer Überlthat reuig an Menschen und Viehe begangen, mit Leibesstrafe belegget und Feuer verbrand. Lawenau. Ihr Bule Henseken

Anno Dn. 1624. 14. Juny ist die alte Päpische, Hans Papen eheliche Haußfrau wegen ihrer Zauberei verbrand vorm Hauß Lawenaw auf der Schweinen Masch. Ihr Bule Flereke.

Anno Dni. 1624. 7. Auf Montag. Ist Anna Nolten, Melchiorß Schomakers eheliche Haußfrau wegen ihrer gelehrten und geübten Zauberey an Menschen und Viehe justifizieret. Mit Feuer verbrand. Ihr Bule Strußken.

Anno Dni. 1624. 7. Aug. Ist Adelheit Dommeyerß, Eilerten Tieleken eheliche Haußfrau ihrer Zauberey halben auf Urteil und Recht im Amt Lawenaw verbrand. Ihr Buld Strußken.

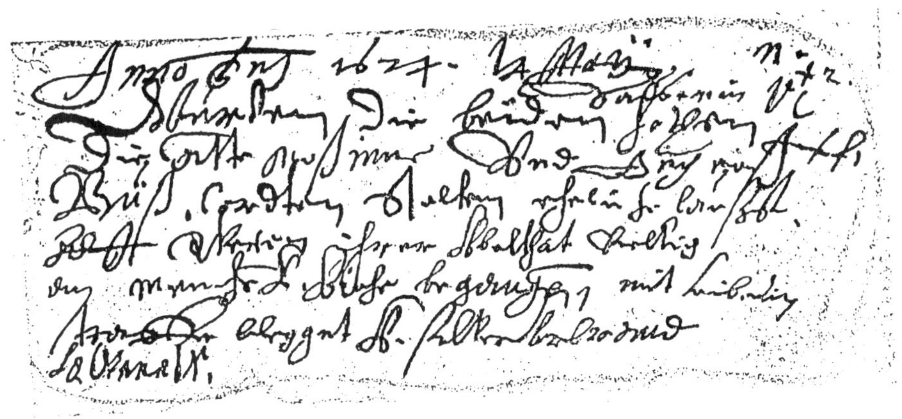

Aus dem Eimbeckhäuser Kirchenbuch

Anmerkung: Die Hexenverfolgungen zogen sich noch weiterhin fort. 1659 wurden auf der Ahrensburg zwanzig Personen aus Obernkirchen als Hexen verbrannt und in Rinteln fiel sogar noch im Jahr 1726 ein junges Mädchen der Hexenverfolgung zum Opfer (siehe Parisius, S. 170)

Flachshannchen

Vor mehreren hundert Jahren wohnte in einem Häuschen in Messenkamp eine arme Frau, die von allen Bewohnern des Ortes Mutter Cathrin genannt wurde. Sie hatte eine Tochter, die weit und breit als das schönste Mädchen im ganzen Tal galt. Das knapp zwanzig Jahre alte Mädchen hatte strahlend blaue Augen und flachsblondes lockiges Haar, weshalb es allgemein das Flachshannchen genannt wurde. Mutter und Tochter arbeiteten tagsüber auf den Bauernhöfen des Dorfes. Wenn sie abends von der Arbeit heimgekehrt waren, saßen sie in ihrem Stübchen bei dem trüben Licht einer Öllampe und spannen. Die meiste Arbeit fanden sie auf dem Hofe des reichen Bauern Hans Bull. Der suchte sich durch allerlei Wohltaten und manche Unterstützung das Wohlwollen und die Zuneigung der Mutter Cathrin zu erwerben. Aber nicht der Mutter galt sein Interesse, sondern dem schönen Flachshannchen, das er zu seiner Frau gewinnen wollte. An den langen Winterabenden, wenn Flachshannchen am Spinnrad saß und emsig spann, saß oft auch Hans Bull im Stübchen und suchte, von der Mutter unterstützt, durch verlockende Zukunftsbilder das Herz des Mädchens zu betören. Mutter Cathrin war schon ganz verblendet und sah ihre Tochter bereits als Frau und sich als Schwiegermutter des reichsten Bauern im Dorfe. Dem Mädchen aber war der viel ältere, häßliche Hans Bull aber widerwärtig, und außerdem hatte sie ihr Herz längst dem fröhlichen Jäger Lüer vom Edelhofe zu Lauenau geschenkt.

Als Hans Bull mit seiner Werbung immer aufdringlicher wurde und die Mutter ihr Hannchen Tag für Tag durch Zureden plagte, faßte sich das Mädchen eines Tages ein Herz und erklärte dem Bauern, daß sie nie und nimmer seine Frau werde und daß sie ihn mehr als alle anderen Menschen verabscheue. Seit dieser Stunde suchte der heimtückische Hans Bull Flachshannchen und seine Mutter zu verderben. Er klagte beide der Hexerei und der Zauberei an, und als die unglücklichen Frauen auf das Amtshaus zu Lauenau abgeführt wurden, stand er an seinem Hofzaune und sah höhnisch lächelnd zu. In dem nun folgenden Hexenprozesse bezeugte und beschwor der in seinem Stolz gekränkte Hans Bull, daß er mit eigenen Augen gesehen habe, wie die beiden Frauen mit dem Teufel gebuhlt hätten und auf Besenstielen zum Hexensabbath durch die Luft geritten seien. Auch ihn hätten sie verführen wollen mitzukommen und nur mit Mühe habe er sich in der höchsten Not durch Bekreuzigen und Anrufen des Namen Jesu gegen die höllischen Künste der Verführerinnen wehren können.

Das drohende Schicksal seiner Geliebten brachte Lüer fast zur Verzweiflung. So wandte er sich an Junker Claus, seinen edlen Herrn. Dessen Einfluß bewahrte die Angeklagten wenigstens vor der peinlichen Befragung. Da die Frauen in allen Verhören ihre Unschuld beteuerten, beschlossen die Richter, durch die Hexenprobe ein Gottesurteil herbeizuführen. So nahte die letzte Nacht. Lüer sah als einziges Mittel zur Rettung nur noch die Flucht. Mit dem Golde des Junker Claus gelang es, die Wächter zu bestechen. Und mit Hilfe seines Oheims, dem Förster Wolf aus dem Sünneckenbusche, konnte er Flachshannchen befreien. Mutter Cathrin aber war durch Angst und Sorgen und durch die Entbehrungen im Kerker so geschwächt, daß sie nicht mitkommen konnte.

Eilig und stumm wanderten Lüer, der Förster Wolf und Flachshannchen durch die Nacht dahin. Der Gedanke an die Mutter, die im Kerker zurückbleiben mußte, machte Flachshannchen das Atmen schwer. Am Vorwerk Blumenhagen vorbei stiegen sie hinauf zum Deister und erreichten bald die Egge. Von da liefen sie in östlicher Richtung weiter, bis sich das Dunkel des Waldes zu lichten begann. Als die ersten Morgensonnenstrahlen über den Horizont fielen, standen sie auf der Deisterwarte und schauten hinab auf das tief unten liegende Springe. Sie waren gerettet. Und während Förster Wolf eiligen Schrittes zurück ging, schritten Lüer und Flachshannchen auf der anderen Seite den Abhang hinab, ihrem Glück entgegen. Vor ihnen lag das weite Land und die Freiheit. Mutter Cathrins Schicksal aber nahm seinen Lauf. Die Schergen brachten die gefesselte Hexe auf einem Karren vom Amtshause zu den Hexenteichen im Sünneckenbusch. Zur großen Enttäuschung des schaulustigen Volkes überlebte sie die Wasserprobe nicht. Das unglückliche Weib versank sogleich in den Fluten des Teiches. Der Richter befahl, sie herauszuziehen, aber die Angst hatte sie schon getötet. Den falschen Hans Bull holte alsbald der Teufel. Als seine böse Tat bekannt wurde, mieden ihn alle im Dorfe. Lange Zeit schlich er scheu umher, dann war er plötzlich verschwunden. Später fanden Knechte, die im Sünnekenbusch Holz schlugen, seine bereits stark verweste Leiche am Ast einer Eiche hängen und verscharrten sie an dem Ort, wo sie ihn gefunden haben. Flachshannchen ist nie wieder in die Heimat zurückgekehrt.

(in Anlehnung an Meissel, S. 56 ff)

Sidonia und die Hexen - Eine kalenbergische Giftmordgeschichte -

Selten kam es vor, daß Personen höheren Standes in Hexenprozesse verwickelt waren. Die Geschichte von Sidonia, der Gemahlin von Herzog Erich II. von Braunschweig, soll einer dieser wenigen Fälle gewesen sein. Erich II. hatte Sidonia, die Tochter des Herzogs Heinrich von Sachsen, geheiratet, als sie siebzehn Jahre alt war. Die Ehe war von Anfang an bis zum traurigen Ende unglücklich. Erich II. trieb es hinaus auf die Schlachtfelder Europas. Und wenn es gerade keine Feldzüge gab, dann wurde er von den Stätten des Glanzes und Lebensgenusses, den Treffpunkten der vergänglichen Freuden der Welt, angezogen. Die buhlerischen Frauen Spaniens und der Niederlande galten ihm mehr, als seine Gattin Sidonia. Betrogen um ihr Eheglück, lebte sie in Einsamkeit dahin.

Im Jahre 1561 vernichtete eine Feuersbrunst sein herrliches Schloß zu Münden und ein Jahr später vernichteten die Flammen sein Schloß zu Neustadt am Rübenberge. Da war es, als hätte ihm das Schicksal einen Wink geben. In der Folgezeit hielt er sich noch weniger als bisher in der Heimat auf.

So kam das Jahr 1572. Bei den Kalenbergischen Landständen ging es sehr erregt zu. Überall in den Städten und Dörfern waren die tollsten Vermutungen im Umlauf. Doch um Himmels willen wollte niemand mit der schrecklichen Sache etwas zu tun haben: Giftmordversuche an Herzog Erich soll es gegeben haben, tuschelte man sich leise und verstohlen ins Ohr. Ja, es hieß sogar, daß die Landesfürstin selbst in diese teuflische Geschichte verwickelt ist. Von Pattensen, der Stadt des Landtages, sollen die finsteren Pläne ausgegangen sein. Um was es eigentlich ging, wurde vor allem dem Volke erst klar, als Mitte März 1572 in Neustadt a. Rbg. eine Reihe von peinlichen Nothalsgerichten begannen. Geistliche und weltliche Herren hohen Standes waren zugegen und der Markt zu Neustadt war umgeben von einer Menge Bürgersleuten, die schaudernd die Aussagen der Angeklagten vernahmen. Da stand vor dem hohen Gericht Anneke, die Ehefrau des Barbiers Lange von Eldagsen, angeklagt der Giftmischerei und der Buhlschaft mit dem Teufel selbst. Sie stritt es nicht ab. Der Teufel habe ihr, so sagte sie, eine Salbe gegeben, mit der sie sich bestreichen sollte, und dann sei sie mit ihm zum Tanze gewesen bei dem hohen Kreuze. Aber schwerwiegender war ihre Ausssage, daß sie von der alten Siemenschen aus Pattensen um einige Gifte gegen den Fürsten und Landesherrn gebeten worden war. Der Teufel selbst hatte dieses Gift aus süßen Blättern bereitet. Dazu mischte Anneke dann rotes, aus Scheidewasser und Quecksilber gewonnenes Pulver, wozu sie noch ein totgeborenes Kind im Schornstein räucherte. Das Urteil lautete auf Feuertod.

Wenige Wochen später wurde abermals ein peinliches Nothalsgericht gehalten. Angeklagt war diesmal Hans Lange, Barbier zu Eldagsen, Ehemann der Verurteilten. Er wurde tot zur Gerichtsstätte gebracht. Mit gebrochenem Hals schleppte man ihn aus dem Gefängnis, wo er sich vom Teufel hatte umbringen lassen. Das war Beweis genug für die Anklage, daß der Barbier von seiner Frau Gift mischen ließ, um es dem Landesherrn bei passender Gelegenheit beizubringen. Und immer neue Vernehmungen und neue Halsgerichte folgten in dieser Giftmordgeschichte. Da gestand auch Anneke Siemens aus Pattensen vor dem Amtmann Joachim Brandeg und adeligen Zeugen ihre Buhlschaft mit dem Teufel ein. Pfingsten, so sagte sie, habe sie mit ihm bei der Hüpeder Kreuzung linksherum getanzt. Seit zwanzig Jahren sei sie schon mit ihm bekannt, schwarze Kleider trage er und Füße wie Pferdehufe seien ihm eigen. Sie hatte Anneke Lange fünf blanke Taler gegeben für das Gift, dem die Wirkung zugesprochen wurde, den Herzog vom Lande fernzuhalten, „weil er nicht bei der Herzogin wohnen wollte“.

Am Nachmittag des 30. März erschien vor Herzog Erich im Schlosse zu Neustadt die Witwe des Vogtes Kurt Warnecke. Auch sie war eine Buhlin des Teufels. Freimütig bekundete sie, daß die Oberste der Teufelsgesellschaft von Pattensen, die Kniggesche, ihr den Auftrag gegeben habe, Gift gegen den Herzog zu besorgen. Und dann verdichtete sich die Aussage zu einer furchtbaren Belastung Sidonias. Die Herzogin, so meinte die Teufelsbuhlerin, hätte ihr ein Schächtelchen mit Pulver überreicht, das sie dem Herzog in das Bier oder in andere Speisen schütten sollte, damit er „nicht mehr lange lebe“. Diese Bekundung wurde als besonders wichtig für die Anklage gegen die Herzogin vermerkt, weil die Warnecke „ohne Peiniger oder Angstmann“ gestanden hatte. Und noch immer wurden neue Zeuginnen herbeigerufen, welche die Umtriebe der Herzogin bestätigten: die Barbara Hartleben und die Anneke Rottschröder aus Pattensen und die Margarete Schwarz. Barbara Hartleben will beim Tanze in der Walpurgisnacht auch die Vogtin und die Knigge gesehen haben Anneke Rottschröder soll vom Teufel auf eienr dreibeinigen Ziege zum Tanz auf dem Hüpeder Bohlweg geführt worden sein. Und die Margarethe Schwarz sagte aus, daß die Herzogin einmal erklärt habe „Weil die losen Dirnen meinen Erich mir nicht lassen wollen, so sollen sie ihren Erich auch nicht lange behalten."

Es war offensichtlich, daß Erich diese Teufelsgeschichte brauen ließ, um sich seiner Gemahlin zu entledigen. Sidonia wandte sich schließlich, Hilfe und Schutz suchend, nach Wien an den Kaiser Maximilian II. und klagte ihm persönlich ihr Leid. Sie beschuldigte den Herzog, daß er „der richtigen Ordnung zuwider" die Frauen habe peinigen und verhören lassen. Aufgrund dieser abgezwungenen Geständnisse sei sie nun aber selbst als Schuldige verrufen worden. Der große Hexenprozeß in Neustadt endete auf Betreiben des Kaisers nicht ganz so furchtbar, wie es die vielen Urteile vermuten ließen. Zwischen Sidonia und ihrem Gatten kam es zu einem Vertrag über die Herausgabe des Wittums und der Heiratsgüter, und die Weiber von Pattensen erfreuten sich bald wieder der Freiheit. Sidonia zog sich ins Kloster zu Weißenfels zurück, das ihr von ihrem Bruder, dem Kurfürsten August von Sachsen, als Wohnsitz angewiesen wurde. Ihre Scheidung überlebte sie nur noch drei Jahre.

(nach G. Wilan, in: Hannoverscher Anzeiger, Wochenbeilage vom 23. Januar 1937)

Rodenberger Hexengeschichten von 1607

Zu der Zeit, als der Amtmann Jakobus Windhorn das Amt Rodenberg regierte, haben die Zauberschen merklich überhand genommen. Weil der Amtmann Windhorn in seiner Mildherzigkeit sie nur wenig bedrängte, haben sie ihr teuflisches Wesen allerwege getrieben, besonders im Jahre 1607, als am Valentinstag ein erschreckliches Viehsterben anhub, wodurch den Bürgern von Rodenberg und den Bauern von Grove ein merklicher Schaden entstand. Zur selbigen Zeit sind nicht wenig Männer, Frauen und Kinder an Seuchen erkrankt und etliche unter großer Pein gestorben. Als Ursache dafür hat man gehalten, daß die schlimmen Zauberschen die Sode *(Brunnen)* in Rodenberg und in Grove vergiftet hatten.

Im selbigen Jahr auf den Maximilianstag wurde der Amtmann Gerd von Staffhorst zum Amtregiment bestimmt. Der hat in seinem Zorn den Zauberschen hart zugesetzt und die Zauberschen und Unholdinnen überall mit heftigem Eifer verfolgt. Obwohl er etliche der Verdächtigen wegen der Sodevergiftungen hat greifen und peinlich befragen lassen, konnte er ihnen die teuflichen Delikte doch nicht nachweisen. Zu derselben Zeit lebte in dem Wikbolde eine Witwe, genannt die Bösingsche. Die ist eines Tages nach Schütten

Behausung gekommen, um da ihr Brot zu backen. Schütten Tochter Regina hat auf der Deelbank gesessen und mit Lust und Fröhlichkeit ihre Bohnengrütze verzehrt. Da hat die Bösingsche dreimal mit dem Finger in die Grütze gestippt und gesagt: „Smuke Deern, disse Grütt schal by dy god anslaan!" Anderntags ist Regina Schütten der Leib geschwollen, sie ward krank ohne Ende. Deshalb ist die Bösingsche in den Geruch der Zauberei geraten, obwohl sie sonst wegen dieser Vorkommnis nicht von den Schüttenleuten beschweret noch denunziert wurde.

Danach begab es sich aber, daß eine junge Frau aus Grove, Gesche Blanke, des Schneiders Dierk Köhler Eheweib, eines abends Harm Menschings Kind aus Grove heimlich ein Honigröllchen gegeben hat. Am nächsten Tag ist das Kind heftig von Scheuerken befallen, aus Mund und Nase ist ein stinkender Brei gequollen, und nach etlichen Tagen ist das Kind jämmerlich verschieden. Diese Geschehnisse haben die Menschingleute dem Amtmann mitgeteilt. Da hat er die Köhlersche alsbald greifen und einsperren lassen und nach zuvor von Marburg eingeholter Befugnis peinlich befragt. Zweimal hatte die Köhlersche die Tortur steif und fest ausgehalten. Beim drittenmal aber hat sie Bekenntnis ihrer Zauberei und Teufelsverstrickung abgelegt und weiter bekannt, daß sie mit ihrem Teufel, der sich Belius nannte, ihren letzten Buhlentanz Samstagnacht in der vergangenen Woche auf dem Galenkopf hatte, wo zum Tanz versammelt gewesen sind: Die Molthansche aus Algesdorf mit ihrem Teufel, Harm Pipos Tochter aus Lütken-Endorf mit ihrem Teufel und die alte Bösingsche aus Rodenberg mit ihrem Teufel. Dabei hätte die Bösingsche sich nicht wenig gerühmt, daß sie in Rodenberg und in Grove die Sode vergiftet und verdorben hätte. Nachdem die Köhlersche ihr Bekenntnis getan, hat der Amtmann den Bürgermeister zu Rodenberg freundlich gemahnt, die Bösingsche, die der Sodevergiftung verdächtig, alsbald greifen und in Haft bringen zu lassen. Nun behielten auch die Schüttenleute nicht länger für sich, daß dieselbe Bösingsche ihre Tochter Regina mit listiger Zauberpradde vermaledeit hätte.

Da ist auch Mika Lehmkulen, des Jürgen Lehmkulen Hausfrau, auf das Schloß gegangen und hat dem Amtmann folgendes verkündet: Zwischen Lichtmess und Agathentag hat Jürgen Lehmkul, der Zeugin Ehegespons, seine Scharwache ausgerichtet und ist in der zwölften Stunde zu seiner Behausung zurückgekehrt. Weil er ziemlich beschwipst gewesen, ist er auf der Stiege gefallen und hat sich das linke Bein gebrochen. Deshalb habe sie sich aufgemacht, den Chirurgus Jakobus Möller zu holen. Als sie neben Bösings Behausung angelangt sei, habe sie im Mondschein mit eigenen Augen gesehen, daß aus Bösings Kiekluke oberhalb der Hauspforte ein großer Vogel gleich einer Gans herausgeflogen sei. Die hat sich auf Tilo Winekers Sodschlink *(Brunnenrand)* gesetzt, ist dann auf die Schwüppe gehupft, dann nach Ulrich Bornemanns Schwüppe geflogen und hat sich dort auf den Sodschlink gesetzt. Nach einer kleinen Weile ist sie zum nächsten Sod geflogen, und so weiter von Sod zu Sod auf der Langen Straße hinab und überall hat sie sich auf die Sodschlinke gesetzt. Als die Zeugin vor des Chirurgus Jakobus Möller Behausung angelangt war, ist der Vogel von dem Rathaussod durch die Kapellengasse nach der Echternstraße zu geflogen. Sie habe sich des seltsamen Vogels nicht wenig verwundert, aber nichts Arges vermutet und deshalb über das Geschehnis nicht geplaudert. Jetzt aber wolle sie es nicht länger für sich behalten, da der Bösingschen Zauberei ans Tageslicht gekommen sei.

Nachdem der Amtmann der Bösingschen das alles vorgehalten hat, hat diese trotzdem auf gütliches Befragen kein Bekenntnis abgelegt, deshalb ist nach Befinden der Marburgischen Juristischen Fakultät mit der peinlichen Befragung begonnen worden. Der Amtmann hat ihr durch Meister Hans zuvörders glimpflich zusetzen lassen. Weil das aber nichts geholfen hat, hat er sie von Woche zu Woche schärfer angreifen lassen. Die Inquisitin hat aber alle heftige Pein verachtet, auf der Peinbank und an Schrauben sich so gebärdet, daß man nichts anderes schließen konnte, als daß ihr Teufel sie heimlich gestärkt und auch unsichtbar die Zunge gehalten habe.

Der Amtmann verzagte dennoch nicht. Er verschärfte die Tortur weiter, sodaß die Inqisitin schließlich die Sodevergiftung und auch die Vermaledeiung der Schütten Tochter Regina und andere schlimme Zauberei ausreichend bekannte. Sie widerrief nach etlichen Tagen dieses Bekenntnis aber wieder und sagte, die große Pein hätte sie dazu gebracht, weswegen hat der Amtmann diesem Satansweib an drei Tagen wiederum mit mancherlei Tortur zusetzen hat lassen, jeden Tag an die zwei Stunden. Am dritten Tag hat die Inqisitin wiederum genüglich Bekenntnis getan. Diese Aussage ist sodann ad. acta genommen:

Die Inquisitin hat vor drei Jahren eines Tages in ihrem Krautgarten an der Schaprehre geschafft und sich da um sich zu erkühlen, in die Priele auf die Bank gesetzt. Da sei in der Priele unvermutet ein Teufel erschienen, schön von Gestalt und schön angetan mit schwarzem seidenem Wams, schwarzem Hut und rotem Plümet, der sich Antonius nannte. Der habe ihr nicht wenig zugesezt mit listigem Suchen. Sie habe aber mit Gottes Hilfe dem Versucher standgehalten, weswegen er mit abscheulichem Gestank von ihr gewichen ist. Als nach diesem Ereignis an die drei Wochen verstrichen waren, sei eines Abends ein Teufel mit lieblichem Gebrause in ihre Dönze eingeflogen, habe ihr mit List und Lust zugesetzt, auch mit merklicher Gewalt erzwungen, daß sie des dreifaltigen Gottes und seiner Kirche entsagte, ihr auch unversehens das Zeichen auf ihr linkes Bein gedrückt und ihr in die eine Hand dreizehn Groschen und in die andere Hand eine silberne Laus gegeben. Dieser Teufel, der sich Sisebut nannte, sei dann fast jeden Sonnabend in ihre Dönze eingefahren, habe mit ihr gebuhlt und ihr auch mancherlei Zauberei angelernt und ihren Körper in der Nacht zu Lichtmess in eine Gans verwandelt. Da ist sie von Sod zu Sod geflogen in Rodenberg und in Grove, hat sich allemal auf den Sodschlink gesetzt, den Stert oberhalb des Sodes, auch in jedweden Sod ein kleines von ihrem Unflat abgetan und einfallen lassen und solcherweise die Sode verfgiftet und verdorben. Danach sei sie zurückgeflogen, habe in ihrer Behausung drei Zauberbohnen geschluckt und hiernach alsbald sich wieder in menschliche Gestalt verwandelt. Sie hat auch der Schütten Tocher Vermaledeiung und auch etliche andere schlimme Zauberei an Menschen und Vieh bekannt. Vor allem hat sie in der Walpurgisnacht ihren großen Buhltanz mit ihrem Teufel auf dem alten Rodenberge am Osterpiel ausgerichtet, sonst zuweilen auch in den Nächten zum Sonnabend auf dem Galenkopf und auf dem Piepsack. All die Zauberschen, die mit ihren Teufeln zu den Tänzen versammelt gewesen, konnte die Inquisitin nicht erkennen, weil sie mit ihren Blödaugen die Leute bei hellem Tageslicht nur wenig sehen kann, viel weniger bei nächtlicher Düstenis.

Der Amtmann hat dann die Bösingschen Malefizakten, auch die Köhlerschen, die Molthahnschen und die Pieposchen, und die gefällten Urteile an die Hochwohlweise Juristische Fakultät zu Marburg geschickt. Diese hat nach ihrer Weisheit befunden, die vier Zauberschen mit Feuer vom Leben zum Tode zu bringen, dazu als abschreckendes Exempel die Köhlersche vor der Schmauchung viermal, die Bösingsche vor der Schmauchung achtmal mit glühenden Zangen an Rücken und Hüften heftig zu zwicken seien. Das Halsgericht wurde auf den Innocenztag angesetzt. Am vorhergehenden Tag wurde die Köhlersche im Kerker auf dem Bauch liegend tot aufgefunden. Man hat es für erwiesen gehalten, daß ihr ihr Teufel davongeholfen hat. Deshalb hat der Amtmann verordnet, den toten Körper der Köhlerschen gleicherweise vor das Halsgericht zu bringen. So ist das Halsgericht gehalten über die Bösingsche, die Mothahnsche, Piepos Tochter und den toten Körper der Köhlerschen. Danach sind die Zauberschen auf dem Schinderkarren hinausgebracht worden nach der Malstede und allda gerichtet. Der tote Körper der Köhlerschen ist auf den Bösingschen Scheiterhaufen gelegt und mit dieser im selbigen Feuer verbrannt worden.

(nach Mithoff)

Die Hexen von Rodenberg - zwei Geschichten -

Erste Geschichte:

Ein Müller hatte eine Frau, die war eine Hexe. Eines Abends wollte sie nicht zu Bette, da schalt der Mann so lange, bis sie mitging. Um Mitternacht wachte der Müller auf und hörte wie seine Frau einen Topf unter ihrem Bette hervorzog und gleich darauf dreimal sagte:

„Du bist rein, du bist fein,
vor der Leinstraße in dem Keller mußt du sein!"

Da ward die Frau eine Katze und flog auf einem großen Schwein davon. Der Müller schlug Licht an und untersuchte den Topf, es war aber nichts als Wasser darin. Nun weckte er den Knecht und wollte ihn nach dem Keller schicken, der Knecht jedoch weigerte sich. „Hast du ein gutes Gewissen", sprach der Müller, „so geh ruhig hin." „Ein gutes Gewissen hab ich", erwiderte der Knecht, „gebt mir Geld für ein Schwert, so gehe ich hin." Der Müller gab ihm das Geld und der Knecht kaufte sich ein gutes Schwert und ging hin.Schon vor dem Keller hörte er, wie es drinnen tanzte und lärmte. Und als er hineinkam, sah er, wie hunderte von Katzen miteinander tanzten. Da nahm er sein gutes Schwert und hieb wacker drauf los, hieb den Katzen Ohren und Pfoten ab wie nichts und eine Katze schnitt er mitten durch. Um eins kam für jede Hexe ein Schwein durch's Kellerloch, und weil die eine tot war, blieb ein Schwein übrig. Auf das schwang sich der Knecht und ritt davon. Dieses Schwein aber flog nicht, sondern ging wie andere Schweine. Als sie immer noch nicht heimkamen, rief der Knecht: „Du läufst ja wie eine Schnecke!“ Da waren sie an einem Graben. Das Tier sprang hinüber, warf den Reiter ab und verschwand. Bald ward es Tag und der Knecht suchte nach seiner Heimat. Er mußte aber hundert Jahre wandern, bis er hingelangte, und war also das Schwein doch rechtschaffen gelaufen.

Zweite Geschichte:

Ein Mann und eine Frau schliefen zusammen in einer Kammer. Der Mann aber hielt seine Frau für eine Hexe und sie war es auch. Eines nachts wachte er auf und hörte neben sich ein Geräusch. Er horchte auf, und siehe, seine Frau zog einen Topf voll Salbe unter dem Bett hervor, bestrich sich damit und sagte dreimal:

„Du bist rein, du bist fein,
Vor der Leinstraße in dem Keller mußt du sein!“

Da ward sie eine graue Katze, das Fenster sprang auf und ein Schwein kam hereingeflogen, das nahm die Katze auf den borstigen Rücken und flog mit ihr aus dem offenen Fenster in die dunkle Nacht. Es war gerade um zwölf. Rasch kleidete sich der erschrockene Ehemann, der seine Frau immer sehr lieb gehabt hatte, an, tunkte den Finger in den Topf, bestrich sich mit Salbe und sagte dabei den Spruch dreimal. Er sagte ihn aber jedesmal falsch her, und deswegen half es ihm nichts. So nahm er denn eilig einen schweren Stock und ein gutes Schwert, ging nach der Leinstraße und kam bald an einen Keller, in welchem getanzt und gelärmt wurde. Er trat ein, und siehe! Viele Katzen tanzten nach einer gar kläglichen Musik, die ein großer Bock auf einem ausgetrockneten, ausgehöhlten toten Kater machte. Da nahm der Mann das Schwert in die linke, den Stock in die rechte Hand und schlug aus Leibeskräften auf die Katzen ein. Der einen hieb er das Ohr vom Kopf, der andern zerquetschte er ein Bein, der dritten schnitt er ein Stück vom Maul weg, der vierten schlug er die Zähne aus, und so ging es weiter, und es war ein Gewinsel und Geheul, wie sonst noch nie gewesen. Das dauerte bis es eins schlug, da kamen so viele Schweine durch's Kellerloch, als Katzen da waren und flogen mit diesen davon.

Der Mann war ganz traurig und begab sich auch nach Hause. Als er sich ins Bett legte, war seine Frau schon da und schlief fest. Am andern Morgen stand sie aber nicht auf. Der Mann sah nach ihr, und siehe, sie hatte an der rechten Hand nur vier Finger. Der Goldfinger mit dem Ring war fort. Da sah er sie so eigen an, daß sie vor Schreck ihren Geist aufgab. Noch an demselbigem Tage zeigte der Mann die Geschichte an. Da umstellte die Obrigkeit den Keller mit Soldaten, und als diese dem Treiben zwei Nächte zugesehen hatten, legten sie in der dritten Nacht Feuer an das Haus und verbrannten alles, was drinnen war.

Walpurgisnacht in Langreder

Auf dem Weg von Langreder nach Leveste kommt man über eine Wegekreuzung, einen sogenannten Kreuzweg. Auf diesem Kreuzweg ging es früher in der Nacht zum 1. Mai, der Walpurgisnacht, unheimlich zu. Just diese Kreuzung hatten sich die Hexen zum Sammelplatz erkoren, von wo aus sie gemeinsam den Weg zur großen Walpurgisfeier auf dem Blocksberg im Harz antraten.

Mit dem zwölften Glockenschlage kamen die Hexen der ganzen Umgegend durch die Lüfte gejagt und ließen sich zur Rast auf diesem Kreuzwege nieder. Die meisten kamen auf Besen geritten, manche aber hatten sich einen verspäteten Wanderer zwischen ihre Knie gezwängt und eilten auf dem Rücken ihres unglücklichen Opfers herbei. Im Nu waren alle Hexen beisammen, begrüßten sich herzlich, lachten und jubelten, klatschten und tratschten vom Teufel, und begannen alsbald ihre wunderlichen Tänze und Sprünge.

Die Leute in den benachbarten Orten Langreder und Leveste aber hatten dann schon vorgesorgt und längst mit Kreide drei große Kreuze über Scheunen-, Stall- und Haustür gemalt, um die Unholdinnen davon abzuhalten, allerlei Unheil unter Menschen und Vieh anzurichten. Und man sann natürlich auch darüber nach, wie man dieses Hexengesindel am besten überhaupt los werden könnte. Da kam einer auf den Gedanken, einfach danach zu schießen, und das tat der dann in der nächsten Walpurgisnacht. Kaum hatte er den Schuß fallen lassen, warf er sein Schießeisen fort und eilte, so schnell er konnte, ins Haus. Die Hexen folgten ihm auf dem Fuße, doch der Schütze war schon im schützenden Haus verschwunden, ehe ihn die Unholdinnen erreicht hatten. Die drei Kreuze an der Haustür waren seine Rettung gewesen. Vor diesen Zeichen endete der Machtbereich der Hexen. Aber noch lange in dieser Nacht hörte man das Vieh im Stalle ängstlich brüllen und im Weinstocke vor den Fenstern knisterte es unheimlich. Das dauerte bis eine Stunde nach Mitternacht. Dann war alles vorbei - für immer.

(nach Bock)

Anmerkung: Kreuzwege galten allgemein als die Punkte, wo sich die Hexen der Umgegend in der Nacht zum 1. Mai vor ihrem Ritt zum Bocksberg sammelten. Auch für Barsinghausen ist das überliefert, wo man bis ins vorige Jahrhundert in der Mainacht Eggen mit den Spitzen nach oben auf dem Kreuzweg auslegte, um die Hexen abzuhalten.

Mutter Timpe - eine Eimbeckhäuser Hexe des 20. Jahrhunderts?

Der Hexenglaube zieht sich wie ein roter Faden über Jahrhunderte durch die Geschichte Eimbeckhausens. Aus schriftlichen Unterlagen des Jahres 1799 ist bekannt, daß einige Einwohner Eimbeckhausens fest behaupteten, daß sie, wenn sie auf den Boden gingen um Heu und Stroh herabzuwerfen, eine Versammlung von Hexen angetroffen hätten und meinten, darunter einige alte Weiber aus dem Dorf erkannt zu haben. Und noch in unserem zwanzigsten Jahrhundert scheint der Hexenglaube in Eimbeckhausen nicht ausgestorben zu sein, wie folgende Geschichte beweist:

In der alten Halbköterstelle Nr. 56 (das ist die heutige Brinkstraße Nr. 19) lebte zu Anfang des 20. Jahrhunderts eine alte Frau, Mutter Timpe genannt. Sie war klein von Gestalt, dick und spitzig, hatte kleine dunkle Augen und ging am Stock. Mutter Timpe stand in dem Ruf, eine Hexe zu sein, die Vieh verhexte, insbesondere Schweine. Das begann damit, daß Mutter Timpe eines Tages eine Nachbarin bat, ihr ihren Schweinestall zu zeigen, eine Bitte, die unter Nachbarn auf dem Lande nichts Ungewöhnliches war. Vor der Scheinebucht angekommen, hörte die Nachbarin, daß Mutter Timpe einige unverständliche Worte vor sich hingrummelte und bemerkte, daß das Schwein aufhörte zu fressen. Der Nachbar, der mit in den Stall gekommen war, sagte zu ihr: „Sprech was, damit das Schwein wieder frißt, sonst bist du eine Leiche“. Sie hat aber nicht darauf reagiert. Am nächsten Morgen fand die Nachbarin ihr Hausschwein tot vor dem Trog liegen.

Da sprach sich die Sache mit Mutter Timpe schnell herum und von dem Tage an war sie im Ort als Hexe verschrien. Als Mutter Timpe einige Zeit später die Nachbarin wieder einmal bat, ihr doch ihr Hausschwein zu zeigen verwehrte diese ihr den Zutritt zu ihrem Schweinestall und antwortete in platt: „Swin is Swin“ und warf ihr den Besen vor die Füße. Mutter Timpe blieb vor dem Stall stehen und bat inständig, doch den Besen zu entfernen. Die Nachbarin jedoch sagte, daß der Besen liegen bleibe und Mutter Timpe nicht über den Besen zu steigen habe. Auch an anderen Türen wurde Mutter Timpe abgewiesen, wenn sie bat, den Schweinestall besichtigen zu dürfen. Und alle Haus- und Stallbesitzer der Umgebung hatten ihren Reisigbesen parat, für den Fall, daß Mutter Timpe anklopft. Und wenn sie kam, warf man ihr einfach den Besen vor die Füße. Den Besen hat Mutter Timpe nie überstiegen. Eine noch lebende Augenzeugin aus Eimbeckhausen, Frieda Wehrhahn, erinnert sich, daß sie und andere Kinder, sobald sie Mutter Timpe auf der Straße erblickten, ihr nachsangen: „Timpetee, Timpetee kocht keinen lüttjen Tee . . .“

Und sogar auf der Straße warf man Mutter Timpe oft ohne besonderen Anlaß einen Besen vor die Füße. Und wie den Besen vor der Schwelle überschritt sie auch diesen Besen nie, sondern ging um ihn herum Eine Erklärung, warum Mutter Timpe einen auf der Erde liegenden Besen nie überschritt, konnte Frieda Wehrhahn aber nicht nennen.

(nach mündlicher Überlieferung)

Wie Hans Burchard in den Verdacht der Hexerei geriet

Hans Burchard hatte in der Stadt das Bäckerhandwerk gelernt. Im Jahre 1660 erhielt er seinen Gesellenbrief. In schöner Schrift stand darin, daß er sein Handwerk redlich und mit Fleiß gelernt habe und während seiner Lehrzeit sich ehrlich gehalten und die Satzungen der Bäckergilde stets gehorsam und gewissenhaft befolgt habe. Er habe sich keine unehrliche oder strafbare Handlung zuschulden kommen lassen und besitze gute Fähigkeiten für einen ehrbaren, tüchtigen Bäckermeister. Jetzt kehrte er in seine Heimatstadt Münder zurück, wo seine Eltern unter Mithilfe seiner Schwester eine Bäckerei betrieben. Die Eltern waren in die Jahre gekommen und so konnte der junge Bäckergeselle beweisen was er gelernt hatte.

Hans Burchard backte gutes Brot und knusprige Semmeln, und weil er preiswert und freundlich war, wurde sein Kundenkreis von Jahr zu Jahr größer. Da bezog im Jahre 1665 eine Kompanie Soldaten in Münder Quartier. Ihr Leutnant Hartwig Ulrich Spörcke hatte gehört, daß der junge Bäcker so gutes Brot bäckt und trug ihm an, für seine Soldaten zu backen. Ihr Lob, sowie die blanken Taler, die Hans Burchard dafür einstreichen konnte, freuten ihn sehr. Aber Ende des Jahres 1666 ereignete sich ein Zwischenfall, der ihm und seinem Geschäft einen furchtbaren Schaden zufügte. Einer der Soldaten kam erregt in den Laden und brachte ein angeschnittenes Zwei-Groschen-Brot zurück, in dem eine „volstendige heidexen eingebacken gefunden so daß es abscheulich anzusehen gewesen“.

Der junge Bäcker bekam einen Mordsschreck! Er flehte den Soldaten an, über den peinlichen Vorfall zu schweigen, versicherte ihm, „er sollte deßfals keinen schaden an dem halben brod haben“ und schob dem Soldaten mit zitternden Händen ein frisches halbes Brot hin. Aber Tränen traten ihm in die Augen, als der Soldat ihm verkündete, daß er das Brot bereits seiner Wirtin, deren Tochter sowie einem Kameraden gezeigt habe und sie alle die „heidexen“ für ein giftiges Tier gehalten hätten.

Wenige Tage darauf fanden noch einige Soldaten Eidechsen im Brot. Sie gingen damit auf die Wache zu ihrem Gefreiten, der brachte die Brote zum Stadtvogt und der wiederum meldete den Vorfall beim Leutnant. Mit Windeseile lief die erregende Nachricht von den vergifteten Broten durch die ganze Stadt und die Hälfte der Einwohner von Münder kam auf die Wache, um die Tiere zu sehen und „machten ein groß wesen darvon“. Ha

Der Rat von Münder betrachtete die Angelegenheit als ein „sehr gefehrliches Ding“ und meldete den Vorfall an die Fürstliche Regierung in Hannover, und der Stadtvogt meldete den Vorfall dem Amtmann in Calenberg mit der Bitte um Mitteilung, wie in diesem Falle zu verfahren sei. Er teilte ihm mit, daß die ganze Stadt in Aufregung sei und die Soldaten die Brote an den Bäcker zurückgegeben hätten, weil niemand wisse, ob darin noch etwas verborgen sei. Er habe zwar zunächst die Absicht gehabt, alle Brote zu visitieren, dann aber davon abgelassen, weil er sich fragen müsse, wer die Brote bezahlen solle, wenn nichts darin gefunden würde. Zwar würde des Bäckers Mutter der Zauberei verdächtigt, aber wer wollte ihr das nachweisen? Hans Burchard wurde unverzüglich unter Arrest gesetzt. Beim ersten Verhör erklärte er weinend, er könne sich den Vorfall nicht erklären und keinen Menschen dieses übernatürlichen Werks verdächtigen. Allein Gott wisse es, den er Tag und Nacht anflehen wolle, daß er dieses Werk und wer daran schuldig ist ans Licht bringen möchte.

Am 1. März wurden vier Soldaten, der Gefreiten von der Wache sowie die Ehefrau eines Soldaten unter Androhung von schweren Straffen für einen Meineid vernommen. Beim Verhör wurden zwei Brote mit eingebackenen Eidechsen als Beweismittel von Hand zu Hand gereicht. Die Tiere waren aber bereits dermaßen zusammengeschrumpft, daß man sie nicht mehr genau bestimmen konnte. Sämtliche Soldaten erklärten, sie hätten sonst keine Eidechsen gesehen und könnten deshalb nicht darüber urteilen. Zwei an der Beweisaufnahme nicht beteiligte Korporale mit zoologischen Kenntnissen aber hatten die Tiere einwandfrei als giftige Eidechsen angesehen und gaben folgende Beschreibung der Tiere: Einen guten Finger lang und dick, kleiner spitzer Kopf ohne Ohren wie ein Neunaugenkopf, daran ein Bart wie der einer Katze, Augen vorn am Kopf in der Nähe des Mundes, noch ganz hell und schwarz, Schwanz einen halben Finger lang „und wo er am Leibe gestanden, viel dicker alß hinden wie eine grimpe (Gründling = karpfenähnlicher Fisch)“, grün mit einem blauen Streifen oben entlang, vier Füße, auf welchen Klauen wie bei Katzen gesessen, Farbe der Tiere gelblich und bläulich.

Die Zeugen gaben auch an, daß nach dem Genuß des Brotes mit den eingebackenen Eidechsen gesundheitliche Schäden aufgetreten seien: Einem Musketier sei es nach dem Genuß des Brotes sofort übel geworden. Die Frau eines Soldaten sei mitsamt dem dreijährigen Söhnlein krank und bettlägerig geworden und beide seien, obwohl ihnen der Mann ein Heilmittel eingegeben habe, noch immer siech und unpaß, sonderlich das Kind klage noch über Leibschmerzen, obwohl es zuvor ganz gesund gewesen sei. Ein Hund, dem ein Musketier einen Knust von dem Eidechsenschwanz vorgeworfen habe, hätte diesen nicht angerührt.

Hans Burchard beteuerte in allen Verhören seine Unschuld und versicherte, er habe niemand an den Teig gelassen, sondern ihn selbst geknetet und so oft umgebrochen, daß er selbst eine Erbse, die darin gewesen wäre, wahrgenommen hätte. Er werde immer mehr in dem Glauben bestärkt, daß böse Leute, die ihm seinen Erfolg nicht gönnten, durch teuflische Künste die Eidechsen in das Brot gezaubert hätten. Den Vorwurf, er habe selbst gesagt, daß sich die Brote im Ofen herumgeworfen hätten, verneinte er. Er habe nur einmal geklagt, daß ihm der Brotteig nicht gelingen wollte, obwohl er sich die größte Mühe gegeben habe. Darauf hätte er an verschiedenen Orten Korn gekauft, aber es blieb wie vorher. Nur das Brot vom 3. Februar, das er mit dem Korn aus Bakede gebacken habe, sei ihm wieder so gut geraten wie seit Wochen nicht mehr. Auch Vater Casper Burchard hatte mißgünstige Menschen in Verdacht, die hexen könnten, hielt es aber auch für möglich, daß die Eidechsen ihr Nest unter dem Brottrog gehabt hätten, denn sein Haus sei alt und feucht und an dieser Stelle fließt das Wasser von seinem Hause und vom Hause des Nachbarn zur Gasse. Aber er bestätigte auch, daß kein Fremder ins Haus gekommen sei.

Casper Burchard versuchte wiederholt durch mündliche und schriftliche Bitten die Arrestierung seines Sohnes aufzuheben, da er, was Gott wisse, unschuldig sei. Er war bereit, mit vier begüterten Bürgern „genügsam Caution“ in jeder gewünschten Höhe zu stellen und versicherte, sein Sohn würde sich weiteren Verhören durch keine Flucht entziehen. Er bat auch, mit dem Inquisitations-Prozeß, den der Anwalt des Militärgerichts der Fürstlichen Garnison dem Vernehmen nach vorbereite, nicht übereilt zu beginnen, damit sein Sohn die ihm zustehenden rechtlichen Verteidigungsmittel rechtzeitig und in gebührendem Maße in Anspruch nehmen könne. Er sei in höchster Not. Bei den überaus drückenden Kontributionslasten liege seine Nahrung im Hause ganz danieder. Außerdem komme auch die Zeit, wo die Feldarbeit wieder beginne und er könne aus Altersgründen die schwere Arbeit nicht mehr allein leisten. Im übrigen sei sein Sohn nicht so einfältig, wiederholt Eidechsen ins Brot zu backen, da solches ihn selbst treffen würde. Auch könne niemand in der Stadt ihn einer unehrlichen oder strafbaren Handlung bezichtigen.

In der Stadt machten sich inzwischen böse Gerüchte breit. Hans Burchard, seine Mutter und seine Schwester wurden der Hexerei bezichtigt. Besonders von der Mutter wurde behauptet, daß sie hexen könne. Und von dem jungen Bäcker wurde gesagt, daß er als Hexensohn nachts auf einem Ziegenbock reitet und die Leute ängstigt. Ja, ein Bürger wußte sogar von einem lauten Geschrei zu berichten, weil die Menschen furchtbar erschrocken seien, als ein Ziegenbock vor seiner Haustür gelegen habe. Ob es aber ein natürliches Tier oder ein Hexentier gewesen sei, wußte er nicht, weil Ziegen häufig vor seiner Tür ihr nächtliches Lager hätten. Ein anderer Zeuge hatte von einem feurigen Drachen gehört, den man in der Echternstraße gesehen hatte. Wo er sich schließlich niedergelassen hat, war ihm nicht bekannt. Von namentlich nicht bekannten Soldaten, die in seinem Hause ein- und ausgingen habe seine Frau gehört, daß sie wiederholt fliegende, feurige Drachen über der Gasse wahrgenommen hätten.

Kein Zeuge wußte die Urheber dieser Gerüchte namhaft zu machen. Ein Bürger, der dem Bäcker in einer Gesellschaft öffentlich vorgehalten hatte, er sei in der Nacht auf einem Bock hinter ihm hergeritten und habe ihn sehr erschreckt, konnte nicht verhört werden, weil er außerhalb an einem unbekannten Ort diente. Auch waren einige Zeugen davon überzeugt, daß die Schwester der Bäckers mit dem Teufel im Bunde stehe.

Als Hans Burchard kurz vor seiner Verhaftung von Rat der Stadt ein Leumundszeugnis haben wollte, wurde ihm das verweigert. Der Bürgermeister sowie der Stadtkämmerer, die dem Amtmann gegenüber den Verdacht der Hexerei bei den Burchards gesprächsweise bestätigt hatten, verweigerten die eidesstattliche Aussage. Sie erklärten lediglich, der Rat habe Hans Burchard das Führungszeugnis versagt, weil man am 8. Februar vor dem Rathaus eine Schmähschrift gefunden habe. Und die Frau des Bürgermeisters, die nach Ansicht des Stadtvogts davon Kenntnis hatte, entgegnete entrüstet, es sei schimpflich für eine ehrbare Matron, wegen solcher Dinge ins Gericht zu ziehen. Das Pamphlet, auf dem drei Eidechsen gezeichnet waren, hatte folgenden Wortlaut:

„Ein Becker Mit Nahmen Casperberg
as, der Edexsen Becker Er Ist ein
alter Hecksen Meister, vnd Sein altes weib
Ist Ein Edexsen Beckerschen, welcher hatt
wollen Die Freyen Lanssknechte vergeben
mit ihrem Brode, Euwer Sohn Ist ein Reuter
über die Ziegen Böcke. das ist kundt vnd offenbahr,
das Sie alle drey Zusam verbrand werden.
ES ist Zeit das es bald geschicht.
Er wirdt dier nichts anders wiederfahren,
denn das du Must nach dem kahlenbarg gahn."

Mitte März fragte der Stadtvogt bei der Regierung an, ob der Henker die beschlagnahmten Brote vergraben dürfe. Sie nähmen immer mehr einen bösen Geruch an. Es sei zu befürchten, daß noch Gift in den Broten vorhanden sei. Sie stellten nach wie vor eine große Infektionsgefahr für Menschen dar. Die Regierung befahl, die Brote sofort „in die erde an einen abohrt" zu vergraben. Hans Burchard sei auf freien Fuß zu stellen und die angebotene Caution, deren Höhe nicht bekannt ist, einzuziehen. Das Inquisitionsverfahren gegen den Bäcker sei vorläufig einzustellen bis weitere Beweise zutage träten.

(nach Walter Henke in: Neue Deister-Zeitung v. 3. und 17. September 1955)

Peinliche Justiz im Amt Lauenau

Die Inquisition im Amt Lauenau war auch in anderen Fällen tätig, wo es nicht um Hexen ging. Auffallend dabei ist jedoch, daß es sich bei den Delinquenten meist um Frauen handelte, die der ganzen Strenge des Gesetzes unterzogen wurden. Aus Prozeßakten aus dem Jahre 1698 und 1791, also fünfzig Jahre nach Beendigung des Dreißigjährigen Krieges, geht hervor:

Hedwig B.

hatte schon als Kind Herrendienste verrichten müssen und sich, als sie fünzehn Jahre alt war, als Hausmagd vermietet. Sie war in Stellung im Krug zu Hülsede, bei dem Meier in Herriehausen, im Pastorat im Beber, im Bürgermeisterhaus von Hessisch-Oldendorf, bei einem Schneider in Hannover, bei der Altbäuerin in Herriehausen, bei Gert Völkening in Lauenau und bei Wissel Henrich Richmann in Lauenau, hatte es aber nirgends lange ausgehalten. Sie war zweiundzwanzig Jahre alt, als sie 1698 gefangen genommen und im

Amtshaus zu Lauenau eingesperrt wurde, weil sie des wiederholten Diebstahls überführt wurde. Hedwig B. hat im peinlichen Verhör zugegeben, 43 Taler, einen silbernen Löffel, zahlreiche Wäschestücke wie Servietten und Handtücher, Kappen, Strümpfe, Leinwand und einen Nachtmantel getohlen zu haben und alles in ihr Elternhaus gebracht und dort in einer Lade versteckt zu haben.

Ob Hedwig B. tatsächlich gefoltert worden ist, geht aus dem vorliegenden Protokoll der Prozeßakte, die vom Landesherrn, Churfürst Georg Ludwig, eigenhändig unterschrieben ist, nicht hervor. Aber das Urteil lautete auf Tod: Hedwig B. wurde wegen der von ihr begangenen vielfältigen Diebereien ihr zur verdienten Strafe und anderen zur Abscheu mit dem Schwerte hingerichtet und darauf geviertelt.

Sophie B.

war unverehelichte Schneiderin in Lauenau. Sie hatte früher recht armselig gelebt. Es war sogar aufgefallen, daß sie hin und wieder ein größeres Geldstück in kleinere Münzen umwechselte. Dadurch geriet sie in den Verdacht, die Diebin einer größeren Summe Geldes zu sein, die dem Licent-Einnehmer Büsing im Jahre 1791 gestohlen worden war. Sophie B. wurde 1793 gefangen genommen, konnte zunächst fliehen, wurde jedoch bald wieder festgenommen und in der Burg zu Lauenau arrestiert. Bei der Leibesvisitation fand man in ihrem zusammengeknüpften Taschentuch 115 Reichstaler in Gold und 18 Reichstaler 35 Mariengroschen in Gold und Silbergeld und zwei silberne Schuhschnallen. Über die Herkunft des bei ihr gefundenen Geldes gab sie an, daß es von einer namhaften Abfindung herstamme, die ihr ein adeliger Gutsbesitzer aus dem Amt Barsinghausen für ihre von ihm stammende uneheliche Tochter gegeben hatte. Aber das Gericht glaubte ihr nicht und hielt sie für die Schuldige, zumal Sophie B. schon früher als Dienstmagd bei ihrer Herrschaft verschiedentlich etwas gestohlen hatte.

Die Vernehmungen zogen sich bis zum Sommer 1797 hin. Über vierzig Leute aus Lauenau und der nächsten Umgegend wurden vernommen. Am 23. Februar erteilte die Churfürstlich Braunschweigisch Lüneburgische Justiz-Canzlei zu Hannover dem Amt Lauenau die Erlaubnis, die Tortour ersten Grades anzuwenden, die Inquisitin in die Tortourkammer zu führen und dem Scharfrichter zu übergeben, daß er sie ausziehen lasse, sie zur Folterbank führe, ihr die zur Peinlichkeit gehörigen Instrumente vorzeige, ihr die Daumenschrauben aufsetze und diesen Grad der peinlichen Befragung vollziehe. Doch Sophie B. versicherte immer wieder, daß sie an den fraglichen Diebstählen so unschuldig sei, wie der Herrgott die Sonne scheinen lasse.

Ob die Folterung tatsächlich stattgefunden hat, geht aus den Prozeßakten nicht hervor. Vielleicht blieb Sophie B. diese mittelalterliche Tortour erspart, zumal wenige Jahre zuvor die französische Revolution die freiheitlichen Ideen auch nach Deutschland ausgestrahlt und die hier geltenden Staats- und Rechtsnormen radikal beseitigt. Von dem Schicksal des unehelichen Kindes der Sophie B. ist nirgends etwas zu lesen.

(nach NDZ-Beilage Nr. 22/1956)

Wunderheiler
und
Teufelsaustreiber

Kord Basse - Wunderheiler und Teufelsaustreiber

Um die Mitte des 15. Jahrhunderts lebte in Grove ein Kötner namens Kord Basse. Der war als Wunderheiler und Teufelsbeschwörer weit und breit bekannt. Er konnte böse Geister aus dem Körper eines Besessenen austreiben, jeden bösen Zauber bannen und allerlei Krankheiten heilen. Kord Basse heilte Blutgang, Schweetsüke (*Schwindsucht),* Aussatz, Grind, Krätze, Lausekrankheit, Lustseuche, Gicht, Lähmungen und andere Gebrechen, indem er den nackten Körper des Kranken mit der bloßen Hand vom Kopf bis zu den Zehen mit einer Salbe bestrich.

Die Kunde von seinen wunderbaren Heilungen drang weit über die Grenzen des Landes hinaus und von allen Seiten strömten die Kranken herbei. Nicht nur Bürger und Bauern, auch Angehörige der höchsten Stände suchten Hilfe bei Kord Basse, so der Graf Otto von Schaumburg, der Bischof Heinrich von Minden, der Herzog Wilhelm von Braunschweig, Bürgermeister Volkmar von Anderten, und noch manch andere große Herr seiner Zeit.

Kord Basse behandelte aber nur solche Kranke, bei denen er erkennen konnte, daß sie noch nicht dem sicheren Tode verfallen waren. Wem über kurz oder lang der Tod bevorstand, den wies er ab. Wie es um Leben oder Tod eines Kranken stand, konnte Kord Basse an einer kleinen grauen Wolke erkennen, die demjenigen über dem Kopf schwebte. Je dunkler die Wolke war, umso näher war dessen Todesstunde.

Die vornehmen Kranken nahmen während der Behandlung Wohnung auf dem Schlosse. Für die minder Bemittelten hatte Kord Basse in seinem neben dem Haus liegenden Garten einen großen Schuppen aufgestellt, wo er sie auch behandelte. Weil der Andrang immer größer wurde, baute er noch einen zweiten Schuppen, wobei er selbst tüchtig mit Hand anlegte. Dabei wurde er von einem herabstüzenden Balken getroffen und fand einen plötzlichen Tod.

Noch über hundert Jahre nach seinem Tode erzählten die Leute im ganzen Lande von den wunderbaren Heilungen des Kord Basse. Die Straße, an welcher er wohnte und wo der große Krankenschuppen gestanden hat, wurde schon zu seinen Lebzeiten im Volksmund der 'Bassenbrink' genannt und den Namen hat er behalten bis auf den heutigen Tag.

(nach Mithoff, 1. Bd. S. 3)

Das krumme Nörken

In Rodenberg auf der Knochenburg lebte im vorigen Jahrhundert im Hinterhause Nr. 22 eine weise Frau, die von allen nur „das krumme Nörken“ genannt wurde. Sie verdiente ihren Lebensunterhalt mit der Herstellung von allerlei Zaubermitteln, wie von Zauberbeuteln, Zaubertropfen, Zaubersalben und Pillen, die sie allesamt selbst zubereitete.

Besonders begehrt war ihre „Nörkensalbe“. Es gab in Rodenberg wohl kaum ein einziges Haus, in dem dieser Balsam nicht verwendet wurde. Die Zusammensetzung ihrer Salbe hielt die Nörken sorgfältig geheim. Aber man erzählte sich, daß sie dieses Wundermittel aus Kometenstaub, Balsamöl, Zaunigelblut, Asche von verbrannten Kröten, Poggenschleim, und Wasser, welches die Totenfrau zum Waschen einer Leiche benutzt hatte, bereitete. Diese Bestandteile mischte sie über dem Feuer, kräftigte sie durch einen besonderen Zauberspruch und füllte den fertigen Brei in kleine, talergroße Holzdosen. Und damit dem Balsam auch der göttliche Segen nicht fehle, nahm sie die gefüllten Dosen heimlich mit zur Kirche und hielt sie während des Segenspruches zwischen den gefalteten Händen. Diese Wundersalbe fand als Universalheilmittel äußerliche Anwendung bei Lähmungen, Gicht, Hautkrankheiten, und besonders auch bei der damals weit verbreiteten Krätze.

Die Nörkensalbe war aber auch ein Schutzmittel gegen den bösen Blick und gegen Behexungen. Und weil jedes noch nicht getaufte Kinde diesen Gefahren besonders ausgesetzt war, versäumte man es nicht, ihm bald nach der Geburt mit der Nörkensalbe Stirn und Brust kreuzweise zu bestreichen. Ganz besonders gefährdet war ein Kind, das in einem Haus geboren wurde, aus dem während der letzten 410 Tage eine Leiche herausgetragen wurde. So einem Kind mußte auch der Rücken mit der Wundersalbe eingerieben werden, um es vor bösem zauber zu schützen. Und damit man sicher ging, daß das Schutzmittel auch wirklich hilft, durfte das Kind auf Anraten der Nörken zur Taufe nicht aus der Haustür getragen, sondern mußte der Hebamme durch das Fenster zugereicht werden. Ansonsten starb es innerhalb eines Jahres.

Die Zauberbeutel, kleine, daumengroße, aus weißem Linnen zusammengenähte und mit roten und schwarzen Geheimzeichen bemalte Beutelchen, trug man zum Schutz gegen Seuchen, Krankheiten und Gefährnisse an einem Halsband auf der bloßen Brust. Je nach dem, wer sie trug, wurden sie mit einem besonderen Inhalt gefüllt: mit getrockneten Rattenschwanzenden oder fein geschnittenen Katzenhaaren, mit Asche von verbrannten Schweineaugen, mit Schlangenhaut oder ähnlichem. Junge Männer, die zum Kriegsdienst ausgehoben wurden, erhielten Zauberbeutelchen, die kleine Donnerkeilstückchen enthielten, weil es hieß, daß diese ihren Träger hieb-, stich- und kugelfest machten. Und kleinen Kindern legte man zur Erleichterung des Zahnens ein mit pulverisierten Mäusezähnen gefülltes Beutelchen auf die Brust.

(nach Mithoff, Band II S. 100f)

Der Wundermann von Völksen

In Völksen lebte im vorigen Jahrhundert ein Mann, der war in der ganzen Gegend diesseits und jenseits des Deisters als Wunderheiler bekannt Obwohl er keine entsprechende Ausbildung hatte, wußte er für jede Krankheit ein Heilmittel. Von weit und breit kamen die Leute und ließen sich von ihm kurieren. Ihm selbst soll es dabei auch nicht schlecht gegangen sein. Schlechter ging es da schon Hermann Löns, der im Jahre 1910 nach Springe eingeladen wurde um aus seinen Werken vorzutragen und dafür nur 30 Goldmark bekam. Die Summe schien ihm zu gering. Deshalb schrieb er nach Springe:

„. . . dreißig Mark sind ein bißchen wenig. In Münster i. W. bekomme ich . . . für zwei Abende 350 Mark. . . . Aber da Springe so nahe liegt und mir auch viel daran gelegen ist, manches den Landwirten aus Büchern usw. aufgedrängte Vorurteil zu beseitigen, so will ich den Vortrag, der an eineinhalb Stunden währen wird, gern halten."

Zu den Beiträgen, die Hermann Löns in Springe vortrug, wird wahrscheinlich auch das Gedicht von 1905 über den Wundermann von Völksen gehört haben:

Der Wundermann

In Völksen wohnt ein Wundermann, der jede Krankheit heilen kann:
Zahnweh und Friesel und den Mumps, die Schwindsucht und den Fuß des Klumps.
Er hat nicht Medizin studiert, hat nicht zum Doktor promoviert,
Mit einer Flasche Fliedertee kuriert er jedes Ach und Weh.
Kolik und Infaulentia, die Wassersucht, das Podagra,
für Gallenstein, für Hüfteweh, für alles hilft der Fliedertee.
Das heißt, dem Wundermann hilft er. Bisher war seine Börse leer.
Jetzt ist stets voll sein Portmonnee, so sehr hilft dieser Fliedertee.
Für kalten Brand und dickes Blut ist Fliedertee vorzüglich gut.
Für Krätze, Krebs und auch für Gicht, bloß gegen Dummheit hilft er nicht.

* Hermann Löns wohnte damals in Hannover, weshalb der Weg nach Springe nicht allzu weit war.

Schäfer Knief

In Rodenberg lebte einst ein Schäfer, der konnte, wie viele Schäfer, die Zukunft voraussehen. Sein Name war Knief. Er war eine bekannte Persönlichkeit und unter dem Namen „Wickenscheeper“ oder „Hellsichter“ weithin bekannt. Wenn er in mondscheinhellen Nächten in seiner im Felde bei der Schafherde stehenden Schäferkarre lag, zogen mancherlei kommende Ereignisse an seinem geistigen Auge vorüber: er sah eine Feuersbrunst auflodern, eine Seuche wüten, ein Kriegsheer mit Roß und Reiter heranziehen, usw. Er sah auch Hagelschlag die Ernte vernichten, eine Wassserflut die Felder verwüsten und Wagen ohne Pferde mit glühenden Augen über die Wege sausen. Auch andere wichtige Vorgänge aus dem täglichen Leben konnte er vorauserkennen, so sah er auch das Begäbnis von Personen des Ortes, von angesehenen und bedeutenden Person sowie von einfachen Leuten, usw. Und wie Wickenschäfer von seinen Gesichten erzählte, so trafen die Ereignisse später auch immer ein, manche früher, manche später.

(nach Mithoff, Band II S. 101)

Totengräber Zulauf

In der Knochenburg in Rodenberg wohnte einst der Totengräber Zulauf. Der stand in dem Ruf, mit dem Knochenfritze, einem Vorlatgespenst des Teufels, auf vertrautem Fuß zu stehen. Dieser meldete ihm allemal nachts um die zwölfte Stunde einen Todesfall an, der nach zwölf Tagen eintreten würde.

Der Totengräber sprach nur selten über solch eine vorherige Todesnachricht. Er nannte im allgemeinen den Namen des Betreffenden nur dann, wenn er von Angehörigen eines Schwerkranken dringend darum gebeten wurde. Eines Tages ging der damalige Rektor Krug auf den Friedhof, um nach einigen Gräbern zu sehen. Dort traf er den Totengräber bei der Arbeit. Da gedachte er, ihn einmal auf die Probe zu stellen und fragte ihn, wer denn nun als nächster an der Reihe sei. Der Totengräber antwortete, daß es besser sei, wenn er den Namen nicht nennen würde. Aber der Rektor gab sich damit nicht zufrieden, drückte dem Totengräber einen Taler in die Hand und drängte ihn, ihm doch den Namen. Da stieß Zulauf die Worte heraus: „Herr Rektor, sei sülwest sin an de Rege!“ Schon am nächsten Tag fühlte sich der Rektor unpäßlich, dann stellte sich ein hitziges Fieber ein und nach weiteren fünf Tagen war er eine Leiche.

(nach Mithoff, Band II S. 101)

Schweent Schnadchen

In der Kibbelgasse in Rodenberg wohnte einst der Schweinehirt. Er hieß Schnadchen und wurde allgemein Schweent (Schweinehirt) Schnadchen genannt. Der war ein kundiger Zaubermeister. Mit seinen in Feld und Flur gesammelten heilsamen Kräutern vermochte er alle Krankheiten zu heilen und mit seinen Zauberformeln machte er das Vieh widerstandsfähig gegen die Ränke der Hexen und gegen den bösen Blick. Auch konnte er mit Hilfe eines Zauberspiegels manchen Übeltäter, vor allem Zerstörer fremden Eigentums, ausfindig machen. Er half auch bei der Verfolgung von Garten- und Felddiebstählen. Die gestohlenen Früchte schaffte er wieder herbei, indem er die Tapsen des Diebes aufnahm, die gesammelte Erde in einen mit einem Kreuz gezeichneten Beutel tat und diesen in seinem Rauchfang aufhängte. In den meisten Fällen brachte der Dieb die gestohlenen Sachen dann heimlich zurück, weil er fürchtete, durch die Räucherung seiner Fußtapsen in ein schleichendes Siechtum zu verfallen, das mit dem sicheren Tode endete.

Durch einen Bannspruch konnte Schweent Schnadchen auch einzelne Räume eines Hauses „festmachen". Ein Dieb, der in so einen „festgemachten" Raum einstieg, war darin gefangen und vermochte denselben nicht eher wieder zu verlassen, bis Schweent Schnadchen herbeigeholt und seinen Lösespruch gemurmelt hatte.

(nach Mithoff, Band II S. 101)

Ein Taler für erfolgreiche Feuerbannung

Großen Ruf als Feuer, Blut- und Diebesbanner genoß der Schafmeister Bories Polley. Auch als am 14. März 1612 in dem kleinen Brauhause zu Rodenberg Feuer ausbrach, holte man ihn. Denn um den Schaden möglichst gering zu halten, versuchte man jeden ausgebrochenen Brand auch durch die Feuerbannung zu löschen. Dafür ließ sich ein zauberkundiger Bannmeister eine Puppe geben, welche bis dahin als Spielzeug eines Kindes gedient hatte. Die umwickelte er mit einer Zaubernestel, tauchte sie dreimal in einen mit Wasser gefüllten Feuerkübel, murmelte die Bannsprüche und warf die Puppe dann in die Flammen. Wollte es der Zufall, daß bald darauf das Feuer nachließ und das Feuer zum Erlöschen kam, hatte der Bannspruch seine Wirkung getan. Ging das Feuer nicht zurück, war die Puppe vorher vielleicht von einer Hexe oder einem Wechselbald (Kind einer Hexe) berührt worden, was den Bannspruch zunichte machte. Jede erfolgreiche Feuerbannung belohnte die Kämmereikasse mit einem Taler Feuerbanngeld, weil sie den Ort vor höherem Schaden bewahrte. Natürlich half die Feuerbannung nicht bei jedem Brand, aber die älteren Kämmereiregister weisen das Feuerbanngeld hin und wieder aus. Die Feuerbannung muß also doch zuweilen geholfen haben.

(nach Mithoff, Band 1, S. 95)

In
Stein gehauen
und gesetzt

Der Schreckkopf in der Kirchenmauer zu Eimbeckhausen

In der Kirchenmauer der Eimbeckhäuser St. Martin-Kirche findet sich am Sakristeianbau an der Nordseite ein Schreckkopf. Es ist ein aus Sanstein primitiv gehauener menschenähnlicher Kopf, der an der Außenseite über dem Abfluß eines Wasserbeckens, einer sogenannten „Piscina“ angebracht ist, über welche der Priester das Wasser, das er zur liturgischen Waschung der Hände und der gottesdienslichen Geräte benutzte, ins Freie goß.

Der Schreckkopf dürfte Anfang des 16. Jahrhunderts in der Spätgotik entstanden sein, also noch vor der Reformation, denn um das Jahr 1508 wurde der Chor der Kirche erweitert und die Sakristei mit der Piscina angebaut. Der nach außen gewandte Kopf sollte Dämonen und böse Geister davon abhalten, durch die Öffnung, die durch den Abfluß bestand, in das Innere der Kirche einzudringen und zeigt, wie daß heidnischer Aberglaube früher auch die christliche Religion begleitete.

(nach Helmut Rein)

Zeichnung: Werner H. Baatz

Der Leckmeck von Kirchdorf

An der nach Barsinghausen weisenden Westseite des Kirchturmes der Kirchdorfer Heilig-Kreuz-Kirche befindet sich unterhalb des Schalloches eine kleine menschenähnliche Figur, die aus Kopf, Rumpf und Armen besteht. Sie ist unbekleidet, hat keine Beine, zeigt dem Betrachter die Rückseite und krallt sich erhobenen Händen in das grobe Mauerwerk. An dem zur Seite gewendeten Kopf ist ein Kinnbart und ein zum Hinterkopf spitz zulaufendes Ohr* zu erkennen. Das nackte Hinterteil weist in Richtung Barsinghausen - auf das Barsinghäuser Kloster? - weshalb die Figur die Bezeichnung „Leck-Meck“ erhalten hat.

Diese Figur unter dem Schalloch an der Kirchdorfer Kirche hat zu allerlei Spekulationen Anlaß gegeben, denn über ihre ursprüngliche Bedeutung ist nichts genaueres bekannt. Sie muß aber ein beträchtliches Alter haben, worauf die starke Verwitterung hinweist. Von den Sagen, die der Volksmund darüber erzählt, geht aber keine auf das hohe Alter ein. Im Gegenteil, sie erzählen sogar von einer Abhängigkeit der Kirchdorfer Kirche vom Kloster Barsinghausen, das den Kirchdorfern ihre eigene Kirche nicht gönnte obwohl Kirchdorf den Urkunden nach älter ist als Barsinghausen**.

(siehe auch „Heimatland" 1993, Heft 1, S. 4 ff)

* Das spitz zulaufende Ohr weist vielleicht darauf hin, daß es sich bei der Figur unter dem Schallloch um eine Abbildung des Teufels handelt, der von dem der Klang der Glocken davon abgehalten wird, in das Innere der Kirche einzudringen.

** Die erste urkundliche Erwähnung der Kirchdorfer Kirche stammt aus dem Jahr 892, die erste urkundliche Erwähnung des Klosters Barsinghausen aus dem Jahr 1193.

Zu der Zeit, als sich das Christentum im Kalenberger Land ausbreitete, war Kirchdorf nach Barsinghausen eingepfarrt. Weil ihen der Weg dorthin zu weit war, wollten die Kirchdorfer aber schon recht früh eine eigene Kirche haben. Das Kloster in Barsinghausen aber wollte auf die Einnahmen aus Kirchdorf nicht verzichten und bereitete den Kirchdorfern große Schwierigkeiten. Darüber waren diese sehr verärgert. Und als sie es doch geschafft hatten und ihre eigene Kirche bekamen, beschlossen sie, sich an den Barsinghäusern zu rächen. Sie brachten an ihrem Kirchturm an der Seite, die nach Barsinghausen hin zeigt, unterhalb des Schalloches eine Schmäh-Figur mit entblößtem Hinterteil an. Die Schmähfigur war schon von weitem zu sehen, denn das Land um die Kirche herum war früher frei. Und bis auf den heutigen Tag tut sie allen, die es sehen wollen, in unmißverständlicher Weise kund, was die Kirchdorfer von den Barsinghäusern halten. Und das kriegen die zuweilen immer noch zu spüren.

ooooo

Eine etwas andere Version erzählt,
daß die Kirchdorfer schon recht früh eine eigene Kirche hatten. Lange Zeit war ihr Kirchturm der höchste weit und breit. Das gefiel den Kirchdorfern. Wenig erfreut darüber war aber das Kloster in Barsinghausen. Nun geschah es, daß ein gewaltiger Sturm über das Land brauste und der Kirchturm mitsamt einem Teil der Turmmauer einstürzte. Auch die Kirchengewölbe erlitten großen Schaden. Die Kirche wurde bald wieder eingedeckt, für den Turm aber reichte das Geld nicht. So lief das Regenwasser in Strömen die Turmtreppe hinunter, der hölzerne Glockenstuhl wurde ganz morsch und es war zu befürchten, daß der Turm schließlich noch ganz zusammenfallen könnte. Da baten die Kirchdorfer das benachbarte Kloster in Barsinghausen, ihnen bei der Wiedererrichtung des Turmes zu helfen. Das Kloster aber, das sich schon immer darüber geärgert hatte, daß der Turm der Kirchdorfer Kirche höher war als ihr eigener, zeigte sich abweisend. Darüber waren die Kirchdorfer recht verärgert. Zum Glück bekamen sie aber doch so viel Geld zusammen, daß sie auch ohne Hilfe des Barsinghäuser Klosters an den Wiederaufbau des Turmes gehen konnten. Nur, für eine hohe Turmspitze in der alten Höhe reichte das Geld nicht. Deshalb setzte man dem Turm eine spanische Haube auf und machten die Turmspitze nur halb so hoch wie die alte. Wegen der verweigerten Hilfe aber beschloß man, sich an den Barsinghäusern zu rächen und fügte unterhalb des Schalloches in Richtung auf das Barsinghäuser Kloster eine Schmäh-Figur ein. Die zeigt noch heute jedem, der es wissen will, was die Kirchdorfer von den Barsinghäusern halten.

ooooo

Nach einer dritten Version ist die Kirchdorfer Heilig-Kreuz-Kirche die älteste Kirche unter dem Deister, was auch aus alten Urkunden hervorgeht. Der Turm stammt aus romanischer Zeit, also einer Zeit, in der die heidnische Götterverehrung und der Glaube an Geister und Dämonen unter den Bewohnern rings um den Deister noch sehr lebendig waren. Die Missionare hatten ihre liebe Not mit den hier ansässigen Sachsen und bedienten sich aller nur möglichen Mittel, sie davon zu überzeugen, daß nur der neue Glaube der wahre Glaube sei und die Erlösung brächte. Sie errichteten in Kirchdorf die erste christliche Kirche unter dem Deister und wählten dazu in der tief heidnischen Gegend eine Stätte aus, wo die alten Götter angebetet wurden. Zum Zeichen dafür, daß die alten Heidengötter und Dämonen, die dem Teufel gleichgesetzt wurden, überwunden waren, brachten sie unter dem Schalloch eine Figur an, die einen Unhold, vielleicht auch den Teufel selbst, darstellt. Sie zeigt, wie ein heidnischer Unhold, vielleicht auch der Teufel, dem der hehre Klang der Kirchenglocken unangenehm ist, durch das Schalloch flieht und sich bei der Flucht aus dem Kirchturm mit den Händen in das Mauerwerk, um nicht abzustürzen.

Der schlafende Maurer

An der Südseite der Großgolterner Kirche ist in der Außenwand des Turmes in etwa 4 Metern Höhe ein länglicher Stein eingemauert, der eine liegende, sich auf einen Arm stützende Figur zeigt. Das steinerne Bildnis gibt noch heute Rätsel auf. Sieht man das Bild zum ersten Mal, mag man denken, es handelt sich um einen alten Grabstein, der beim Bau des mitverwendet worden ist. Es gibt aber auch noch andere Spuren, und die weisen ins Morgenland, wo es ein ähnlichen Steinbild geben soll. Die Sage aber bleibt vor Ort und weiß zu berichten:

Unter den Maurern und Steinmetzten, die mit dem Bau des Golterner Kirchturmes beschäftigt waren, befand sich einer, es mag ein Maurer gewesen sein, andere sagen, es sei ein Steinmetz gewesen, der es mit der Arbeit nicht so hatte und mehr Pausen machte, als daß er seine Arbeit tat. So lag er auch an einem warmen Sommertage im Schatten eines Baumes, während die anderen ihr Tageswerk verrichteten, und war regelrecht eingeschlafen. Und weil sich die anderen über den Faulpelz schon lange geärgert haben, weckten sie ihn nicht, als sie am Abend nach Hause zu gingen. Als sie am andern Morgen wieder zur Arbeit erschienen, erschraken sie jedoch sehr. Der Schläfer war zu Stein geworden. Den Stein haben sie zum ewigen Gedächtnis und zur Mahnung oben in einer Ecke des Kirchturmes eingebaut, und zwar genau über der Stelle, wo sie ihn gefunden hatten. So ist dem faulen Maurer, es mag auch ein Steinmetz gewesen sein, ein ewiges Denkmal gesetzt. Pastor Oeters aus Großgoltern hat zu dieser Geschichte folgendes Gedicht geschrieben:

Schon wieder faulenzt, schwatzest Du
und läßt die Arbeit mir alleine.
Handlanger rief's Handlanger zu,
als er zum Turmbau schleppte Steine.
Doch der hob nur ein Grinsen an,
und's Mägdlein kicherte verstohlen.
Da rief vom Turm der Mauersmann:
Den Faulen soll der Teufel holen!
Der neue Tag kroch kaum hervor,
da kam man schon zum Arbeitsorte.
Der Maurer stieg zum Turm empor,
vor Staunen fand er keine Worte.
Zur Mitt' der Wandung eingezwängt
sah man den faulen Buhlen hocken.
Mittnachts war schwere Straf' verhängt:
muß ewig tragen Turm und Glocken.

Hei grunzet as en Sween - oder: Die Sage vom Mesenstein

Ein Gedenkstein am Deisterrand, in der Nähe des Panoramaweges oberhalb von Bad Münder erinnert an einen Unglücksfall, bei dem der ehemalige Mündersche Einwohner Curt Mese von seinem Freund versehentlich erschossen wurde, als die beiden zur Jagd in den Deister gehen wollten. Das Unglück soll sich folgendermaßen erreignet haben:

Kurt Mese war mit seinem Freund aufgebrochen, um im Deister auf Saujagd zu gehen. Da bemerkte der Freund, daß er etwas Wichtiges vergessen hatte. Er wollte zurückgehen, und das Vergessene holen. Also vereinbarten die beiden Freunde Zeit und Ort, wo sie sich wieder treffen wollten und der Freund ging zurück nach Münder. Kurt Mese stieg derweil langsam dem Deister zu und war noch vor der vereinbarten Zeit am vereinbarten Ort. Als er seinen Begleiter wieder kommen sah, ritt ihn der Schalk. Um seinen Freund zu necken, versteckte er sich hinter einem Busch und ahmte das Grunzen eines Wildschweines nach, so täuschend ähnlich, daß sein Freund nicht anders denken konnte, als daß sich ein Wildschwein hinter dem Busch befand. Solch unverhofftes Jagdglück nutzend legte er sogleich an und schoß. Ein Aufschrei hallte durch den Wald. Mit Entsetzen entdeckte der unglückliche Schütze, daß es kein Wildschwein war, das er getroffen hatte, sondern sein Jagdgenosse Mese. Er holte sofort Hilfe aus der Stadt Münder. Als die Helfer am Unglücksort eintrafen, war Kurt Mese noch am Leben und konnte die Ursache des Unglücks erklären, bevor er verschied. So war sein Gefährte wenigstens von dem Verdacht frei, ihn getötet zu haben. Zum Gedächtnis an dieses Jagdunglück setzte man an der Unglücksstätte einen Stein mit folgender Inschrift:

CURT MESE,
HEI GRUNZET AS EN SWIN UN IS FOR EN SWIN ERSCHATEN!
DER SELE GODT GNEDICH SYN.

Um 1900 fand man den Stein umgefallen unter Dornengestrüpp verborgen und richtete ihn in der Nähe des Panoramaweges am Deisterrand wieder auf. Weil die Inschrift des Steines zuletzt kaum noch zu entziffern war, setzte man 1959 neben den alten Mesenstein einen neuen und versah ihn mit der gleichen Inschrift. Nun gab es zwei Mesen-Steine. Der zweite Stein erhielt zusätzlich die Angabe: ERNEUERT 1959 v. K. V.

Im September 1968 wurde der alte, mehrere Zentner schwere Mesenstein ausgegraben und gestohlen. Unbemerkt tauchte er elf Tage später neben der Treppe des städtischen Verwaltungsgebäudes am „Steinhof" in Münder wieder auf. Hier lag er kurze Zeit, verschwand aber wieder und gilt seitdem als verschollen.

Der Gärtnerstein

Oberhalb von Barsinghausen liegt der Gärtnerbusch und mittendrin der Gärtnerstein. Hier hat sich im Jahre 1823 ein Jagdunfall ereignet, bei dem der Klosteramtsgärtner Friedrich Volker auf tragische Weise ums Leben kam. Volker, der als Wilddieb unterwegs gewesen ist, hatte sein Jagdgewehr, das bereits geladen war, neben sich abgestellt. Da plötzlich löste sich ein Schuß und traf ihn am Kopf. Friedrich Volker war sofort tot. An der Unglücksstelle wurde ihm der Gedenkstein errichtet.

Das Ridde-Kreuz im Süntel

An ein tragisches Jagdunglück erinnert ein Steinkreuz kurz vor der Kreuzung der Wege nach Zersen und zur Pappmühle. (Hier wurde bis 1905 Pappe hergestellt, daher der Name, der sich auf die dortige Gaststätte übertragen hat). An dieser Stelle ist am 8. Januar des Jahres 1584 drei Tage vor seiner Hochzeit der junge Knecht Hans Ridde von einem Keiler getötet worden. An einem ruhigen Tag nach starkem Schneesturm hatte Graf Adolf XI. (1582 - 1601) zur Jagd auf Sauen gerufen. In seiner Begleitung ritt auch Hans Ridde.

Zwischen Hohenstein und Wenchenberg tauchte plötzlich ein Rudel Wildschweine auf. Die Tiere zogen sich sofort wieder ins Dickicht zurück, nur ein Keiler blieb stehen, um die Meute abzuwehren. Hans Ridde ging mit der Saufeder auf ihn los. Der Keiler lief in den Speer und wurde tödlich verletzt, erhob sich aber noch einmal und bohrte dem Jäger die Hauer unter die Rippen. Hans Riddes junge Braut, die 23 Jahre alte Bauerntochter

Else Wessel, hat den Tod ihres Verlobten nicht überwunden. Sie ist seitdem verschollen. Man nimmt an, daß sie den Tod in der Weser gesucht und gefunden hat. Das Ridde-Kreuz aber ist ein Symbol für die Treue geworden. Noch Jahrzehnte nach dem tragischen Tod des jungen Hans Ridde und seiner Verlobten wallfahrten junge Paare hin, um sich dort die Treue zu schwören. Die Inschrift auf dem Ridde-Kreuz im Süntel ist kaum noch zu lesen, sie lautet:

AM 8. JANUAR IM JAHRE DOMINI 1584 IST AUF DIESER STELLE DES WOHLGEBORENEN HERRN ADOLFEN, GRAVEN ZU HOLSTEIN, SCHAUMBURG UND STRERNBERG, HERRN ZU GEMEN REISIGER KNECHT HANS RIDDE VON EINEM WILDEN SCHWEIN GETÖTET WORDEN."

De unglückliche Bohm - oder: Die Sage vom Wettbergstein (oder „Junkernstein")

Tief im Walde des Deisters versteckt, abseits von allen Wegen auf der Hochfläche des einsamen Taubenberges in der Nettelreder Genossenschaftsforst steht ein großer, kunstvoll behauener Kreuzstein. Er ist schwer zu finden. Kein Wegweiser zeigt den Weg zu ihm und auch sonst deutet nichts auf ihn hin. Er ist ebenso grau wie die mächtigen Buchenstämme, die ihn umgeben. Aus Gras, Springkraut und Annemonen steigt er gleich den benachbarten Bäumen auf, als sei er selbst ein Stück Natur. Man kann auf zwanzig Meter Entfernung an ihm vorübergehen, ohne ihn zu entdecken, oder man kann ihn gar für einen abgebrochenen Baumstumpf halten.

Längst hat sich die Sage um diesen Stein gerankt: Der Volksmund erzählt, daß hier ein Vater den letzten seiner sieben Söhne begraben habe. Es ist sonderbar, daß ihn dieser legendären überlieferung die Erinnerung an eine wahre Begebenheit stecken kann, obgleich der Stein ganz eindeutig erzählt, daß er aus anderem Grunde gesetzt wurde..

Der Stein, eine Stele mit giebelartig abgeschrägtem oberen Abschluß zeigt auf der nach Osten gerichteten Vorderseite in dem dreieckigen Giebelfeld ein Wappen mit einem Ochsenkopf, wie es sich auch am Renaissance-Erker des Heimatmuseums in Bad Münder befindet. Es ist das Wappen der Herren von Wettberg, deren Stammburg in Wettbergen bei Hannover schon im Jahre 1338 zerstört wurde. - Bei Bauarbeiten für das Heimatmuseum in Bad Münder fand man unter dem Hof das Bruchstück eines Wappensteines, das auch den Ochsenkopf zeigt und den deutlich lesbaren Rest einer Inschrift trägt: „Christoffer v.". Diesem Christoffer von

Wettberg, so erzählt die Sage, wurde nach seinem tragischen Tode im Jahre 1583 der Kreuzstein auf dem Taubenberge als Erinnerungsmal gesetzt.

Das Mittelfeld unter dem Giebeldreieck wird von einem großen, lateinischen Kreuz geteilt, das auf einem Rundhügel steht und die Fläche in erhabenem Relief in vier Felder teilt, die als Schriftfelder genutzt wurden. Da erfahren wir, daß der edle und ehrenfeste Christoffer von Wetttberg hier im Jahre 1583 durch einen umstürzenden Baum zu Tode kam:

ANNO DNI 1583 DEN . . . JANUARIJ
IS DE EDLE UND ERNDVESTE
CHRISTOFFER VON WETBERG
DORCH EINEN BOHM
HIERSÜLVEST DODT GEVAL
DER SELEN GOD GNEDICH SY

Christoph von Wettberg war in der Gegend reich begütert und hoch geachtet. Er wohnte in seinem Burghof in Münder. Zu seinem Besitz gehörte auch das Rittergut Luttringhausen. Der Taubenberg, auf dem der schöne Kreuzstein steht, gehörte damals zur Luttringhäuser Rittergutsforst. Dort waren seine Leute mit dem Fällen alter Buchen beschäftigt. Von dem Unglück, das sich dabei ereignete, berichtet die nach Westen gekehrte Rückseite des Steines. Auch hier beherrscht ein großes lateinisches Kreuz die Fläche. Es steht ebenfalls auf einem Hügel. Unter dem Hügel liegt ein mächtiger, umgestürzter Baum mit gewaltig dickem Stamm und gebrochenen Ästen. Das steinerne Bild ist so packend dargestellt, daß man fast meint, das Krachen des fallenden Riesen hören zu können. Über dem zerschmetterten Baum steht in großer vertiefter Schrift, den Konturen des Kreuzhügels folgend: DE UNGLÜCKLICHE BOHM

Wenn nun der Volksmund erzählt, unter diesem Stein habe ein Vater den letzten seiner sieben Söhne begraben, so liegt auch dieser Überlieferung eine wahre Begebenheit zugrunde: Ein Enkel des Christoffer von Wettberg mit Namen Jobst Asche von Wettberg, der als mutiger Verteidiger der Feste Calenberg gegen Tilly im Jahre 1626 hervortrat, wurde auf tragische Weise zum Letzten seines Stammes, obwohl er sieben Söhne hatte. Im Kampf Habsburgs gegen die Türken und im Dienste der welfischen Herzöge in den Wirren des Dreißigjährigen Krieges blieben alle seine sieben Söhne auf der Walstatt. Das spricht einerseits für den Mut, die Tapferkeit und die Treue der Wettbergs, andererseits war es die Ursache für den gänzlichen Zusammenbruch des Vaters Jobst Asche und den Untergang der Familie von Wettberg. Als 1638 sein letzter Sohn, Erich Jobst von Wettberg, vom Tode dahingerafft wurde, zog sich Jobst Asche auf sein Gut Öhrsen bei Hilligsfeld zurück. Er verschenkte wertvolles Land und setzte auf seinen zahlreichen Besitzungen Pächter ein - so auch auf seinem Burghof in Münder, der seitdem der ‘Pächterhof’ genannt wurde. Jobst Asche von Wettberg starb gänzlich vereinsamt im Jahre 1644. Mit ihm erlosch das Geschlecht derer von Wettberg, das so eng mit der Stadt Münder verbunden war.

Der Wettbergstein wird auch **'Junkerstein'** genannt. Den Namen mag er daher haben, weil im 15. Jahrhundert, als die Zeremonie des Ritterschlages mehr und mehr außer Mode kam, die Bezeichnung „Junker“ nicht nur auf die jungen Männer, sondern auf alle ritterbürtigen Edeligen ohne Bezug auf ihr Alter angewendet wurde. Also war auch Christoffer von Wettberg, obwohl ein alter Mann, ein Junker. Und der ihm gewidmete Stein trägt zu Recht auch den Namen „Junkerstein“.

Der Wettbergstein oder Junkerstein
Vorder- und Rückseite

Eine Ohrfeige für den Forstlehrling

Heute sind Grenzbegehungen meist von vgnüglicher Art. Früher war das anders, da hatten sie durchaus ernsten Charakter. Sie wurden von Zeit zu Zeit durchgeführt, um den Grenzverlauf zu kontrollieren. Dazu wurde auch die nachwachsende Jugend mitgenommen, um den richtigen Grenzverlauf an sie weiterzugeben. Und damit sich die jungen Leute den Grenzverlauf und besonders die Grenzsteine umso besser merken konnte, hob man sie bei einem Grenzstein hoch und setzte sie unsanft darauf nieder. Bei besonderen Grenzsteinen, die versteckt standen, erhielten sie auch zuweilen eine Ohrfeige.

Ein Grenzstein, der von so einer Ohrfeige Zeugnis ablegt, liegt in der Springer Forst „Düsterer Keller". Er ist etwa einen Meter hoch und zeigt einen Kopf, über dem eine Hand zum Schlag ausholt. Die Ohrfeige, die hier dargestellt ist, galt dem Springer Forstlehrling Becker, der mit seinem Forstmeister an der Grenzbegehung teilnahm, damit er sich diesen etwas abseits liegenden Grenzstein besonders gut merke. Danach heißt der Stein „Beckerstein".

* Grenzsteine sind üblicherweise mit der Jahreszahl und den Initialen ihrer angrenzenden Bezirke gekennzeichnet.

Erinnerung an eine Kindertragödie

In Klein-Süntel wohnte im vorigen Jahrhundert eine Familie Panitz, die hatte sechs Kinder. An einem trüben Oktobertag des Jahres 1871 war die Mutter mit den zwei größeren Jungen in den Wald gegangen, um Holz und Pilze zu sammeln. Als sie schon längere Zeit weg war, kamen die beiden mittleren Kinder der Familie, die etwas über sechs Jahre alte Christine und die dreieinhalb Jahre alte Dorothee auf den Gedanken, der Mutter und den Brüdern in den Wald nachzulaufen. Sie entschlüpfen ungesehen der Obhut ihrer älteren Schwester, und liefen zum Wald. Sie gingen immer tiefer in den Wald hinein, ohne die Mutter und die beiden Brüder zu finden. Die Nacht kam, es wurde dunkel und kalt. Die kleine Dorothee starb, wahrscheinlich noch in derselben Nacht, an Unterkühlung. An der Stelle, wo ihr Leichnam gefunden wurde, haben die Eltern einen Gedenkstein gesetzt. Er ist bekannt unter dem Namen „Panitzstein".

Christine hatte ihrer kleinen Schwester die Schürze über das Gesicht gelegt. Dann hat sie sich wahrscheinlich weiter auf die Suche nach der Mutter und den Brüdern gemacht. Dabei muß sie sich aber noch tiefer im Wald verirrt haben. In einer Suchaktion, bei der sich alle Bürger Klein-Süntels beteiligten, wurde ihr zusammengekrümmter Körper drei Wochen später gefunden. Auch für Christine ist ein Denkstein gesetzt worden. An der Stelle, wo man sie gefunden hat, wälzte man einen dicken Stein vor eine Buche und ritzte ihren Namen in die Rinde des Baumes. Von dem Baum gibt es keine Spur mehr und auch der Stein ist nicht mehr da. Wo die toten Kinder gefunden wurden, künden noch heute Tafeln von dieser Kindertragödie. Sie tragen die Aufschrift

PANITZ KIND 5.10.1871

Der Verlust der beiden Kinder war nicht der einzige Schicksalsschlag, den die Familie hinnehmen mußte. Nur wenige Jahre später verunglückte der Vater tödlich im Bergwerk, erst 46 Jahre alt. Die Mutter hat man einige Jahre danach tot in ihrer Wohnung in Klein Süntel aufgefunden.

(nach Kastl)

Der Peststein in Bad Münder

Am Rande des Laurentius-Friedhofes in Bad Münder steht einer der schönsten Kreuzsteine Niedersachsens. Es ist ein Scheibenkreuz, das im oberen Teil ein großes verziertes Kreuz, im unteren Teil ein nicht mehr lesbares Schriftfragment zeigt. Aus welchem Anlaß dieser Kreuzstein einmal gesetzt worden ist, läßt sich nicht mit Gewißheit sagen. Sein Name „Peststein" deutet aber darauf hin, daß er mit der Pest in Zusammenhang steht. Er ist vielleicht zum Seelenheil der vielen Pest-Toten und zu ihrem Gedenken aufgestellt worden. Es ist aber auch denkbar, daß der Peststein eine aufgestellt wurde, um die Seuche von der Stadt fernzuhalten. Alte Landkarten weisen in der Feldmark bei Münder ein Steinkreuz aus, das an der dort bezeichneten Stelle jedoch nicht mehr vorhanden ist. Vielleicht hat der Peststein dort einmal seinen Platz gehabt.

Die Pest war im Mittelalter als todbringende Seuche sehr gefürchtet. Sie hat sich von Zeit zu Zeit immer wieder einmal mehr oder weniger ausgebreitet. Besonders schlimm ging der schwarze Tod im Jahr 1626 durch das Tal zwischen Deister und Süntel und viele Menschen fielen ihr zum Opfer. Aus Aufzeichnungen, die der damalige Geistliche Magister Koken im Eimbeckhäuser Kirchenbuch festgehalten hat, geht hervor, daß fast täglich drei bis vier Personen des Ortes an der Pest gestorben sind:

Anno 1626. 26. Aug. Engel Stange
Hans Polers eheliche Hausfrau
peste selig gestorben und christlich begraben.

Gesa Polers, Hans Polers, des Sauhirten Tochter
in der Peste s. gestorben u. chr. Begraben.

Ilsabe Borcherding, Hans Borcherdings Tochter,
in der Peste s. gestorben und christlich begraben.

Auch Pastor Koken ist an der Pest gestorben. Er berichtete noch über Not und Elend seiner Amtsbrüder und Verwandten, welche der Pest zum Opfer fielen. Seine letzte Eintragung galt seinem Bruder Johann.

Anno 1626. Umb Jacoby. Ist mein Bruder, Johann
Koken, Meier in Lutteringhausen, mit seinen Kindern
in der Peste in wenigen Tagen dahingestorben.

Daneben steht, mit zittriger Hand an den Rand geschrieben: „Ich pfeif auf dem letzten Loch!“ -

Eine Urkunde in Stein

Besonderen Grenzsteinen gab man früher oft eine besondere Form, die sie von den normalen Grenzsteinen schon vom Aussehen her unterscheiden sollten. So ein besonderer Grenzstein steht in der Waldecke am Steinkrüger Holze oberhalb von Bredenbeck. Es ist ein Dreikant, ein rechteckiger Quader, dem diagonal eine Hälfte abgeschlagen ist. Wer ihn beim Vorübergehen sieht, denkt zuerst, er sei beschädigt. Das ist aber nicht der Fall. Der Stein hat diese Form absichtlich erhalten.

Im Archiv der Freiherrn von Knigge liegen die Unterlagen, die über den Stein und seine Geschichte Auskunft geben. Danach dokumentiert der dreikantige Stein bei Bredenbeck ein Gerichtsurteil, das gegen Ende der Franzosenzeit 1813 durch das französische Tribunalsgericht in Pattensen nach dem Code Napoleon gefällt worden ist. Die Inschrift ist stark verwittert. Sie lautet:

Nro. 3
Zuschlag Holtenser Hau
verfügt 1808
Rechtskräftig bestätigt durch
Tribunalserkenntnis Anno 1813

Dem Urteil liegt folgender Sachverhalt zugrunde:

Seit die Franzosen ins Land einrückten, war Wilhelm Freiherr von Knigge Guts- und Gerichtsherr von Bredenbeck. Ihm gehörte der gesamte Kniggesche Besitz in Calenberg und am Harz. Er war ein mächtiger und rühriger Mann.

Die 42 Bauern von Bredenbeck, es waren Voll- und Halbkötner, die nur wenig Land und noch weniger Wiesen besaßen, ließen ihr „Hornvieh“ durch ihren Gemeindehirten in den Wald auf die Weide treiben. Weil im frühen Frühjahr, wenn noch kaum Gras gewachsen ist, Kühe und Ziegen allerlei Schaden in den jungen Beständen anrichteten, sahen die Forst- und Gutsherren Knigge diese Waldhude nur ungern. Deshalb ließ Wilhelm Freiherr von Knigge im Jahr 1808 den Forstbezirk „Holtenser Hau“ in Zuschlag legen, tiefe Grenzgräben auswerfen und feste Zäune errichten, um dieses Gebiet der Waldweide zu entziehen. An bestimmten wichtigen Punkten ließ er 5 Grenzsteine aufstellen, welche alle die dreikantige Form des einen noch vorhandenen Grenzsteines gehabt haben sollen.

Die Bredenbecker Bauern protestierten gegen diese Schmälerung ihrer herkömmlichen Rechte und verklagten ihren Gutsherrn bei der Königlichen Justizkanzlei in Hannover. Sie wiesen in ihrer Eingabe darauf hin, daß sie den Holtenser Hau als Waldweide nicht entbehren könnten, weil sie nur kleine Leute seien und auch die Gerichtskosten mit dem Spinnrad aufbringen müßten. Doch die Gemeinde wurde mit ihrer Klage abgewiesen und das Urteil 1813 zugunsten des Gutsherrn gefällt.

In der mündlichen Überlieferung ist der Prozeß von 1808/13 aber noch lange nicht vergessen. Man hält das Urteil für ungerecht und sagt, der „Holtenser Hau“ sei zuvor Gemeindeeigentum gewesen.

Es ist aber wohl so, daß die Gemeinde lediglich die Waldhude auf dem gutsherrlichen Waldstück ausübte. Und weil das dem Gutsherrn jetzt aus forstwirtschaftlichen Gründen nicht mehr recht war, wollte er diese nicht mehr zulassen. Die Prozeßkosten, welche die Gemeinde nicht bezahlten konnte, übernahmen die Freiherren Knigge. Sie sollen das aber nicht umsonst getan, sondern dafür den Holtenser Hau „hingenommen“ haben.

Aufgrund der landwirtschaftlichen Strukturveränderungen im 19. Jahrhundert erfolgte dann 1922 eine Trennung der Weidegründe von Gut und Dorf. Dabei verzichteten die Bauern auf die Waldhude und erhielten als Entschädigung 135 Morgen Forstgrund als Gemeindeweide und Gemeindeanger. Als Grenzmal versetzte man den dreikantigen Stein mit dem Urteil von 1813 vom Holtenser Hau an die neue Waldgrenze. Seitdem dient er als wichtiger Grenzstein zwischen der Kniggeschen Forst und der Gemeindeforst.

Bei der Verkoppelung im Jahre 1855 wurde der Gemeindeanger parzelliert und an die Bredenbecker Bauern aufgeteilt. Den alten Grenzstein aber hat man stehen lassen.

(nach Gewecke)

Wo sich zwei Knechte stritten - Der Kreuzstein in Messenkamp -

Die Sage berichtet, daß vor mehreren hundert Jahren in Messenkamp zwei Knechte beim Pflügen in Streit gerieten. Sie lösten die Pflugeisen und schlugen sich gegenseitig damit nieder. Zum ewigen Gedächtnis an diese Begebenheit errichtete man an der Mordstelle einen Stein, in den man ein Kreuz und ein Pflugeisen einmeißelte. Im Laufe der Zeit fiel der Stein um. Er lag lange Zeit unbeachtet am Weggraben. Niemand kümmerte sich um ihn, da auch das blutige Ereignis längst in Vergessenheit geraten war. Im Jahre 1875 nahm sich Wilhelm Pook, ein Einwohner des nahen Dorfes Messenkamp, des Steines an, richtete ihn wieder auf und versah ihn zur Erinnerung daran mit seinen Initialen und der Jahreszahl: W.P.1875

Ludwig Schlepper - Turnvater und Jugendfreund am Deister

Im Hainbuchenwäldchen auf dem Hasselbusch bei Eimbeckhausen erinnert ein Findling an Ludwig Schlepper, den aktiven Turner und Förderer der Sport- und Jugendarbeit am Deister. Der Stein wurde im Jahre 1929 von Turnern aus Eimbeckhausen, Feggendorf und Messenkamp aufgestellt. Den Platz dafür hatte Geheimrat Stölting unentgeltlich zur Verfügung gestellt und der Hofbesitzer Meyer aus Messenkamp hatte die Steine zum Unterbau gespendet. Den Gedenkplatz und den Stein gestaltete der Bildhauermeister Carl Sondershausn aus Egestorf am Deister.

Ludwig-Schlepper-Stein

Zur Einweihung am Himmelfahrtstage 1929 hatten sich die Turner-Jugend des Deister-Schaumburg-Leine-Gaues und weitere Angehörige der Jugendbewegung aus den Dörfern des Deister-Süntel-Tales beim Ludwig-Schlepper-Platz eingefunden. Der Festredner sprach, der Zeit entsprechend, vom „rechten Wandern bei Lautenklang und Lied, bei Spiel und Tanz auf dem grünen Rasen". Er würdigte das Lebenswerk Ludwig Schleppers, der viele Jahre in den Ortschaften zu Füßen des Hasselbusches für die Jugend gewirkt hatte. - Nach den beiden großen Kriegen hat Ludwig Schlepper einmal 1918 und zum zweiten Male nach 1945 ersten großen Wiederaufbau für die Turner geleistet. In jungen Jahren hatte er selbst auf Turnfesten erste Siege errungen und war bei der Turnolympiade in Amsterdam vor dem ersten Weltkrieg sogar dritter Sieger.

Ludwig Schlepper war zum letzten Mal 1951, fast 87jährig, an seinem Ehrenstein, den er weniger als Denkmal, vielmehr als Symbol der Beständigkeit turnerischer Gesinnung sehen wollte. Ludwig Schlepper lebte nach dem Zweiten Weltkrieg in Barsinghausen, wo er auch starb. Außer dem Stein in Eimbeckhausen erinnert noch die Ludwig-Schlepper-Straße in Nienstedt an ihn.

(Neue Deister-Zeitung am 14.5.29)

„Wir sind ein stolzer Wandervogel“

In Hemschehausen, nicht weit von der Hütte der „Wanderfreunde Bad Münder“ steht der Greifenstein. Dieses eindrucksvolle Monument wurde am 17. Juni 1936 gesetzt, am 21. Juni feierlich eingeweiht und ist dem Gedenken der im Ersten Weltkrieg gefallenen hannoverschen Wanderfreunde „Männertreu“ gewidmet. In einer Kupferkapsel, die unter dem Ehrenstein eingelassen ist, befindet sich eine Urkunde mit den Namen der 47 Gefallenen Mitglieder und folgendem Text:

DIESEN STEIN HABEN DIE HANNOVERSCHEN WANDERVÖGEL AM TAG DER SOMMERSONNENWENDE1930 IHREN IM WELTKRIEG 1914 - 1918 GEFALLENEN BRÜDERN ZUR ERINNERUNG GESETZT UND IHN ‹GREIFENSTEIN› GENANNT. VOR 25 JAHREN,- HIMMELFAHRT 1911 - WURDE AUF EINER FAHRT DER SCHAFSTALL ENTDECKT, DEN DAS AUGE VON DIESEM STEINE AUS IM OSTEN AM WALDRAND ERBLICKT. AUS DEM ZERFALLENDEN GEMÄUER HABEN BEGEISTERUNG UND FROHSINN DER JUNGEN- WIE MÄDCHENGRUPPE DAS LANDHEIM DES HANNOVERSCHEN WANDERVOGELS AUFGEBAUT. IN DEN UNBESCHWERTEN VORKRIEGSJAHREN ERBLÜHTE IN DIESER UNSCHEINBAREN BEHAUSUNG DER GEIST EINER ÉCHTEN UND DEUTSCHEN JUGENDBEWEGUNG. DIE JUGEND FÜHRTE SICH SELBST UND GEHORCHTE FREIWILLIG. SIE ERLEBTE DIE GROSSE SCHICKSALSGEMEINSCHAFT DES VOLKES AUS DEM GEISTE DER KAMERADSCHAFT UND VEREINTE IN SICH INNERE ZUCHT UND ÜBERSTRÖMENDES LEBENSGEFÜHL MIT BEISPIELHAFTER VORBILDLICHKEIT. IHRE HEISSE LIEBE ZU DEUTSCHLAND WUCHS STILL AUS DEN WÄLDERN UND WASSERN DIESES TALES EMPOR. ES WAR, ALS OB EIN DUNKLES AHNEN IN DEN JUNGEN SCHLUMMERTE, DASS SIE BALD FÜR DAS UNENDLICHE GLÜCK IHRER WANDERVOGELJAHRE ZURÜCKGEBEN MÜSSTEN, WAS DAS GROSSE VATERLAND IHNEN VERSCHWENDEND GESCHENKT HATTE. IN DEN WIPFELN DER BÄUME SOLLTE HEUTE NOCH EIN KLANG DES LIEDES HÄNGEN: ›KEIN SCHÖNRER TOD IST IN DER WELT, ALS WER VORM FEIND ERSCHLAGEN.›

ALS DIE KRIEGSGEWITTER AUGUST 1914 ÜBER DEUTSCHLAND LOSBRACHEN, ZOGEN DIE JUNGEN WIE EIN MANN ZU DEN FAHNEN UND BEZEUGTEN SO DURCH DIE TAT, DASS SIE IHR LEBEN DEM VATERLANDE NICHT NUR MIT DEM MUNDE GEWEIHT HATTEN. VON ETWA 140 SOLDATEN SIND FAST 50 GEFALLEN, AN ALLEN FRONTEN, ZU WASSER UND IN DER LUFT. IHR JUNGER TOD GAB ALS HEILIGES OPFER EIN EWIGES BEISPIEL FÜR TREUE UND MUT.

AM 21. JUNI 1936 WURDE HIER DIE ERSTE FEIERSTUNDE ZUM GEDENKEN AN DIESE TOTEN GEHALTEN. AM HIMMELFAHRTSTAGE EINES JEDEN JAHRES WERDEN SICH DIE ALTEN WANDERVÖGEL AM GREIFENSTEIN VERSAMMELN BIS DER LETZTE VON IHNEN GESTORBEN IST.

WIR SIND EIN STOLZER WANDERVOGEL

Seitdem reisten am Himmelfahrtstage die hannoverschen Wandervögel in Scharen an Sie kamen mit Bussen, in PKWs oder zu Fuß zu dem Ehrenstein und gedachten ihrer Gefallenen, sowie der im abgelaufenen Jahr verstorbenen Mitglieder. Das setzte sich auch nach dem zweiten Weltkrieg fort. Aber die Zeit war gegen die Wandervogelbewegung. Die Zahl der hannoverschen Wandervögel nahm altersbedingt von Jahr zu Jahr ab. In den letzten Jahren kamen von den noch lebenden, in der ganzen Welt verstreuten, zehn hannoverschen Wandervögeln nur drei oder vier betagte Mitglieder zu der Gedenkfeier am Greifenstein. Der vorletzte hannoversche Wandervogel, der Oberbaurat Wilhelm Meier aus Hannover, starb 96jährig im Frühjahr 1991 in Hannover. Prof. Dr. Siegfried Knoke, er lebt hochbetagt in Hemmingen, ist meines Wissens der letzte der hannoverschen Wandervögel. Heute ist die Wandervogelbewegung nur noch Geschichte.

Der Greifenstein

Die Zerstörungswut unserer Zeit macht auch vor Gedenksteinen nicht Halt.
Im Sommer 1995 wurde der Greifenstein von Denkmalfrevlern schwer beschädigt.

Ein Schwerpunkt der Wandervogelbewegung lag in Hannover. Im Jahr 1911 haben die Wandervögel auf einer ihrer Fahrten den Schaf- und Schweinestall am Waldrand bei Hemschehausen entdeckt. Sie pachteten das Gebäude und wandelten es in Eigenarbeit zu einem Heim um, das mehrere Jahre zum Mittelpunkt des Vereinslebens wurde. In den Jahren 1916, 1921 und 1924 fanden dort am Himmelfahrtstage die Gaufeste statt. Im Frühjahr 1927 mußte das Heim wieder geräumt werden. Die Wandervögel richteten sich dann ein kleines Landheim in dem Steinbruch rechts neben der Landstraße zwischen Eimbeckhausen und Nienstedt ein. Sie nannten es nach einem aus dem Frankreichfeldzug bekannten Soldatenlied „Berry-au-Bac".

Engagierter Mitstreiter in der Deutschen Jugendbewegung war der aus Barsinghausen stammende Christian Schneehagen (geb. 1891, gefallen 25.4.1918). Er galt als einer der großen Pioniere für eine zeit- und jugendgemäße Lebensgestaltung. Er war maßgeblich beteiligt an der Organisation des „Ersten Freien Deutschen Jugendtages" am 13. Oktober 1913 auf dem Hohen Meißner. Die ehemalige Jugendherberge in Barsinghausen wurde nach ihm benannt. Die Jugendherberge, heute Sportzentrum „California Camp", ist in reinem Weimarer Bauhausstil errichtet und so gleichzeitig ein bemerkenswertes Baudenkmal.

Die „Wandervögel" erwarben nach dem Ersten Weltkrieg die Ruine der Burg Ludwigstein bei Witzenhausen und bauten sie zu einer Jugendburg aus. Nach dem Zweiten Weltkrieg wurde der Verein „Vereinigung Jugendburg Ludwigstein" gegründet. Er baute die nach dem Zweiten Weltkrieg arg verfallene Jugendburg aus, um sie deutschen und ausländischen Jugendlichen als Begegnungsstätte zur Verfügung zu stellen. In ihr ist das umfangreiche wissenschaftliche Archiv der Deutschen Jugendbewegung untergebracht. Dort befindet sich auch das Portrait Christian Schneehagens als Ölgemälde. So hat die Wandervogelbewegung in der „Jugendburg Ludwigstein" eine würdige Erinnerungsstätte gefunden.

Der fliegende Kranich,
das Erkennungszeichen der Wandervogelbewegung, steht symbolhaft für den Vogel Greif (Kraft und Freiheit) aus der griech. Mythologie

Die ehemalige Jugendherberge
in Barsinghausen

Sie suchten ihr Glück in Amerika - Der Temps-Stein in Nettelrede

Auf ihrem Hof in Nettelrede lebte bis nach der Jahrhundertwende eine Familie Temps mit ihren etwa ein Dutzend Kindern. Das waren fast alles Söhne. Aber keiner dieser Söhne ist in Nettelrede geblieben. Es wird erzählt, daß sie alle nach Amerika ausgewandert sind. Einige wollen wissen, da die Brüder gemeinsam auswanderten, andere berichten, daß sie, wenn ihr Militärzeit näher rückte, einer nach dem anderen weggegangen sind. Im Jahr 1923 besuchte einer der Brüder, Gustav Temps, sein Heimatdorf Nettelrede. Da wurde ein großes Sängerfest veranstaltet und der Gast aus Amerika hoch bejubelt. Und da er zu Geld gekommen war, bedachte Gustav Temps die Vereine mit Spenden und die Kirche, die ihre Glocke im Ersten Weltkrieg hatte abliefern müssen, erhielt eine neue Glocke*. Alte Einwohner aus Nettelrede erzählen noch heute, daß es große Mengen Freibier gegeben hat und in Anwesenheit des Auswanderers wurde auf dem ehemaligen Land der Familie Temps ein Findling gesetzt. Er steht noch heute oberhalb von Nettelrede und trägt die Aufschrift

TEMPS-STEIN

ZUR ERINNERUNG
AN DIE
NACH AMERIKA
AUSGEWANDERTEN GESCHWISTER
TEMPS

Gustav Temps versprach wiederzukommen und kehrte nach Amerika zurück. Aber trotz vieler Bemühungen der Nettelreder ist er nicht noch einmal in sein Heimatdorf zurückgekehrt. Von der Familie Temps hat man nie wieder etwas gehört.

* Diese Glocke wurde später im Zweiten Weltkrieg wieder eingeschmolzen.

Weiteres zu gehauenen und gesetzten Steinen ist bei anderer Zuordnung auch im ersten Band zu finden: Grenzsteine von 1602 (S. 27) - Die Sage vom Lügenstein (S. 43) - Die Sage vom Teufelsstein - (S. 44) - Das Magnusdenkmal bei Leveste (S. 97) - Heinrich Schein (S. 110) - Ein Denkmal für Friedrich Wilhelm Senne (S. 126) - Der Försterstein (S. 148) - Das Eltendenkmal (S. 151) - Das Steinbild des Junkers Christian von Münchhausen an der Kirche zu Heuerßen (S. 162).

Räubergeschichten

Die Räuber von der Eulenflucht - ein Märchen -

Es war nach dem Ende des Dreißigjährigen Krieges. Da hatte sich in den unwegsamen Gebieten des Süntel allerlei Gesindel eingenistet. Unter Anführung des gefürchteten, beutegierigen und mordlustigen Bendix Raulanger suchten sie die umliegenden Dörfer mit Verwüstung, Not und Tod heim.

Als die Räuberbande wieder einmal von einem ihrer Raubzüge zurückkehrte, beschlossen sie an der Stelle, die heute „die Eulenflucht“ heißt, ein Lager einzurichten. Bald saßen die wilden Gesellen am prasselnden Feuer. Es wollte aber keine Stimmung unter ihnen aufkommen. Gedrückt saßen sie da und stierten in die dunkle Nacht, die wie eine schwarze Wand um das Lager stand. Das Raunen in den Bäumen, der finstere Wald und der Schrei der Waldohreule übten einen seltsamen Einfluß auf die Männer aus, die sonst weder Tod noch Teufel fürchteten. Es war, als läge es wie eine Ahnung über ihnen, als künde der unheimliche Schrei der Waldohreule, der durch den Süntel drang, ein nahes unabwendbares Schicksal.

Endlich sprang Bendix Raulanger auf, reckte sich und schleuderte sein Messer in einen entfernt stehenden Baumstamm. Dann sprang er mit einem Fluch mitten unter seine Leute und gab den zunächst Stehenden einen Stoß, daß sie übereinander purzelten. Damit war der Bann gebrochen. Der Becher begann zu kreisen, rauhe Lieder erklangen und lautes Lachen schallte durch die stille Nacht.

Aufgeschreckt durch den Lärm umkreisten die Waldohreulen das Lager. Einige der trunkenen Leute warfen nach ihnen, andere suchten ihre Nester und zerstörten sie. Bald lag manch kleiner Eulenvogel blutig und tot im Dickicht.

Die alten Waldohreulen aber, die ihre Brut vernichtet sahen, erhoben ein Klagegeschrei, das weithin zu hören war und schaurig über die Berge schallte. Da kamen sie zu hunderten, die Waldohreulen. Aus der weiten Umgebung kamen sie herangeflogen, umkreisten das Lager der Räuber und stießen wütend auf sie nieder. Die griffen zum Messer, um sich der Schnabelhiebe zu erwehren. Aber immer mehr Eulen bedrängten die trunkene Schar und zwangen sie langsam immer weiter gegen den Abgrund. Zu spät erkannten die Männer die Gefahr. Bendix Raulanger war einer der ersten, der rücklings über den Abgrund stürzte und mit zerschmetterten Gliedern unten in der Schlucht lag. Die wenigen Räuber, die flüchten und sich retten konnten, machten sich auf und davon und wurden in der Gegend nie wieder gesehen. - Der Kampf der Waldohreulen mit den Räubern blieb nicht verborgen. Und und von Stund an hieß die Stätte „die Eulenflucht“.

Die Räuberhöhle bei Münder

Im Walde bei Münder befand sich vor Zeiten eine verborgene Höhle. In dieser Höhle lebte ein Einsiedler, von dem keiner wußte, woher er gekommen war und was er trieb. Auch hatte ihn niemand jemals genau gesehen, weil er sich bei Tage nicht sehen ließ und nur zur Nachtzeit aus seinem Schlupfwinkel kam. Die Leute aus der ganzen Umgegend mieden den näheren Umkreis der Höhle, weil man dort seines Lebens nicht sicher war, denn von den Leuten, die da arglos vorbeigingen, sind viele niemals wieder gesehen worden. Man sagte, der Einsiedler habe sie mit seinem Zauberstab berührt und in kleine Tiere verwandelt.

(nach Ida Schulze)

Ida Schulze deutete diese Geschichte so:

Der Einsiedler war wahrscheinlich ein Friedloser, der in der Höhle Zuflucht gesucht hatte. Um nicht als solcher erkannt zu werden und gar sein Leben einzubüßen, vermied er jede Berührung mit anderen Menschen . Die Verwandlung der verschwundenen Menschen in Tiere hängt mit einem alten Glauben zusammen, wonach die Seele in der Todesstunde dem Körper als Maus, Schmetterling, Vogel, Wiesel oder als ein anderes kleines Tier entweicht.

Der Raubritter vom Barrigser Berg

Vor tausend Jahren hat auf dem Bergrücken, der sich zwischen den Dörfern Stemmen und Barrigsen hinzieht, eine kleine Burg gestanden. Da hauste der Ritter Barry mit zwei Verwandten und seinen Knappen. Barry war ein gefährlicher Raubritter. Er bestritt seinen Unterhalt und den seiner Leute, indem er Handelswagen überfiel, die auf dem nahen großen Heerwege unterwegs waren und raubte sie aus. Und damit ihn die Überfallenen nicht verraten konnten, ließ er sie von seinen Leuten erbarmungslos niedermachen. Die geraubte Ware brachte er in seine Burg und verwahrte sie da in unterirdischen Verließen.

Um seine Schätze noch sicherer verwahren zu können, ließ Barry unter seiner Burg einen hundert Meter langen Tunnel graben und an dessen Ende eine große Höhle anlegen. Da hinein brachte er nun all seine geraubten Schätze und verschloß die Höhle gut. Die Arbeiter, die am Bau dieser Höhle beteiligt waren, und alle, die davon wußten, kriegten die gnadenlose Hand des Ritters bald zu spüren. Gnadenlos ließ er sie alle umbringen, damit sie das Versteck nicht verraten konnten.

Da kam ein großer Regen über das Land. Die Kaufmannswagen konnten nur mit Mühe auf den morastigen Wegen vorwärtskamen. Das war wieder einmal die Gelegenheit für Barry! Wieder machte er reiche Beute, ließ die Handelsleute erschlagen und brachte den Raub in sein sicheres Versteck unter seiner Burg. Aber diesmal sollte er nicht ungeschoren davonkommen.

Durch das viele Regenwasser wurde die Erde ganz mit Wasser durchtränkt. Das Wasser drang tief in den Berg ein und schließlich war das ganze Erdreich so vollgesogen, daß die Erde das Wasser nicht mehr halten konnte. Und während Barry und einige seiner Leute das jüngste Raubgut in die unterirdische Höhle brachten, brach der Berg ein und begrub die meisten von ihnen. Die wenigen, die entkommen konnten, sahen darin ein Gottesgericht, flüchteten vor Entsetzen in die nahen Wälder und wurden in rechtschaffene Leute. Der Raubritter Barry aber konnte sich nicht retten, er war begraben bei lebendigem Leibe.

Später entsprang dem Berg eine Quelle. Die Leute der Umgegend, denen die Angst vor dem Raubritter noch jahrhundertelang in den Knochen steckte, sahen in dem Wasser der Quelle Tränen, die der Berg weinte, wegen der Toten in seinem Inneren. Noch heute befindet sich da, wo die Quelle der Erde entsprungen ist, ein Brunnen. Er steht mitten in dem kleinen Dorf Barrigsen, das seinen Namen nach dem grausamen Ritter Barry erhalten hat.

Die Räuberbraut - ursprünglich in Altenhagen

Es waren einmal ein Mann und eine Frau, denen hatte der liebe Gott eine wunderschöne Tochter geschenkt. Eltern und Kind beteten und arbeiten Tag für Tag und lebten rechtschaffen und friedlich. Eines Tages, als die Tochter gerade ihr fünfzehntes Jahr antrat, fuhr ein prachtvoller Wagen vor die kleine Hütte. Daraus stieg ein vornehmer Herr und sagte zu den Eltern: „Habt ihr keine Tochter für mich zur Frau?“ „Nein“, war die Antwort, „wir haben zwar eine Tochter, die ist aber noch jung und soll noch nicht heiraten.“ Damit ließ der feine Herr sich jedoch nicht abspeisen. Er hieß die Pferde abspannen und blieb drei Tage. Und während dieser drei Tage war er so gefällig und fromm, auch hatte er so viel Gold und andere Kostbarkeiten bei sich, daß er schon am ersten Tage die Einwilligung der Mutter, am zweiten die der Tochter und endlich am dritten auch die des Vaters erhielt. Der hatte zwar wiederholt zu seiner Frau gesagt: „Mir ahnt nichts Gutes dabei!“ Sie aber hatte ihn zu trösten gewußt und so entließen sie gegen Abend des dritten Tages die Tochter aus ihrer Obhut. Sie baten den vornehmen Herrn, er möge sie nur gut behandeln, und während der es versprach, jagte er schon mit der schönen Braut davon.

Nun war dieser vornehme Herr aber gar kein vornehmer Herr, sondern ein wilder Räuber und Menschenfresser. Unterwegs schon erzählte er dem armen Mädchen lauter gräuliche Geschichten, und als sie bei seiner Höhle angekommen waren, riß er das Mädchen aus dem Wagen und sagte lachend zu ihm: „Willst du nun lieber in Öl gebraten oder lieber in Wasser gekocht werden? Du bist so und so ein leckerer Bissen, und weil ich dich so liebe, lasse ich dir freie Wahl."

Die Braut konnte vor Schreck gar nicht antworten. Der Menschenfresser stieß sie in seine Höhle und sagte: „Bitte den lieben Gott, daß er dir einen guten Gedanken gibt und bereite dich während der Nacht zum Tode!" Dann ging er in eine Nebenhöhle zum Schlafen. Als das arme Mädchen wieder zu sich kam, hörte es nebenan einen fürchterlichen Lärm: Der Räuber schlug auf seine Haushälterin ein, und die schimpfte mit ihm und zerkratzte ihm das Gesicht, daß ihm das Blut herabfloß. Sie war nämlich eine alte Hexe. Als sie gesehen hatte, daß er ein junges Mädchen mitgebracht hatte, war sie eifersüchtig geworden und giftete ihren Herrn an und dafür bekam sie nun eine tüchtige Tracht Hiebe. So war es Sitte unter den beiden.

Während nun der Menschenfresser in seiner Höhle schlief, mußte die alte Hexe bei der jungen Braut wachen. Die aber schloß kein Auge zu, sondern betete und weinte in einem fort. Ärgerlich darüber, daß sie nicht schlafen sollte, auch wohl etwas gerührt wegen der Jugend des Mädchens, dazu noch wegen der erhaltenen Schläge erbost über den Menschfresser, krächzte sie: „Nun laß das Greinen! Was hat er dir denn schon getan?"

Das Mädchen antwortete: „"Ob ich lieber in Öl gebraten oder lieber in Wasser gekocht werden wolle, hat er mich gefragt." Die Hexe lachte und erwiderte: „Und du hast wohl zu keinem von beidem Lust, du armes Närrchen? Und das klang so herzlos, daß es der armen Braut die Kehle zuschnürte. „Nur nicht so empfindlich!" fuhr die Hexe fort, als keine Antwort kam. „Soll ich dich einmal Kitzeln?" und sie kratzte das Mädchen, daß es laut aufschrie. „Hast Du eine helle Stimme!" spottete sie und fuhr fort: „Was ich dir jetzt sage, das verdankst du den Schlägen des Wüterichs, und wenn du dich daran hältst, sollst du gerettet werden: Wenn er dich also morgen früh wieder fragt, ob du lieber in Öl gebraten oder lieber in Wasser gekocht werden willst, dann antworte, du wollest lieber in Wasser gekocht werden. Dann läßt er dich selber das Wasser tragen, denn ich stelle mich krank und er ist zu stolz dazu. Beim Brunnen ziehst du deine Kleider aus, hängst sie dem Brunnenpfahl um, als kleidest du einen Menschen an, und versteckst dich in dem hohlen Baum, dem siebten am Wege rechter Hand. Nun aber hör mit deinem Gejammer auf und laß mich in Ruhe ein wenig schlafen, sonst verrate ich den Plan."

Am andern Morgen ganz früh kam der Menschenfresser in die Höhle und fragte das arme Mädchen wieder, ob es lieber in Öl gebraten oder lieber in Wasser gekocht werden wolle. Als er nun die Antwort bekam, sie wolle lieber in Wasser gekocht werden, trat er die Hexe mit dem Fuße, um sie zu wecken und rief: „Trag Wasser, Alte, ich schlachte derweil mein Täubchen!"

„Hol dir selber Wasser, kreischte die Hexe, „mir hast du beide Arme gelähmt mit deiner Prügelei.“ Der Menschenfresser fluchte und befahl der Braut: „Nimm du den Krug und trag Wasser, damit ich dich koche!“ Sie nahm den Krug, ging zum Brunnen, zog dem Brunnenpfahl ihre Kleider an und kroch in den hohlen Baum. Als sie nicht wieder kam, rief der Menschenfresser: „Erwartest du einen Schatz am Brunnen, daß du so unbeweglich stehst? Kehrst du nicht gleich zurück, kann sich's recht gut treffen, daß er zu dir kommt!“ Der Pfahl reagierte nicht im geringsten auf diesen Spott, kehrte sich auch nicht daran, als der Menschenfresser zu toben und zu drohen anfing, und als ihn gar ein Schuß traf, den der Menschenfresser aus der Höhle auf ihn feuerte, da schrie er weder auf noch fiel er um. „Bist du vielleicht kugelfest?“ schrie er, nahm sein breites Schwert und lief hin. Wie aber kochte es in ihm, als er näher kam und die seltsame große Puppe fand! Rasend vor Wut sprang er mit wenigen Sätzen in die Höhle zurück, gürtete sich sein Schwert um, bestieg sein Roß und rief der Hexe zu: „Fülle die Pfanne mit Öl und bring es zum Sieden!“ und davon jagte er, begleitet von seinem großen Spürhund.

Bald kamen sie an den hohlen Baum. Hier blieb der Hund stehen und bellte und kratzte an dem Baum. Da zog der Räuber sein Schwert, hieb durch die Rinde und spaltete der Jungfrau den rechten großen Zeh. Hell spritzte das Blut auf das Schwert, doch als er's herauszog, war das Blut verschwunden und das Schwert blank wie neu. So ritt er denn weiter und als das Mädchen kein Getrappel und kein Gebell mehr hörte, stieg es aus dem Baum und kroch in eine tiefe Grube, die in der Nähe war, und deckte sich mit Zweigen zu. Nach einer halben Stunde kehrte der Menschenfresser ingrimmig zurück. Sie kamen an der Grube vorbei. Da blieb der Hund wieder stehen. Der Räuber schlug mit dem Schwert durch das Gezweig und spaltete der Jungfrau denselben Zeh von der anderen Seite. Wieder sprang helles rotes Blut auf das Schwert und wieder war das Schwert blank wie zuvor, als er es zurücknahm. Die arme Braut legte ihr Ohr an die Wand der Grube, und als sie die Erde nicht mehr dröhnen hörte, kletterte sie heraus und hinkte dem Brunnen zu um sich wieder anzukleiden. Sie hatte sich eben gewaschen, da kam der Räuber zurück. Und als er sie sah, jauchzte er laut auf vor Vergnügen. Er zog sein Schwert, um ihr das Haupt abzuschlagen. Aber gerade in diesem Augenblick traf ihn eine Kugel, die aus dem Walde kam und streckte ihn nieder.

Der Wald, in dem der Räuber und Menschenfresser hauste, gehörte nämlich dem König. Der Königssohn aber, der in dieser Gegend zu jagen pflegte, war schon lange hinter dem Räuber und Menschenfresser her, um sein Land von der Plage zu befreien und schoß sogleich, als er ihn bei dem Brunnen sah. Wie er nun aber herzukam und die wunderschöne Jungfrau erblickte, da entbrannte sein Herz in Liebe zu ihr. Den Räuber und Menschenfresser, der sich fluchend in seinem Blute wälzte, ließ er in die Pfanne voll Öl werfen und die Hexe mußte ihn darin sieden. Die Jungfrau aber führte er auf sein Schloß und nahm sie zur Gemahlin. Und da haben sie glücklich miteinander gelebt viele Jahre.

(Colshorn)

Drei Geschichten - aufgeschrieben von Fritz Imhoff

Fritz Imhoff wurde am 28. Juni 1894 in Altenhagen II geboren. Er wollte Missionar werden. Doch diesen Berufswunsch machte der Erste Weltkrieg zunichte. Imhoff ist nach dem Krieg nach Feggendorf gezogen und wurde Bergmann in Barsinghausen. Den Weg von Feggendorf nach Barsinghausen legte er mit einem Kleinmotorrad zurück, wobei er im Jahre 1939 an der Kreuzung Drei Steine bei Bad Nenndorf tödlich verunglückte. Fritz Imhoff hat mehrere Geschichten geschrieben, die auch in der Neuen Deister Zeitung veröffentlicht wurden. Wie weit diesen Geschichten erzähltes Sagengut zugrundeliegt, konnten wir nicht feststellen. Mindestens teilweise handelt es sich wahrscheinlich um freie Dichtung. Wir haben die folgenden drei Erzählungen, allerdings stark gekürzt, in unserer Sammlung aufgenommen, weil sie mit ihren genauen Personen- und Ortsangaben dem entsprechen, was wir von Sagen erwarten. Zum andern aber auch, um sie vor dem Vergessen zu bewahren. So sind sie vielleicht ein Beispiel dafür, wie Sagen entstehen können.

Der Sünneckenbusch

An der Straße, die von Messenkamp nach dem Kappenberg führt, da, wo auf halber Höhe ein Lindenbaum steht, lag in alter Zeit eine Sandkuhle. Hier lagerten die Zigeuner. Die Geige sang ihre schwermütigen Weisen und fremde Lieder erklangen. An der Linde führt die alte Heerstraße vorbei. Geht man sie entlang und folgt links dem Bach, kommt man ins Walterbachtal. Da, wo der Wald anfängt, liegt links der Sünneckenbusch. Ein Dorf soll früher dort gestanden haben, und ein Försterhaus. Von dem Dorf ist weiter nichts bekannt, aber das Försterhaus soll - so berichtet die Sage - in dem Teich versunken sein. - Einst lebte in einem Dorf in dieser Gegend ein großer Bauer mit seiner Frau und seinen zwei Töchtern, Sophie und Mathilde. Sein Name war „Lenke“, weshalb man seinen Hof den „Lenkenhof“ nannte. Als die Mädchen herangewachsen waren, kamen viele junge Männer auf den Hof, die gern eine der beiden Töchter geheiratet hätten. Aber sie mußten alle wieder gehen, weil sie dem Bauern Lenke für seine Töchter nicht reich genug waren.

Als nun wieder einmal das Frühjahr seinen Einzug hielt, die Weidenkätzchen blühten, die Veilchen dufteten und alle Leute froh wurden, kam Sophie, sie war einundzwanzig Jahre alt, zum Liegen. Viel zu spät ließ der Vater den Arzt holen, sodaß der nur noch feststellen konnte, daß dem Mädchen nicht mehr zu helfen war. Was hat sie nur? fragte Mathilde. Und der Arzt sagte: „Das Herz ist ihr gebrochen. Durch die Hartherzigkeit eures Vaters ist ihr das Herz gebrochen.“ Und er fügte hinzu „Sie müssen heiraten, Mathilde, sonst geht es Ihnen ebenso.“ Und der Sommer kam und die Ernte. Voller Schwermut tat die Lenkenbäuerin ihre Arbeit, und mit Mathilde ging es nicht besser. „Ihr müßt nur tüchtig arbeiten, dann kommt Ihr schon darüber weg“, sagte der Bauer. Und er hatte nur noch einen Gedanken: Seine Mathilde sollte nun noch reicher heiraten. Doch als er ihr eines Tages sagte, daß er schon einen Freier für sie ausgeguckt habe, da entgegnete Mathilde, daß sie gar nicht ans Heiraten denke und außerdem das Trauerjahr noch nicht einmal vorbei sei. - Als aber unter dem

Lindenbaume bei der Sandkuhle die Zigeuner wieder rasteten, da mischte sie sich doch unter das junge Volk und ging mit hin.

Unter den Zigeunern war aber einer, der war nicht wie die anderen. Der hatte nicht ihre dunkle Hautfarbe und nicht ihre schwarzen Locken. Der gesellte sich zu Mathilde und fing mit ihr ein Gespräch an. Und als Mathilde spät in der Nacht den Heimweg antrat, da wußte sie, daß er Franz hieß und sich auf Wanderschaft befand. Und er wußte, daß sie Mathilde hieß. Wenige Tage später begegneten sich die jungen Leute unten beim Kreuzstein. Es war schon Mitternacht, als Mathilde ihr Haar zurecht zupfte und ihre Schürze glatt strich. „Was willst du jetzt tun?“ fragte sie, voller Angst, daß er ihr wieder davonlaufen könnte. Er aber sagte mit fester Stimme: „Ich bleibe hier. Ich habe zwei starke Arme und zwei kräftige Hände. Der Bauer Bonholt hat mich angenommen.“ Auch Mathilde wollte um ihre Liebe kämpfen. Später würde sie alles ihrem Vater sagen.

Bald schon tuschelten die Leute drüben im Dorf: „Bei Bonholts dient ein Zigeuner. Es ist derselbe, der in der Sandkuhle mit Mathilde Lenke angebändelt hat.“ Und von da war es nicht weit zu den Ohren des Vaters. Der wetterte nach dem Mittagessen gegen Mathilde und schrie: „Hier im Hause habe ich das Sagen! Nie und nimmer gebe ich mein Ja-Wort, daß du einen Zigeuner heiratest.“ Und er hob die Hand und schlug das Mädchen mitten ins Gesicht. Von dem Tage an gingen sich Vater und Tochter aus dem Wege. So sehr sich der Bauer Bonholt und andere bemühten, den Lenkenbauern umzustimmen, der blieb hart. Und als in einer kalten Aprilnacht der Klapperstorch einen kleinen Jungen aus dem Pump im Sünneckenbuschfischte, fand er nicht einmal den Weg in die Kammer seienr Tochter. Und Franz schlich draußen um das Haus herum, er durfte den Hof nicht betreten. Und als der kleine Junge nach seinem Großvater auf den Namen Hermann getauft wurde, war der Bauer ausgegangen, da konnte Franz wenigstens bei der Taufe dabei sein.

An einem Sonntagmorgen sagte der Bauer zu Mathilde: „Am Ersten gehst du mit dem Kind vom Hof. Ich will den Hof verkaufen.“ Dem Mädchen stand das Herz still. Wenn sie doch in diesem Moment nur ein einziges gutes Wort für ihren Vater gehabt hätte, vielleicht wäre noch alles gut geworden. So aber sagte sie nur „ja, ist schon gut“. Sie hatte den Dickschädel ihres Vaters geerbt. Gegen Abend gab sie den Kleinen ihrer Mutter. „Ich gehe zu Franz“, sagte sie, küßte das Kind und die Mutter noch einmal und ging. Und der Bauer stand unter dem großen Nußbaum und sah ihr nach, bis sie das Hoftor hinter sich schloß.

Mathilde und Franz gingen durch die Felder, an dem Lindenbaum vorbei, über die alte Heerstraße, und standen am Teich im Sünneckenbusch. Was weiter geschah - keiner hat es gesehen. Ein Wanderer meinte einen Schrei zu hören und die Tauben flogen unruhig in der Luft. Am andern Tag fand man dicht beim Teich ein Taschentuch, das Mathilde gehört hatte, und eine Uhr, die Franz gehört hatte. Als der kleine Hermann herangewachsen war, ging er zum Brombeerpflücken in den Sünneckenbusch und ertrank in dem Teich. Da hat er seine Eltern wieder gefunden. Aber vielleicht haben sie ihn auch gerufen.

(Neue Deister Zeitung v. 30.5.1936)

Förster Bergholt

Vor vielen Jahren, als das Land noch dem König gehörte, kam ganz plötzlich in den Flecken Lauenau ein neuer Förster, obwohl eigentlich keine Stelle frei war. Er soll einer der ersten Jäger am Hofe gewesen sein, tuschelte man, und durch eine dumme Sache da vertrieben worden sein. Er bezog das kleine Haus hinter der Brücke am Amtshofe und war's zufrieden. Und als die Möbel kamen, kam auch ein junges Mädchen mit. Das war Johanna, seine Tochter. Johanna hatte bleiche Wangen und tiefliegende Augen. Das Mädchen war krank. Und weil sie nicht in die Kirche gingen, sagten die Leute: „Das sind Ungläubige". Auch zum Stammtisch kam der Förster nie, obgleich man es ihm mehrmals angetragen hatte. Viel lieber hielt er sich oben im Deister auf, wo er sich bei der Teufelskammer aus Zweigen eine Hütte hergerichtet hatte. Und wenn die Wetter um den Berg zogen und die Blitze fast seine Füße leckten, dann schrie er einen Namen in die Klüfte: „Johanna" schrie er, und meinte beide, die Mutter und das Kind.

Als Haubocksmutter - die Leute sagten, daß sie das Zweite Gesicht hatte - eines Nachts von ihrer Tochter aus Pohle nach Lauenau heimkam, sah sie zwei Gestalten auf der Bleiche miteinander kämpfen, von denen eine einen schwarzen Mantel an hatte. Sie wurde ausgelacht, als sie davon erzählte, aber sie blieb dabei: „Ich weiß was ich gesehen habe." Zwei Tage später kam ein fremder Mann nach Lauenau. Er hatte sich mit einer Empfehlung von dem Hofmusikdirektor um den Posten des Organisten in Lauenau beworben und ihn auch bekommen. Er war Italiener, trug einen schwarzen Mantel und schwarze Schnallenschuhe und hieß Cantini. Als er zum ersten Mal in der Stammtischrunde erschien, war der Förster eigenartigerweise auch da. Aber es lag eine Kluft zwischen den beiden Männern. Und als sie spät in der Nacht heim gingen, war Cantini einer der letzten, die die Treppe hinunterstiegen. Drunten wartete der Förster. Wie ein Schatten folgte er dem Italiener. Hinter der Aue-Brücke hatte er ihn eingeholt. Er faßte nach dem schwarzen Mantel Cantinis. „Schließ die Kirche auf" schrie er ihn an, „"da ist heiliger Boden, da wollen wir reden!"

Das Mondlicht fiel durch die Fenster auf den silbernen Christus, der auf dem Altar stand. Davor blieben die Männer stehen. „Nun rede, wo ist Johanna, mein Weib?" „Tot", kam es aus dem schwarzen Mantel hervor, tot, weil sie den Förster haßte und mich liebte. In meinen Armen ist sie gestorben." Der Förster sprang auf Cantini zu, aber der war verschwunden. Als der Förster nach Hause kam, lag Johanna fiebernd im Bett und rief, wie so oft, nach der Mutter. Die aber konnte ihr der Förster nicht geben.

Wenig später kam der Amtmann und brachte einen Brief von Cantini. „Es ist nicht Ihr Kind, um das Sie sich sorgen", stand darin, „es ist das Kind von Johanna und mir. Noch in dieser Nacht wird es sterben. Dann nehme ich es mit und begrabe es neben seiner Mutter, denn das Kind gehört mir. Endlich habe ich es gefunden."

In der Kirche flackerte ein kleines Kerzenlicht vor der Orgel. Wie Engelsstimmen klang es von weither durch den Raum: Aver Maria! „Mach auf", rief der Förster und trommelte an die verschlossene Kirchentür bis sie nachgab. Ein Schatten sprang hinter den Altar. Wie ein wildes Tier faßte Bergholt den schwarzen Schatten und trug ihn hinaus zur Auebrücke, dorthin, wo das Mühlrad stand. Das Wasser, das da so unendlich tief war, platschte auf. Dann war es still, ganz still. Als Bergholt nach Hause kam, war das Kind tot. Er wickelte es in ein weißes Leintuch, nahm es auf seine Arme und trug es über die Auebrücke hinauf in den Deister. Dort, wo bei der Teufelskammer seine Hütte stand, legte er die weiße Last nieder. Von beiden hat keiner mehr etwas gesehen. Die stürmischen Winde da oben klagen aber noch heute um den Förster und sein Kind.

(Neue Deister Zeitung v. 12.6.1936)

Die Spleenhofsmarie

Dicht am Rande des Süntel, inmitten von Obstgärten und Buschwerk, lag der Meinhofshof. Selten nur kam Besuch in diese Einöde. Nicht einmal die Soldaten des großen Napoleon haben hingefunden. Zwei Kinder waren auf dem Hof, ein Junge und ein Mädchen. Der Junge war ein Stoffel, dem irgend etwas im Kopfe fehlte. An dem Mädchen aber hatte der Bauer seinen Narren gefressen. Er erfüllte ihr jeden Wunsch, auch wenn er noch so unsinnig war. „Er hat einen Spleen", sagten die Leute, und nannten den Hof nicht Meinhofshof sondern Spleenhof.

Als die Marie zwanzig Jahre alt war, begleitete sie der Bauer, wenn sie zum Tanze ging. Da saß er dann zwischen den jungen Leuten und hörte sich an, wie sie seine Marie, das schönste und reichste Mädchen der ganzen Umgegend, bewunderten. Das tat ihm gut. An solchen Tagen gab er das Geld mit vollen Händen aus. Als die Marie fünfundzwanzig Jahre alt war, hatte es der Meinhofsbauer satt, sie immer noch zum Tanze zu begleiten, legte sich auf die Seite und starb. Als kurze Zeit darauf auch die Mutter starb, war die Marie Erbin auf dem Hof. Da wurde sie von den jungen Burschen noch mehr umschwärmt. Mancher wäre gern Meinhofsbauer geworden, aber die Marie wollte vom Heiraten nichts wissen. Nur tanzen wollte sie, immer nur tanzen. Und wie sie tanzte! Und immer gab es am andern Tag einen Toten, in Hülsede, in Schmarrie, in Beber, und sonst wo. In Hülsede war es Klenken Hermann, der Sohn einer Witwe, der man nachsagte, daß sie hexen könne. Nachdem sie ihren Sohn an der Kirchhofsmauer begraben hatte, ging sie noch in derselben Nacht zwischen zwölf und ein Uhr zum Spleenhof und streute Holzasche vor die große Tür, wobei sie verworrene Worte sprach. Sie wußte, von jetzt an würde der Hof vom Unglück verfolgt werden. Sie hatte ihn verhext.

Da fand eines Tages ein verwundeter Offizier den Weg zum Spleenhof. An diesem Tag warteten die jungen Männer vergeblich auf Marie. Die bemühte sich um den Verwundeten. Und als nach vielen Wochen zum ersten Male ein Lächeln über sein Gesicht glitt, war sie außer sich vor Freude. Sie tat, was sie noch nie getan hatte. Sie küßte den Fremden und schenkte ihm ihre Seele. Aber oben im Baum saß schon die ganze Zeit ein schwarzer Vogel und rief: „Komm mit! Komm mit!“

Im Februar war Faselabend. Den ganzen Nachmittag schon bliesen die Musikanten durch das Dorf. Das junge Volk fuhte mit dem Fuhbusche aus Hülsen und bunten Bändern die jungen Mädchen. Der ganze Zug ging von Haus zu Haus und sammelte Gaben ein. Vor der Musik stolzierte der Britzemeister, der trug die Gaffel für die Würste, ein anderer trug den Korb für die Eier, und hinterher wurde alles gemeinsam im Dorfkrug verzehrt. An demselben Tage waren Marie und Jürgen Barlach, so hieß der Offizier, auf dem Wege nach Beber, um beim Pastor das Aufgebot zu bestellen. Als sie über das Gräberloh fuhren, trug der Wind die Musik zu den beiden herüber. Ach, wären sie bloß nicht über das Gräberloh gefahren! Marie griff in die Zügel „Nach Schmarrie“, rief sie, „nach Schmarrie!“ und riß die Pferde herum.“Jürgen, hörst du nicht die Musik?!“

„Wir wollen doch das Aufgebot bestellen“, sagte Jürgen. „Morgen, Jürgen, morgen“, antwortete die Marie, und nach Schmarrie ging's in voller Fahrt. Eine Schar Krähen flog über das Gespann und machte die Pferde unruhig. Erst in Schmarrie vor dem Krug gehorchten sie wieder. Und während Jürgen die Pferde ausspannte und in den Stall brachte, stand Marie an der Tür und wartete auf ihn. „Nun, Spleenhofsmarie, diesen Tanz kriegen wir beide“, wie aus dem Boden gestampft stand der alte Müller vor ihr. „He, Musikanten, den nächsten Tanz für die schöne Marie und den Bruchmüller!“ Sie wehrte sich. Wo bleibt nur Jürgen? Die alten Hände halten sie fest umklammert. „Marie, ich will dich heiraten!“ schreit er ihr ins Ohr, „mein Junge, den du in den Tod getanzt hast, will es.“ Endlich kann sie sich losreißen. Ihre Augen suchen Jürgen. Sie geht in den Stall. Da liegt Jürgen Barlach auf dem Boden, sein Gesicht ganz entstellt. Das Pferd der Marie Meinhof hat ihn mit dem Huf erschlagen.

Nur einige Neugierige, der Ortsschulze und der Bruchmüller folgen dem Sarg. Der Ortsschulze, weil er es für seine Pflicht hielt, und der Bruchmüller, weil es auffallen würde, wenn er als der zukünftige Ehemann der Spleenhofsmarie nicht mit zur Leiche ginge. Am andern Tag wird die Marie Mutter eines totgeborenen Kindes. Sie lag in Krämpfen und ist nicht wieder zu Verstand gekommen. Als nach der Ernte die Musik zum Tanze rief, ließ sie alle gehen und blieb mit Stoffel allein auf dem Hof zurück. Sie nahm ein Licht und ging in den Stall, wo Heu und Stroh genügend lagen. Groß und rund stand der Mond am Himmel. Und dann kam ein Licht, das war größer als der Mond. - Ein Haufen Asche und geschwärzte Steinquadern, das war alles, was von dem schönen Hof am Süntel übrig blieb.

(Neue Deister-Zeitung v. 30.7.1936)

Und was es sonst noch zu erzählen gibt

Der Zauberesel

Zwischen Ostermunzel und Kirchwehren ist es des Nachts nicht recht geheuer, sagen die Leute. Aber nicht der Huckup ist es, der hier umgeht, sondern ein Esel. Der treibt dort seinen Schabernak mit den Leuten, die hier um die Mitternachtsstunde noch unterwegs sind. Der Esel geht den nächtlichen Wanderer plötzlich von hinten an, schiebt ihm seinen Kopf zwischen die Beine, nimmt ihn hoch und jagt mit ihm davon. Das haben schon manche Leute am eigenen Leibe erfahren. So auch einer aus Dedensen, der da in der Mühle gewesen ist, wo man ihm reichlich eingeschenkt hat. Deshalb war er ziemlich trunken, als er sich auf dem Heimwege machte. Zwischen Kirchwehren und Ostermunzel begegnete ihm der Esel, nahm ihn auf und jagte mit ihm bis zum Hessischen Knick bei Nenndorf. Da warf er ihn ab und ließ ihn liegen. Als der Dedenser ungefähr einen Tag so gelegen hatte, ganz ermattet von dem nächtlichen Eselsritt, fand ihn der Förster. Dem erzählte er, was ihm begegnet war und wie er hierher gekommen ist.Wenn aber einer ein Tier bei sich führt und faßt es an den Kopf, dann kann dem der mitternächtliche Esel nichts anhaben.

Die Geschichte vom großen Ziegenbock

An einem Winterabend saßen im Krug zu Hüpede vier Männer. Unter ihnen war einer, Grüne mit Namen, welcher in Gestorf wohnte und diesen Abend noch dorthin zurück mußte. Sie waren aber alle sehr betrunken und dachten an nichts, als plötzlich die Glocke zwölf schlug und der Wirt die Polizeistunde ansagte. Nun taumelten sie hinaus. Die drei Hüpeder hatten es nicht weit, aber der Gestorfer hatte noch einen ganz schönen Weg vor sich. Da rieten ihm die Hüpeder, nicht mehr nach Haus zu gehen, weil es um diese Zeit nicht recht geheuer sei auf diesem Wege. Der Gestorfer jedoch ließ sich nicht abhalten und erwiderte: „Ich muß noch nach Gestorf, und sollte ich auf einem Ziegenbock hinreiten!"

Sie nahmen Abschied voneinander und der Gestorfer machte sich auf den Weg. Als er ein wenig gegangen war, kam er an einen alten Zaun. An dem Zaune stand ein Ziegenbock, der war so groß wie ein Ochse, hatte einen entsetzlichen feurigen Bart und ganz ungeheure Hörner. Grüne war plötzlich nüchtern vor Schreck. Aber er konnte nicht mehr entkommen. Der Ziegenbock huckte ihn auf und lief mit ihm fort. Er lief so rasch, daß dem Reiter fast der Atem stockte. Anfänglich war's noch eingermaßen zu ertragen, doch bald kamen sie in den Wald. Da sprang der Ziegenbock immer mitten durch die dicksten Büsche, so daß Grüne arg zerkratzt wurde und seine Kleider ganz zerfetzten. Oft versuchte er, sich an einem Strauch festzuhalten, doch alle Mühe, von dem Bock herunterzukommen und auf den Boden zu gelangen, war vergebens.

In kurzer Zeit hatten sie den Weg nach Gestorf zurückgelegt und waren bei Grünes Hause angelangt. Da warf der Ziegenbock den ohmächtigen Reitersmann ins Vorschauer und verschwand. Grüne lag eine halbe Stunde lang ohne Bewußtsein, dann hörte seine Frau ihn ächzen und stöhnen und brachte ihn ins Haus. Seitdem erscheint der große Ziegenbock jede Nacht in Hüpede, und manchmal sitzt auch jemand drauf. In letzter Zeit hat er sich aber seltener sehen lassen.

Bestrafter Fluch

Bei einem Bauern in Holtensen lebte mal ein Knecht, der hatte am Abend nach der Arbeit auf dem Felde einen Strick liegen lassen. Anstatt nun hinzugehen und den Strick zu holen, vergnügte er sich den ganzen Abend bis tief in die Nacht hinein mit seinen Freunden auf der Dorfstraße und beging allerlei Dummheiten.

Aber schließlich ließ ihm der liegengelassene Strick, den er am andern Morgen brauchte, doch keine Ruhe. Er machte sich also noch in der Nacht auf den Weg, ihn zu holen. In der Dunkelheit irrte er stolpernd auf dem Acker umher, und weil er den Strick nicht finden konnte, geriet er in arge Wut, sodaß er allerlei Flüche ausstieß. Nun ging aber in dieser Gegend zur Nachtzeit ein Esel um. Der kam herbei, schob seinen Kopf dem Knecht von hinten durch die Beine und nahm ihn auf. Dann rannte er mit dem Knecht auf dem Rücken über Stock und Stein, sodaß der gar ganz außer Besinnung kam. Als die Turmuhr „Eins“ schlug, warf der Esel den Knecht ab, mitten hinein in eine Dornenhecke.

Nur mühsam befreite sich der Knecht aus seiner mißlichen Lage und zog humpelnd und blutend nach Hause. Am andern Morgen fiel dem Bauern auf, daß sein Knecht arg bedrückt war. Und weil er ihm helfen wollte, fragte er ihn nach seinem Kummer. Aber es war nichts aus ihm herauszukriegen, deshalb gab er ihm schließlich den Rat, sein Leid dem Ofen zu klagen. Da ging Knecht hin, klagte sein Leid und versprach, daß er niemals wieder fluchen wolle.

Einige aber waren neugierig und wollten wissen, was der Knecht da dem Ofen anvertraute. Sie lauschten draußen an der Tür und kriegten nun mit, wie es einem Flucher ergeht. Keinem von denen, die da gelauscht hatten, ist je wieder ein Fluch über die Lippen gekommen.

Geist „Nur-allein“

Es ist ein eigenartiger Geist, der da auf dem Zungenberg in Stemmen umhergeht. Noch niemand hat ihn gesehen und er hat auch niemand je etwas zuleide getan, aber alle fürchten sich, ihm zu begegnen. Ob es ihn überhaupt jemals gab, oder ob er nur als Vorwand herhalten mußte, um Holz- und Obststehler fernzuhalten, oder ob er gar aus heidnischer Zeit stammt, weiß keiner. Alma Seidel hat sich mit diesem merkwürdigen Geist beschäftigt und erklärt ihn so:

Der Zungenberg hatte schon immer etwas Geheimnisvolles an sich. Eine Karte vom Ende des 18. Jahrhunderts weist dort einen Platz aus, der von altem Baumbestand umgeben ist. Zu diesem Platz führt eine Allee. Aufgrund dieser Anlage kann man an diesem Platz eine heidnische Kultstätte vermuten. Ob es sich bei dieser aber wirklich um eine solche, also um einen vorchristlichen Versammlungsort handelt, kann nicht mit Gewißheit gesagt werden. Im Zuge der Christianisierung wurde die einheimische Bevölkerung von solchen Kultstätten dadurch ferngehalten, daß sie mit Tabus belegt wurden und das Wissen um sie verloren ging. Oder sie ließen Phantasiegestalten, Geister und Dämonen umgehen. Wenn der Geist „Nur-Allein“ aus dieser Zeit stammt, dann hat er ein beträchtliches Alter.

„Nur-Allein“ könnte aber auch jünger sein. Die Einwohner Stemmens hatten an den umliegenden Waldungen, die in Reviere eingeteilt waren, erbliche Anteile und Berechtigungen. Der Zungenberg war mit einer Größe von 50 bis 60 Morgen das kleinste. Er war für die Beschaffung des kleineren Holzbedarfs, sowie von Brennholz sehr beliebt, weil er gleich vor der Haustür lag. Aber durch merkwürdige Zusammenhänge verloren die Stemmer ihre Rechte am Zungenberg. Nach einer zwanzigjährigen Prozeßwelle (1714 - 1734) war der Zungenberg in den Besitz des Gutes übergegangen. Danach durfte niemand der ehemals Berechtigten mehr den Zungenberg betreten. Wer es trotzdem tat, wurde mit schweren Strafen belegt. Ernst Friedrich von Reden, der den Prozeß gewann, hatte während der Verhandlungen immer wieder betont: „Der Berg gehört mir nur allein“. Ist er der Geist vom Zungenberg?

Nach einer dritten Version könnte der Geist „Nur allein“ auch auf den Gutsbesitzer Ehlermann, Ökonomierat und Oberkommerzienrat, zurückgehen, der das Stemmer Gut von 1816 bis 1848 besaß und die große Gutsmauer gebaut hat, die noch heute vorhanden ist. Er verfügte über viel Geld und wollte zur Landwirtschaft auch gewerbliche Unternehmen in Stemmen aufbauen und betreiben. Von ihm ist bekannt, daß er mit seinen finanziellen Möglichkeiten protzte und immer alles „allein“ machen wollte. „Das kann nur ich allein“, soll sein ständiger Ausspruch gewesen sein, und damit meinte er in erster Linie das, was er ihm seinem Geld alles machen konnte. Ob ihm die Dorfbewohnern den Spitznamen „Nur-Allein“ angehängt haben? Es ist schon möglich. Und später, als man den Zusammenhang nicht mehr verstand, hat sich „Nur Allein“ verselbständigt und ist noch heute als Geist im Stemmer Berg lebendig.

(Alma Seidel)

Das „Paradies“ auf dem Stemmer Windmühlenberg

Geht man vom Eingang des Stemmer Gutes an der Gutsmauer entlang und geradewegs auf den Windmühlenberg hinauf, kommt man direkt ins „Paradies“. Dieser Name steht aber nicht, wie man vielleicht denken könnte, mit der Einführung des Christentums in unserer Gegend in Zusammenhang, sondern ist ganz jungen Ursprungs.

Nachdem die Windmüllerei auf dem Stemmer Berg mit dem ersten Weltkrieg ihr Ende gefunden hatte, wurde der Windmühlenberg wegen seiner besonders schönen Lage von begüterten hannoverschen Familien zum Sommersitz umfunktiniert. Im Jahre 1940 kaufte Magda Lameyer aus Hannover dieses Grundstück. Sie verlegte ihren Wohnsitz ganz dahin, als das Lameyersche Juweliergeschäft an der Georgstraße in Hannover im Jahr 1943 bei einem Luftangriff zerstört wurde. Mit einer fest angestellten Gärtnersfamilie und vier französischen Kriegsgefangenen aus dem Stemmer Kriegsgefangenenlager bewirtschaftete sie in der Zeit der Not das große Grundstück und ein Gewächshaus. Kartoffeln, Gemüse und Obst gab es reichlich. Und darüberhinaus blieb noch Platz und Zeit für Blumen. Magda Lameyer sorgte gut für ihre Leute. Auch die Kriegsgefangenen wurden gut behandelt und bekamen genug zu essen. Wenn sie gefragt wurden, wo sie arbeiten müßten, dann antworteten sie „im Paradies“. Das Wort „Windmühlenberg“ konnten sie nicht aussprechen. Das Wort „Paradies“ blieb im Volksmund erhalten und wurde sogar zur regulären Postbezeichnung.

(Alma Seidel)

Die Entstehung des Nenndorfer Kraters

Wo sich die Bundesstraße 65 mit der Straße, die der Straße von Bad Nenndorf nach Rodenberg kreuzt, befindet sich der Nenndorfer „Krater“. Wer da hinkommt, sieht zunächst ein mit groben Steinen gefaßtes rundes Becken. Das ist die Quelle. Das Quellwasser ist arm an Sauerstoff, weshalb sich Blumen, die von den Besuchern hineingeworfen werden, lange frisch halten. Das ist aber nicht der eigentliche Krater um den es in dieser Geschichte geht. Der liegt wenige Schritte dicht daneben. Er besteht aus einem Ringwall aus Kalksinter, der einen Kreis von zwanzig Metern umschließt und einem Quelltopf. Über die Entstehung dieses Kraters erzählt die Sage folgendes zu erzählen:

In alten Zeiten befand sich an dieser Stelle in Hügel, auf dem ein Kreuz stand. Jeder, der da vorbei kam, mußte zuerst ein Gebet verrichten, bevor er sich auf der danebenstehenden Bank niederlassen und ausruhen durfte.. Nun lebte einst in Rodenberg ein Kaufmann, der war ein Wucherer. Er verlieh Geld zu Wucherzinsen an arme Leute und verschlechterte damit ihre Lage noch mehr. Wenn die Armen dann gar nicht mehr zahlen konnten und weder ein noch aus wußten, jagte er sie von Haus und Hof. Eines Tages hatte er sich aufgemacht, um in Bad Nenndorf einer Witwe ihr letztes Lämmchen aus dem Stall zu holen. Wie er an der Quelle vorbeikommt, brennt ihm die Sonne so auf die Glatze, daß er sich auf die Bank setzen muß, die bei dem Kreuz steht, um zu verschnaufen. Und während er so dasitzt und sich mit einem Tuch den Schweiß von der Stirn wischt, fällt ihm ein, daß er an diesem Ort ja eigentlich erst ein Gebet sprechen müsse. Er fängt an zu lachen. Dann sagt er ganz trotzig, wie um sich selbst zu beruhigen:

De Bank steit feste,
Ok ahne Bitten un Bäen!*

Diesen Frevel sollte er aber nicht ungestraft überstehen. Auf einmal gav et en Dunnerslag, un de Bank un de Dübelsminsche sin unner de Ere versunken. Un dat is vandage de greote Krater**.

(Berndt, in Anlehnung an Paetow, S. 130)

* Die Bank steht fest, auch ohne Bitten und Beten!

** Da auf einmal gab es einen Donnerschlag, und die Bank und der Teufelsmensch sind unter die Erde versunken. Und das ist heute der große Krater.

Wie die Schuhmacher von Eldagsen den Drachen bezwangen

In einem Hügel des Sauparks befand sich in alten Zeiten eine tiefe Höhle, darin wohnte ein Drache. Der war der Schrecken der ganzen Gegend. Aus sieben Ortschaften holte er sich abwechselnd eine Jungfrau nach der anderen. Und weil es deshalb in Springe, Großenrode, Kleinrode, Völksen, Gestorf, Eldagsen und Holtensen bald keine jungen Mädchen mehr gab, beklagten sich die jungen Männer darüber beim Herzog von Kalenberg. Der Herzog sandte eine Schar seiner tapfersten Soldaten zur Höhle des Drachen, um ihn zu vertreiben oder zu töten. Aber sie vermochten nichts gegen das feuerspeiende Untier auszurichten. Ein Schuhmacher aus Eldagsen unterbreitete dem Rat einen Plan und erbot sich, den Drachen zu vernichten. Und weil er das nicht allein tun konnte, weihte er seinen Gesellen in den Plan ein. Die beiden sammelten von allen neunundneunzig Schuhmachern in Eldagsen Schusterpech ein. Dann warteten sie, bis der Drachte sich wieder einmal nach Gestorf begab, um sich dort eine Jungfrau zu holen. Der Weg von seiner Höhle nach Gestorf war nämlich der weiteste. Und während er Drache nun unterwegs war, strichen sie das Lager des Drachen mit Schusterpech aus. Wie der Drache kommt zurück, gesättigt von der Gestorfer Jungfrau, legt er sich behaglich und zufrieden zum Verdauungsschlaf auf sein Lager nieder. Er stöhnt vor Wohlbehagen, schließt die Augen und ist bald eingeschlafen.

Jetzt machten sich der Schuster und sein Geselle an den Drachen heran und neckten ihn, daß er wieder aufwachte. Wütend erhob er sich und grimmig schnaubte er die Ruhestörer an. Da liefen die eiligst davon, kamen aber nach einer Stunde wieder. Inzwischen war durch das schwere Gewicht des Drachen alles im Lager zusammengeklebt. Gras, Halme und Reiser waren mit dem Pech fest verbunden und auch der Drache selbst konnte nicht hochkommen. Als die beiden das merken, ließen sie dem Untier keine Ruhe mehr und warfen mit Steinen nach ihm, daß es wütend wurde und Feuer spie. Da entzündeten sich die mit dem Pech verklebten trockenen Reiser und Halme und bald stand das ganze Lager in Flammen. Der Drache wandt sich hin und her, kann aber nicht fort und starb einen schmerzlichen Tod.

Nachdem der Brand erloschen ist, kamen die Leute aus den Dörfern zusammen und berieten, was zu tun sei, damit die Drachenseele keinen Schaden anrichten kann. Sie einigten sich, die Vertiefung in der Höhle, wo der Drache sein Lager gehabt hat, mit Erde zuzuschütten, fuhren Fuder auf Fuder heran und schütten alles auf die Überreste des Drachen. Davon ist der Berg im Saupark entstanden, der seitdem der 'Drakenberg' genannt wird. Die Stelle aber, die durch das Ausschachten der Erde entstand, ist der große Teich bei der Holzmühle. Als der Herzog von Kalenberg davon hörte, ließ er den braven Schuster zu sich kommen und bot ihm eine Belohnung an. Doch der Schuster lehnte ab und erbat sich nur die Erlaubnis, seinen Namen ändern zu dürfen. Er hieß nämlich Stinke. Der Herzog war ganz gerührt von diesem bescheidenen Wunsch und gestattete ihm, sich von jetzt an Kersting zu nennen.

Anmerkung: Zu dieser Sage gibt es eine Variante unter dem Titel „Die Drachenschlucht“.

Die Drachenschlucht

In der Nähe eines engen Waldtales im nördlichen Osterwald, das seit alters her den Namen „Drachenschlucht“ trägt, hauste einst in einer Höhle ein furchtbarer Drache im undurchdringlichen Dickicht. Im Winter ließ es sich nicht sehen, aber während der hellen warmen Sopmmernächte kam es aus seinem Versteck hervor. Dann lief es auf die Weiden vor dem Walde, um ein Schaf, eine Kuh oder ein Pferd zu rauben um seinen gewlatigen Hunger zu stillen. Konnte er keines finden, verwüstete er ringum die Felder, daß die Bauern kaum mehr die Einsaat ernteten. Als der Drache eines Tages auch in die Dörfer einbrach und selbst die Menschen nicht verschonte, verließen die ihre Wohnstätten, siedelten sich in Eldagsen an, schworen dem Drachen den Tod und setzten einen hohen Preis dafür aus. Da meldete sich ein Dorfschuster. Die Dorfältesten nahmen sein Anerbieten zunächst nicht ernst und spotteten seiner. Als sie sich aber keinen Rat mehr wußten, mußten es doch annehmen.

Der Schuster begab sich sofort in den Osterwald und kundschaftete die Gewohnheiten des Drachens aus. Auf diese Weise stellte er fest, daß der Drache stets den gleichen Weg durch eine enge Schlucht ging, wenn er die Felder aufsuchen wollte. Und darauf baute der Schuster nun seinen Plan auf: Er zog mit Spaten, Spitzhacke, Axt, Sppieß und einem Wagen voll Pech in den Wald und hob in der Schlucht, durch die der Drache zu gehen pflegte, ein großes viereckiges Loch aus. Als es tief genug war, schüttete er das Pech hinein und verteilte es auf dem Boden. Dann legte er quer über die Grube schwache Knüppel, deckte sie mit Zweigen zu, breitete Erde, Gras und Laub darüber und verwischte jede Spur seiner Tätigkeit.

Darüber war es dunkel geworden. Der Schuster suchte nun die Drachenhöhle auf und lockte das Untier mit Lärm und Geschrei heraus. Bald kroch es müde und unbeholfen aus seinem Schlupfwinkel heraus. Es wurde jedoch schnell munter, weil der Schuster es mit allerlei Geschrei und wilden Gebärden weiter reizte, und verfolgte ihn. Der Schuster nahm den Weg durch die enge Schlucht und der Drache stürzte hiner ihm her. Dabei übersah er das Falloch und stürzte hinein. Er spie Feuer und Schwefel. Dabei machte er mit seinem Feueratem das Pech so weich, daß er immer tiefer in dem Loch versank. Stundenlang hallte der Wald von seinem schaurigen Gebrüll wider. Als es bei Sonnenaufgang endlich still wurde, schlich der Schuster an den Rand der Grube und stieß dem erschöpfen Ungeheuer den Spiel in den Rachen. Dann trennte er den Kopf vom Rumpf und kehrte damit heim nach Eldagsen. Dort wurde der tapfere Schuster mit großen Ehren empfangen und reich belohnt. Noch lange über seinen Tod hinaus rühmten die Leute von Eldagsen die unerschrockene Tat des Schusters. Das bis dahin namenlose Tal abernannte man fortan die Drachenschlucht.

(Wilhelm Peukert: Nieders. Sagen, Bd. 4)

Anmerkung: An der Außenwand der Gestorfer Kirche befindet sich ein altes Steinrelief, auf dem ein Untier dargestellt ist, das in der einschlägigen Litertur etwa um 600 datiert, aber nicht näher erklärt wird. Horst Krause, Algesdorf, deutet es als Drache, den leiterähnlichen Gegenstand zu seinen Füßen als die Überreste (Beine und Unterleib) einer verspeisten Jungfrau und das Gebilde vor seinem Maul als das ausgespiene Feuer. Er hält das Steinbild, zusammen mit zwei anderen (kämpfender Krieger und lastragende Tier, Pferd oder Esel) für sehr viel älter und deutet es als symbolisches Abbild römischer Soldaten, die in Kolonnen lindwurmartig die Gegend durchzogen und die einheimischen Mädchen ‘vernaschten’.

Hespock, de Teigelmester

Up'n Wege tor Böer achtern Bullerhüser Felle loppt en kruckelige Feldweg na'n Barge tau un verswind ünner Boiken und Dannen des „Hespocktales", von wo use germanischen Vorfahren mannigmal tor Heisterborg heuch eklattert sin. In düsse Talflucht hause in oler Tid en griset buckeliget Männeken trügge etagen in siner Klause, de hei sick sülwest ut angeborener Geschicklichkeit ut Stämmen un Backsteenen ebut un me en richtiget Teigeldak tau'edecket harre.

Wo düsse lüttje Keerl bloot an sau'n niemod'schen Steenkram kamm, wo doch alle Hüser to Lanne ut Lehmsteen but und up'n Sparren strohdäcket sin! Un wo hei dat woll annefongen harre, saune Steene to maken in greote Heimlichkeit? Dat hei en Köhler wör und Holtköhle brenne, wußte man woll. Aver Backsteene gaff et in de ganzen Ümegegend nich.

Dat Flagg, wat vandage de „Noltenburg" heet, was in'r domoligen Tid en dichten Urwald. As Hespock, de dör ganz Dütschland reist was un ok dat Teigelmaken elernt harre, an düsse Stä kam, wör öhm sin Stebel samt de Strümpe in den quadschen, tonigen Bodden sitten blewen, sau „peckig" wör dat da. Deubel ok, de ganze Gegend wör en greoten Stebelknecht.

Toif - griene Hespock - deck Bodden soik eck just - groff seck korter Hand 'ne Kuhlen un matsche seck - as Botterkakenteig - dat „Steenmaterial" darin torechte, bet dat de Kram fin und klistrig was. Un nu fange hei an to backen: Steene nach egene Methode. As düsse Steene gehörig luftdröge wören, stelle hei de Dinger rundüm un över enanner, solte jeden Steen einzeln me Holtköhlepulver in, bue Füerkanäle dör den Klump un sticke den me dröge Reisig ut un decke dat Ganze me Grassoden tau, akrat as hei dat me sinen Milerhuckens maket, un nein Minsche - de keimen ja ok von sülwst wenig in düsse smaddrige Gegend - harre Arg von den Olen sin Vörhebben. Up düsse Art harre Hespock sinen Steenbedarf her'estellt un up'n lütjen Wagen packet, den hei me twei Teben bi Nacht und Nebel na sine Pusta schafft het.

Eines giuten Dages make sek nu ein greoten Mann ut Baschehuisen up de Strümp na Nenndörp hentau, um wegen sen Zipperlein de Kur to bruken. Up de Bullerhüser Feldhöchte anekamen, wahre hei up'n Mal, as de Morgenwind de Maibüsche in Barge en beten utenanner weih, dat roe Backsteenhus von Hespock. Neetschig, as de greote Mann nu man was, make hei den lüttjen Affstäker na dat Hus hen un frog den olen Hespock, de just Bosttee kake - hei harre den Teigelhausten! - wo hei dat eigentlich maket harre, sau'n gladd Hüsken da hen to buen ut saunen blanken Steenen. Dat wör ja'n ganzen Staat!

Hespock, old un krüppelig me der Reege, kunn jeden Dag starwen. Hei harre sau recht neinen Minschen, dei seck för öhn upnahm. Hei besunn seck kort un sä to den Baschehuiser: „Ja, Herre, dat Hus is min Wark. Wenn du deck awer dafor insetten wutt, mi in minen lesten Dagen bitostahn un mi en ehrlich Begrevnis verschaffen wutt, denn sau will eck di woll wisen, düsse Steene to maken und ok de Stä, wo se staht.

De greote Mann ut Baschehuisen versprök dat denn ok fierlich, vergaat - perdauts - sinen Gichtanfall un de Kur in Nenndörpe un stüre me den olen Hespock bargdahl just up dat Flagg los, wat se vandage de „Noltenburg“ heet. Richtig, de grise Klutentramper harre wahr e'seggt. De Kladder in de Kuhlen laat neinen Tweifel upkomen: Hier wören de Steene inneröhrt!

Eck bruke nu woll nich noch vertelln, wi de Baschehuiser sick na düsser Bescheerunge as Ünnernehmer upmake un ene Teigeli dahenstellen dä, dat de Schosteene man sau ruken. Na düssen schöten de Teigelien asse Pilze ut'n Tonbodden. Düsse Steene awer ut'r Boer hülpen ganz bannig an Baschehuisens Upbu.

Da schamten seck de Strohdäker von Baschehiusen vör de gladden Dakpannen, un bei Tiden wören se alle verswunnen un alle Däker harren en Teigeldak. In Dörpe sülwst aver was „ein feiner Lustgarten“ anneleggt, me'n feinen Paläh me buntfarwigen „Balkon“, wat seck de Ünnernehmer sülvest but hett för Övermut över dat blendende Geschäft. Dat aver wör eigentlich den olen Klausner taukomen. Von den is füdderhen nix mehr to hören.

Partie aus Alt-Barsinghausen
Altenhofstraße nach einer Ansichtskarte (um 1940?)

Und hier ist die gleiche Geschichte in Hochdeutsch:

Hespock, der Ziegelmeister

Auf dem Weg zur Börde verläuft hinter dem Bollerhäuser Feld ein schmaler Weg dem Berge zu und verschwindet unter Buchen und Tannen des Hespocktales, von wo aus unsere germanischen Vorfahren oftmals zur Heisterburg hochgestiegen sind. In diesem Talf hauste in alter Teil ein graues, buckeliges Männchen zurückgezogen in seiner Klause, die er sich selbst aus angeborener Geschicklichkeit aus Stämmen und Backsteinen gebaut und mit einem richtigen Ziegeldach gedeckt hatte.

Wie dieser kleine Kerl bloß an so einen neumodischen Steenkram kam, wo doch alle Häuser im Lande aus Lehmsteinen gebaut und auf den Sparren mit Stroh gedeckt sind! Und wie hat er das bloß angefangen, solche Steine zu machen, ohne daß jemand etwas davon merkte? Daß er ein Köhler war und Holzkohle brannte, das wußte man wohl. Aber Backsteine, die gab es in der ganzen Gegend nicht.

Die Stelle, die heute die „Noltenburg“* heißt, war in damaliger Zeit ein dichter Urwald. Als Hespock, der durch ganz Deutschland gereist war und auch das Ziegelmachen gelernt hatte an diese Stelle kam, war ihm der Stiefel samt dem Strumpfe in dem weichen, tonigen Boden stecken geblieben..So matschig war es da. Zum Teufel auch, die ganze Gegend war ja ein großer Stiefelknecht!

Da lachte Hespock - so einen Boden such ich gerade! Er grub kurzerhand eine Kuhle und matschte - wie Butterkuchenteig - das Steinmaterial darin zurecht bis es fein und glatt war. Dann backte er frisch drauf los: Steine nach eigener Methode. Als diese Steine gehörig lufttrocken waren, stellte er sie rundum und übereinander, salzte jeden Stein einzeln mit Holzkohlepulver ein, baute Feuerkanäle durch den Haufen, steckte ihn mit trockenem Reisig aus und deckte das Ganze mit Grassoden ab, genau wie er das mit seinen Meilerhaufen machte, und kein Mensch - die kamen ja auch von selbst wenig in diese glitschige Gegend - bemerkte bemerkte etwas davon. Als Hespock seinen Steinbedarf hergestellt hatte, packte er ihn auf einen kleinen Wagen gepackt und schaffte ihn mit zwei Hunden bei Nacht und Nebel in seine Pußta.

Eines Tages machte sich ein großer Mann aus Barsinghausen auf und ging nach Nenndorf zu, um wegen seiner Zipperlein die Kur zu gebrauchen. Auf der Höhe des Bollerhäuser Feldes angekommen, gewahrte er auf einmal, als der Morgenwind die Maibüsche am Berge ein wenig auseinanderwehte, das rote Backsteinhaus von Hespock. Neugierig, wie der große Mann nun einmal war, machte er den kleinen Abstecher zu dem Haus hin und fragte den alten Hespock, der gerade Brusttee kochte - er hatte den Steinhusten - wie er das eigentlich gemacht hat, so ein hübsches Häuschen da hin zu bauern aus so schönen Steinen. Das ist ja wahrhaftig ein ganzer Staat!

Hespock, alt und krüppelig mit der Zeit, kann jeden Tag sterben. Er hatte so recht keinen Menschen, der ihm beistand. Er besann sich kurz und sagte zu dem Barsinghäuser: „Ja, mein Herr, das Haus ist mein Werk. Wenn Ihr Euch aber dafür einsetzten wollt, mir in meinen letzten Tagen beizustehn und wenn Ihr mir ein ehrliches Begräbnis verschaffen wollt, dann will ich Euch zeigen, wie diese Steine gemacht werden und auch die Stelle, wo sie stehn.

Der große Mann aus Barsinghausen versprach das ganz feierlich, vergaß - perdauts - seinen Gichtanfall und die Kur in Nenndorf und stieg mit dem alten Hespock den Berg hinab gerade auf die Stelle los, die heute die „Noltenburg“ heißt. Und richtig, der graue Lehmtreter hatte wahr gesprochen. Der Matsch in der Kuhle ließ keinen Zweifel aufkommen. Hier wurden die Steine angerührt!

Ich muß nun wohl nicht noch erzählen, daß der Barsinghäuser nach dieser Bescherung Unternehmer wurde und eine Ziegelei hinstellte, in der die Schornsteine nur so rauchten. Danach schossen die Ziegeleien in der ganzen Umgegend wie Pilze aus dem Tonboden. Die Steine aus der Börde aber halfen ganz mächtig zum Aufbau Barsinghausens. Bald schämten sich die Strohdächer vor den schönen Dachpfannen, und mit der Zeit hatten alle Häuser ein Ziegeldach. Im Dorfe selbst aber war „ein feiner Lustgarten“ angelegt mit einem feinen Palais mit buntfarbigem „Balkon“, das sich der Unternehmer aus Freude über das blendende Geschäft gebaut hat. Dieser Erfolg wäre ja eigentlich dem alten Klausner zugekommen. Von dem ist aber nichts mehr zu hören.

* Die Noltenburg hat ihren Namen nach einem Mann namens Nolte, der sich hier in einer besheidenen Hütte niedergelassen hatte. ‘Noltenburg’ ist also eigentlich ein Neckname. Das „Hespocktal“ selbst aber ist in dem Tal zu suchen, das von der Kreuzung in Hohenbostel aus zum Hohenbosteler Stollen führt. Auf der Anhöhe westlich dieses Tales findet sich in alten Landkarten die Flurbezeichnung „Hespock“. Nach Weber (siehe Lit.Verz.) heißt Hespock soviel wie Erhöhung im Gelände (‘hop’ = kleine Erhöhung, feste Stelle im Moor), die mit Espen bestanden ist oder war. Die Espe (mnd.: ‘hespe’) ist ein anspruchsloser Waldbaum, der etwa 30 Meter hoch wird und nur geringe Ansprüche an den Boden stellt. Sie ist ein sog. Pinonierbaum. Mag sein, daß aus Hesphop Hespock geworden ist, weil es sich besser aussprechen läßt.

Die Windsbraut im Deister

Es war am 17. September 1830, also kurz vor der Tag- und Nachtgleiche, als am Deister eine ungewöhnliche Lufterscheinung stattfand. Den ganzen Tag über hatte eine schwere, nur zuweilen von plötzlichen Windwirbeln gestörte Luftstille geherrscht. Es war unerträglich schwül. Am Nachmittag, bald nach fünf Uhr, türmten sich Gewitterwolken auf. Zuerst donnerte es von Südwesten. Dann folgten Gewitter auf Gewitter von allen Seiten, bis man deren fünf gleichzeitig zählte. Aus denen brach ein ununterbrochenes Blitzen und Donnern hervor. Gegen sechs Uhr erreichten die Gewitter ihre höchste, furchtbarste Stärke. Der Sturm hatte alle Gewitter in einem Haufen über dem Deister zusammengetrieben. Am Abhang des Gebirges, oberhalb

Barsinghausens, bildete sich eine Windsbraut, darüber, nördlich von Hohenbostel, eine zweite, und beide stürzten mit zerstörender Gewalt auf das Dorf Eckerde zu. Man sah das bis auf die Erde reichende graudunkle Gewölk gleich einem unermeßlichen Kegel auf das Dorf zuwirbeln. Doch bevor es die Häuser erreichte, teilte es sich unter fortwährendem Blitzen in zwei Säulen. Die stießen unter entsetzlichem Krachen mitten im Dorf zusammen.

In einem Augenblick hüllte das tobende Element den unglücklichen Ort in einen undurchdringlichen Dampf und riß in wirbelndem Zuge alles mit sich fort. Häuser, Schuppen, Bäume - einfach alles verschwand in einem Augenblick unter der vernichtenden Gewalt der Windsbraut. Massive, ganz neue Gebäude wurden wie von einem Erdbeben gerüttelt und bekamen Risse. Dabei fiel Hagel dick wie Hühnereier. Nur wenige Minuten hielt die furchtbare Erscheinung an, aber die Verwüstung war unbeschreiblich. Fünf Scheuern voll Getreide wurden umgestürzt, 15 Gebäude stark beschädigt. 3000 Obstbäume wurden abgebrochen oder aus der Erde gerissen und in der benachbarten Holzmark wurden mehrere hundert Fuder Holz umgebrochen. Die Gewalt des Windes war so groß, daß Sparren und Balken mehrere hundert Schritt weit fortgeschleudert wurden. Von dem ganzen Dorf blieben nur acht Gebäude ganz verschont.

(nach Ulrici)

Warum die Marienburg nicht auf dem Stemmer Berg steht

Auf einer Bergkuppe in der Nähe von Nordstemmen steht die Marienburg, ein feudaler neugotischer Bau. König Georg V. hat sie in den Jahren 1858 bis 1866 von dem Baumeister Haase als Sommersitz für seine Familie errichten lassen und schenkte sie seiner Frau, Königin Marie, wonach die Burg den Namen „Marienburg“ erhalten hat.

Georg V. hatte für seine Burg zunächst den Stemmer Berg ausersehen. Der schöne Blick ringsumher und die Nähe zu Hannover wären ein idealer Standort für die Burg gewesen. Aber der damalige Besitzer des Stemmer Gutes, der Landwirt und Kunstmaler Bernhard Sturzkopf, wollte nicht verkaufen, da er das Anwesen erst kurz zuvor erworben hatte. Schon 1771 hatte das hannoversche Königshaus Interesse am Stemmer Gut mit seinen Besitzungen auf dem Stemmer Berg gezeigt. Doch der damalige Besitzer Oberkommerzienrat Dietrich Heinrich Ehlermann, in Gelddingen unbegabt, witterte das große Geschäft und verlangte 260 Tausend Taler in Gold. Diese Summe war doppelt so hoch, wie der eigentliche Wert. Deshalb zog König Georg III. sein Kaufangebot auf Anraten seines Finanzminisers zurück. Als Ehlermann im Jahre 1848 starb und das Gut zum Verkauf anstand, hatte der König infolge hohen Alters das Interesse am Stemmer Gut verloren. Vergeblich waretete die Erbengemeinschaft auf ein erneutes Kaufangebot aus Hannover. Weil dieses ausblieb, verkaufte sie das Stemmer Gut im Jahre 1855 an den Landwirt und Kunstmaler Berhnhard Sturtzkopf. König Georg V. erwarb den Berg bei Nordstemmen und baute seinen Sommersitz da.

(nach Alma Seidel)

Anmerkung: Als die Preußen im Jahre 1866 das Hannoverland besetzten und in eine preußische Provinz umwandelten, mußte König Georg außer Landes gehen. Seine Frau blieb nur ein Jahr auf ihrer Burg. Dann folgte sie ihrem Gemahl ins Exil nach Gmunden in Östereich. Weil die Burg Privatbesitz war, blieb sie auch nach dem Zweiten Weltkrieg im Besitz der hannoverschen Königsfamilie und ist heute Stammsitz der Welfen, obwohl sich der derzeitige Chef des Hauses, Ernst-August von Hannover, meist in England aufhält.

Die Entstehung der Stadt Bad Münder

Der Ort, wo heute die Stadt Bad Münder liegt, war schon in alter Zeit viel besucht. Auf einer Wiese nahe der jetzigen Stadt entsprang eine Salzquelle, aus der sich die Bevölkerung aus dem ganzen Umkreis mit Salzwasser versorgte. Um die Quelle herum hatten verschiedene Volksstämme ihre Siedlungsplätze. Nördlich von Münder liegen noch heute der Chaukenkamp und die Chattenwiese und östlich der Quaderchor, auf einem Hügel südlich der Stadt das Thie (der Gerichtsplatz). Sie weisen noch heute in die alte Zeit der Anfänge von Münder zurück.

Von Minden her kamen die Mönche, um auch diesen Heiden das Evangelium zu predigen. Die Einwohner wollten aber die neue Religion nicht und verteidigten ihren Glauben. Sie vertrieben die Mönche immer wieder und verhinderten auch, daß sie da eine Kapelle bauten. Deshalb errichteten die Mönche ihre Kapelle zunächst in dem entfernt liegenden Hamelspringe. Erst später, als ein Teil der ansässigen Bevölkerung das Christentum angenommen hatte, bauten die Mönche auch in nächster Nähe der Quelle eine Kapelle, die sie St. Spiritus nannten. Die Quelle nannten sie „Münder Solt“(später „Mindener Solt“). Der Salzquelle hat Münder ohne Zweifel seine Entstehung zu verdanken. Hinter der Kapelle legten die Mönche eine Straße an, die „de nie Strate“ genannt wurde. Aber diejenigen, die sich da ansiedelten, hatten viel unter den Anfeindungen der Heiden zu leiden, darum baten sie das Kloster Minden um Hilfe. Von Minden aus wurden nun Adelige angewiesen, sich bei der Quelle anzusiedeln. So entstanden westlich der Quelle der alte Steinhof und der neue Steinhof, nördlich der Grävemeyersche Hof und östlich der Junkernhof und der Unglückshof. Zwischen diesen festen Plätzen und in ihrem Schutz siedelten sich nun mehr Christen an, sodaß der Platz und auch die kleine Kapelle bald zu klein waren. Deshalb legte man noch eine Straße an und nannte sie „Achternstraße“, was so viel heißt wie 'hintere Straße'. Auch baute man für die größer werdende Gemeinde eine größere Kirche, die den Namen „St. Petri et Pauli“ erhielt. Den ganzen Ort umgab man mit einer festen Mauer mit Türmen. Durch drei Tore gelangte man in die Stadt: das Obere Tor, das Niedere Tor und die Kunterschaft (= Contrescarpe). Unter Conrad III. erhielt Münder das Stadtrecht und hieß von da an „Civitas“.

(nach Meissel)

Der Steinhof zu Münder

Der Steinhof zu Münder bestand über Jahrhunderte aus zwei Gebäudekomplexen, nämlich dem Steinhof selbst und dem benachbarten Herrenhaus. **Der Steinhof** war im Laufe der Jahrhunderte in der Hand verschiedener Eigentümer: der Herren von Spenthof, des Klosters Obernkirchen, der Grafen von Schaumburg, des Drosten von Mengersen. Danach besaß ihn über 300 Jahre lang die Familie von Büsing. Dieser folgte die Familie Hotzen, die ihn über 150 Jahre besaß. Die Nachfahren der letzten Familie verkauften das Anwesen im Jahre 1959 an die Stadt Bad Münder, die den gesamten Komplex umgestaltete. Seitdem dient das Hauptgebäude der Stadt Münder als Verwaltungsgebäude.

Dem Steinhof benachbart ist das **Herrenhaus.** Das ließ Tilomann Büsing im Jahre 1596 im Stil der Weserrenaissance errichten. Im Jahre 1610 kaufte er den Steinhof dazu. Damit waren beide Höfe vorübergehend in einer Hand. Danach wechselte das Herrenhaus mehrmals den Besitzer. Im Jahr 1935 erwarb es die Kreissparkasse Springe. Seit 10. Januar 1976 ist es im Eigentum der Kreissparkasse Hameln-Pyrmont.

Im ersten Stock des Herrenhauses lag zu der Zeit, als das Rittertum noch in voller Blüte war, ein großer Saal. Es war der Fest- und Versammlungssaal der Ritter. Ausschweifende Feste, Gelage und Zechereien nahmen zuweilen solche Ausmaße an, daß es unter den Rittern zum Streit kam. Bei einem solchen Streit durchbohrte einer der Ritter einen anderen mit seiner Lanze. Das Blut des Getöteten, das auf dem Fußboden des Saales eine mehrere Quadratmeter große Blutlache bildete, zog schnell tief in den trockenen Holzfußboden ein und ließ sich trotz aller Bemühungen nicht mahr entfernen. Jahrhundertelang erinnerte der Blutfleck an die blutige Auseinandersetzung der beiden Ritter. Erst nachdem der Rittersaal renoviert und ein neuer Fußboden über den alten gelegt wurde, war der Blutfleck nicht mehr zu sehen. (siehe hierzu auch Meissel)

Nur eingeschränkte Brauberechtigung in Eimbeckhausen

Nach einem Rezeß von 1668 ging die allgemeine Brauberechtigung an Lauenau über, während das Rittergut in Eimbeckhausen nur noch eingeschränkt Bier brauen und es nur innerhalb des Ortes verkaufen durfte. Nun hat das Rittergut aber doch hin und wieder eine Tonne Bier nach außerhalb verkauft Die Lauenauer nahmen dieses Bier mit Hilfe des Amtsvogts weg und strengten auch einen Prozeß gegen das Rittergut Eimbeckhausen an. Auch als das Eimbeckhäuser Gut Bier zur Verlöbnisfeier der Witwe Thies nach Böbber verkauft hatte, wurde das dem Amtmann von Lauenau hinterbracht. Der ging mit einigen Leuten hin, nahm der Verlobungsgesellschaft das Bier weg und brachte es im Triumph nach Lauenau, wo es von der Bürgerschaft verdrunken wurde. Im Jahre 1864 verlor Lauenau seine Vorrechte. (Parisius, S. 235 ff)

Woher der Sprenkelberg seinen Namen hat

In der Eimbeckhäuser Genossenschaftsforst liegt nördlich von Hemschehausen der Sprenkelberg. Er ist vollkommen bewaldet und vorwiegend mit Rotbuchen bestanden. Für die Bedeutung des Wortes „Sprenkel“ gibt es zwei Erklärungen: Sprenkel bedeutet erstens: Fleck, Punkt, Tupfer. Hiervon könnte man ableiten, daß es sich bei dem Sprenkelberg um einen Wald mit unterschiedlichen Baumarten handelt, die dem Berg eine bunt gesprenkelte Ansicht verleihen. 'Sprenkel' hatte aber früher noch eine ganz andere Bedeutung: Als 'Sprenkel' wurden die Ruten zum Vogelfang bezeichnet. Es ist überliefert, daß der Vogelfang in den Wäldern rings um Eimbeckhausen in größerem Umfang betrieben wurde, deshalb ist es wahrscheinlicher, daß der Sprenkelberg seinen Namen daher hat. Ein Hinweis auf den Vogelfang sind auch die Dohnenstiege, die sich überall in den Waldrevieren befanden.

Als **Dohnenstieg** wurde ein Stieg oder Weg im Walde bezeichnet, der in Abständen mit Dohnen behängt war. Dohnen sind, wie 'Sprenkel', Ruten zum Vogelfangen. Das waren in Dreiecksform zurechtgebogene Weidenzweige, die mit der Spitze an einem Ast aufgehängt wurden. In der Spitze war ein Köder ausgelegt, der vorwiegend aus Vogelbeeren bestand. Vor diesem Köder befand sich eine aus Pferdehaar geflochtene Schlinge. Wenn nun ein Vogel an den Köder gelangen wollte, steckte er beim Anfliegen den Kopf durch diese Schlinge, die sich dann schnell zuzog. Der Vogel erhängte sich. Gefangen wurden vor allem Mistel-, Wacholder-, Wein-, Sing-, Schwanzdrosseln und andere Drosselarten, die unter dem Begriff „Krammetsvögel“ gehandelt wurden. Sie brachten mit 10 bis 12 Pfennigen pro Stück eine ganz beachtliche Nebeneinnahme für die Jagdaufseher. Durch das Reichsvogelschutzgesetz vom 30. Mai 1908 wurde die Anlage von Dohnenstiegen verboten.

Daß der Vogelfang im Deister noch im vorigen Jahrhundert für etwas ganz Normales gehalten wurde, geht aus Berichten hervor, in denen Ludolf Friedrich Schaumann über seinen Aufenthalt in den Dörfern am Deister berichtet. ls Beispiel hier ein kurzer Auszug:

> *.....Wir marschierten zurück nach Eimbeckhausen. Hier angekommen, wurden wir, um uns zu erholen, eine zeitlang vom Exerzieren befreit. Um uns zu amüsieren, baten wir den Förster Sehle in Eimbeckhausen, uns einen Bergdistrikt anzweisen, um darin Krammetsvögel fangen zu dürfen.*
>
> *Unser Jagdklub bestand aus mir, Heise, Hildebrand und dem Feldwebel Torney, einem geübten Vogelsteller, unter dessen Anleitung wir einige tausend Dohnenschlingen verfertigten und gehörig mit roten Beeren besprickt in unserm Revier aufhingen. Es war im Herbst und recht in der Zeit, wo besonders die Züge der Weindrosseln ankommen, und der Fang damals so*

ergiebig, daß wir nichts weiter dabei zu tun hatten, als neue Beeren anzustecken und die gefangenen Vögel herauszunehmen.

Selten kamen wir mit weniger denn 50 Stück nach Hause, die wir sofort rupften und in einer Zeltkasserole selbst brieten, während einige von uns aus den Gärten der Bauern weißen Kohl stahlen, wovon die Fourierin, Madame Hildebrand, ein geborenes Fräulein von Person, mit eigenen hohen Händen einen Salat mit warmer Speckbrühe verfertigte. Bei Tafel wurde gewettet, wer die meisten Krammetsvögel essen könne: Zwölf Stück nebst drei Tellern voll Kohlsalat, hinterher als Dessert ein grobes Butterbrot mit Käse war damals für mich ein leichtes Souper. . . Außer den Vögeln, welche wir verzehrten, wurde von uns auch noch eine Menge nach Hannover zum Verkauf gesandt und aus dem Erlös ein Fäßchen Rum sowie Zucker und Zitronen gekauft, woraus wir Punsch machten und uns gütlich taten.

(Schaumann, Bd. 1, S. 153)

Vom Leben der Bauern am Deister

Über das Leben der Bauern am Deister berichtet August Ludolf Friedrich Schaumann (geb. 1778) nicht gerade schmeichelhaft. Während seiner Einquartierungen in mehreren Orten im Deister-Süntel-Raum lernte er es zur Genüge kennen und vergleicht es mit dem Leben in anderen Gegenden. Er schreibt:

> *. . . „im Bremischen war alles höchst sauber, mancher Bauer hatte ein Visitenzimmer, auch kochte man mitunter zwar derb, aber nicht schlecht. Es gab Kuchen an den Festtagen, eingemachte Gurken und rote Rüben, gutes Tischzeug, Messer, Gabeln und schöne Betten. In der Geest wurde es schon schlechter, in den Dörfern am Deister noch schlechter, obgleich daselbst wohlhabende Bauern lebten. In der Heide- und Moorgegend war es am allerschlechtesten."*

Quartier am Deister

Am Deister muß aber nicht nur das Essen besonders schlecht gewesen sein, auch das Quartier ließ zu wünschen übrig. Wenn die Soldaten Quartier machten, bekamen sie meistens die über dem Pferdestall liegende Reuterkammer (Reiterkammern) zugewiesen, die jeder Hof für diesen Zweck bereitzuhalten verpflichtet war.

Schaumann beschreibt sein Quartier so:

Die Reuterkammer war eine niedrige Kammer mit einem Fußboden aus Lehm und einem Fenster, dem meist eine oder mehrere Scheiben fehlten. Die Öffnungen wurden gegen Regen, Schnee und Wind einfach mit Hede* oder einer alten Hose zugestopft. Eine alte Milchsatte* diente als Nachttopf. Das Bett, in dem wer weiß wieviele Generationen geboren und gestorben sein mögen, hatte Unterbetten, worin große Klumpen zusammengebacken waren und den Schläfer überall drückten.

Die Überbetten waren schwer wie Blei, die groben hedenen Überzüge* wurden alle paar Jahre gewaschen und die Betten, damit die Federn nicht durchdrängten, von außen mit einem Kleister aus Roggenbrei eingestrichen, der nach dem Trocken hart wie ein Brett war. Es ist unbeschreiblich, welch eine Qual es ist, in einem solchen Bett zu schlafen! Außerdem gab es in diesen Betten eine Unzahl von Flöhen, Wanzen, Schaben, Läusen, zuweilen auch die Krätze. Und auf dem Fußboden und in den Wänden hausten ganze Kolonien von Mäusen** und Ratten, die einem nachts über Gesicht und Hände liefen und auch ins Bett krochen. Im Sommer habe ich deshalb oftmals mein Bett verlassen und mich ins Heu gelegt, wo es besser war. War man dann endlich eingeschlafen, kam das nächste Ungemach. Wollte der Bauer seinen Lebensunterhalt und seine Abgaben verdienen, durfte er nur wenig ruhen. Oft um ein Uhr kam er mit seinen Gesinde um zu dreschen. Dann klatschten die Dreschflegel manchmal auch an die Tür der Reuterkammer, und mit dem Schlafen war's vorbei.

Am Tage hatte man den Aufenthalt gewöhnlich in der Stube oder Dönze, meist bei geöffnetem Fenster, wo grausamer Kneller geschmaucht, sonnabendabends sämtlich Schuhe und Stiefel mit einem Brotmesser vom Mist und Unrat der Woche befreit und vermittels einem Zopf Hede mit Tran eingeschmiert wurden. Im Winter, wenn draußen Schnee lag, verunreinigten sich die Kinder hinter der Stubentür, weil sie scheuten nach draußen zu gehen. Appartements waren ein verachteter Komfort, auch die Erwachsenen mußten hinter irgend einer Hecke Platz suchen und verbrannten sich an Brennesseln den Steiß. Und wenn die Kälte gar zu grimmig war, wurde auch schon mal einem neugeborenen Kalb oder einem kranken Ferkel der Aufenthalt am Ofen gestattet.

Es spukte überall

Spukgeschichten waren an der Tagesordnung. Die ganze Flur schien mit Gespenstern bevölkert zu sein. Es spukte zwischen den Gartenzäunen, auf dem Weg zum Kirchhofe, im Feld, in den Kämpen, in Sümpfen und Mooren und auf dem Dachboden. Spukgestalten waren entweder ein längst verstorbener Pastor oder verlorene Seelen. Manchmal war es ein langer schwarzer Kerl, manchmal ein schwarzer Hund, dem eine Laterne an den Schwanz gebunden war, manchmal der Huckup, manchmal Irrlichter, die einem als Spukgestalten begegneten. Und so mancher behauptete, daß er abends, wenn er auf den Boden gestiegen um Heu oder Stroh herunterzuwerfen, da eine Versammlung von Hexen angetroffen und darunter einige alte Weiber aus dem Ort erkannt habe. Und Schaumann gesteht, daß ihn selbst, obgleich er solchen Spukgeschichten keinen Glauben schenkte, die Courage verließ und ihm bisweilen die Haare zu Berge gestanden hätten, wenn er nachts um elf Uhr nach Hause ging und der Mond die alten, krummen und verdorrten Eichbäume und Weidenstümpfe in schwarze Riesen, in Hexen, Drachen oder Zwerggestalten verwandelte.

Des Bauern karge Kost

In Ermangelung von Bargeld gab sich Schaumann beim Bauern in Kost, was billiger war. Da saß er mit der Familie des Bauern und dem Gesinde an einem Tisch. Des Morgens frühstückte er sommers Buttermilch und Schwarzbrot, Sonntag morgens gab es Butterbrot und Schnaps. Auch beim Mittagessen durfte man nicht wählerisch sein: Milch, große Bohnen, Kartoffeln, Klüten, nur sonntags Fleisch und Speck, abends Milch mit eingebrocktem Schwarzbrot oder frischer Käse oder kleine braune Saubohnen, selten Pfannkuchen mit Salat in einer Buttermilchbrühe. Im Winter gab`s morgens um 5 Uhr aufgewärmte braune Kohlsuppe mit Grütze, Rotwurst und Beutelwurst* oder Mehlsuppe mit Klüten, mittags Kartoffeln mit Rüben, dicke, gelbe, kalt und steif gewordene Erbsen und Buttermilch oder wieder Kohlsuppe, abends Bier- oder Mehlsuppe, zum Dessert Butterbrote, eine Hand dick. In der Erntezeit war das Essen etwas besser: Reis und dicker Hirsebrei, Schwarzsauer*, Schinken und Pfannkuchen waren Leckerbissen.

Gegessen wurde aus hölzernen Tellern, oftmals aus einer gemeinsamen Schüssel, wozu nur Löffel hergegeben wurden. Jeder hatte sein eigenes Taschenmesser, das zu allerlei Verrichtungen diente. Damit wurden z. B. Schuhe und Stiefel gereinigt, der Dreck von den Deichseln der Ackerwagen gekratzt, Säue beschnitten, Geschwüre bei Pferden und Kühen behandelt, usw.

(Schaumann, Bd1, Seite 132 ff)

* Hede fällt an beim Kämmen von Flachs. Sie ist für grobes Zeug verwendet, vorwiegend für Säcke.
Milchsatte: Milchschüssel
Die Beutelwurst hat ihren Namen daher, daß die Masse, die man aus den beim Schlachten anfallenden minderwertigen Fleischstücken, Speck und Schwarte zubereitete, in Beutel gefüllt und gekocht wurde. Diese Beutel bestanden aus langen schmalen Leinensäcken. Ärmere Bauern verwendeten oft die Beinlinge einer abgetragenen, jedoch gewaschenen, Hose.
Schwarzsauer wurde ein Gericht genannt, das aus dem Blut von Schlachttieren (Rind, Schwein oder Schafen) zubereitet wurde. Das Blut wurde mit ein paar Kannen Sauerbier verrührt, gab einige hundert Klüten (Mehlklöße) und einen Himten getrocknetes Obst und etwas Sirup dazu, kochte alles miteinadner auf und verwahrte es in großen Steintöpfen. Dieses Gericht wurde den Schnittern während der Ernte kalt gereicht.

** Schaumann beschreibt auch, wie er mittels einer besonderen Vorrichtung manchmal in nur einer Nacht hundert Mäuse fing: Über einem Kessel mit Wasser hat er einen hölzerner Teller angebracht, auf dessen Rand er ein Stück Speck legte. Den Teller hat er so mit zwei Stäben befestigt, daß er als Kippfalle funktionierte. Wenn die Mäuse nun an den Speck wollten, kippte der Teller und die Mäuse plumpsten in das Wasser.

Das Duell im Saupark

Der Landrat Adolf von Bennigsen und der Domänenpächter Oswald von Falkenhagen waren Nachbarn. Oswald von Falkenhagen war Junggeselle. Oft weilte er als Gast bei seinem Nachbarn, und es war ein offenes Geheimnis, daß zwischen ihm und der Frau des Landrats ein intimes Verhältnis bestand. Adolf von Bennigsen schwieg dazu, solange es geheim blieb. Als ihm aber die Liäson im 'Club der Honoratioren von Springe' unterbreitet wurde, kam es zwischen ihm und seiner Ehefrau, die ihm in zwölf Ehejahren fünf Kinder geboren hatte, zum Zerwürfnis. Frau von Bennigsen reiste zu ihrer Schwester nach Leipzig ab, Adolf von Bennigsen forderte seinen Nebenbuhler zum Duell.

Das Duell fand am 16. Februar 1902 vormittags, Auf der Körnung, im Jagen 85, statt. Der Duellplatz liegt jetzt im Wisentgehege. Duellbedingungen waren: „Kugelwechsel auf 15 Sprungschritte Distanz ohne Avancieren bis zur Kampfunfähigkeit eines der Kämpfenden.“ Unter Kampfunfähigkeit wurde nicht der Tod oder die tödliche Verwundung, sondern bereits eine Verwundung verstanden, welche die Unfähigkeit zum Weiterschießen zur Folge hatte. Der unparteiische Referendar Freiherr von Langwerth-Simmern zählte mit Zwischenpausen von einigen Sekunden: 1, 2, 3, halt! Zwischen 1 und halt waren die Schüsse abzugeben. „Die beiden ersten Gänge, in welchen von beiden Seiten, und zwar immer zuerst von Falkenhagen geschossen wurde, waren ohne Ergebnis. Beim dritten Kugelwechsel erhielt von Bennigsen einen Schuß in den Unterleib, der ihn sofort zu Boden streckte. Der zugezogene Arzt leistete Erste Hilfe. Der Schwerverwundete wurde sogleich in einem bereitstehenden Wagen nach Springe und von dort mit der Bahn nach Hannover ins Henriettenstift gebracht. Dort erlag er am 17. Januar nachmittags der erlittenen Schußverletzung.

Oswald von Falkenhagen mußte sich vor dem Schwurgericht in Hannover verantworten. Er gab sein Verhältnis mit Frau von Bennigsen zu, versicherte aber, daß er nicht auf seinen Duellanten habe schießen wollen. Er erklärte auch, daß er nach den ersten zwei Gängen eine Versöhnung angeregt habe, sein Sekundant ihm aber gesagt habe, daß dies zwecklos sei. Und da sein Gegner die Pistole auf ihn gerichtet hatte, so hätte er das Gleiche getan. Er habe aber trotzdem nicht auf seinen Kontrahenten sondern in den Sand schießen wollen.

Der Sekundant des Landrats vertrat dagegen vor Gericht die Auffassung, daß Oswald von Falkenhagen die Pistole direkt auf seinen Gegner gerichtet hatte, ihn also töten wollte. Dieser Meinung schloß sich der Staatsanwalt an. Das Gericht warf Oswald von Falkenhagen auch vor, der frivole Beleidiger und der eigentliche Verursacher des Streites gewesen zu sein, indem er sich als Freund in das Haus des Herrn von Bennigsen eingeführt und pflichtvergessen die ihm gewährte Gastfreundschaft in schmählicher Weise mißbraucht habe. Es veruteilte ihn zu sechs jahren Festungshaft.

Der Verteidiger führte dagegen an, er verkenne nicht, daß der Angeklagte frivol gehandelt habe. Es dürfe dabei aber auch nicht außer acht gelassen werden, daß der Angeklagte um mehrere Jahr jünger als Adolf von Bennigsen sei und daß wohl auch kaum ein anderer junger Mann der Verführung dieser Frau, einer üppigen Schönheit von 31 Jahren, widerstanden hätte.

(nach Heinz Weber: Alvesrode , Dokumentation)

Der Duellplatz liegt heute im Wisentgehege unter alten Eichen. Dort erinnert eine Gedächtnistafel an das tragische Ereignis.
Foto: Knüttel

Anmerkung: Die Akten dieses Strafverfolgungsprozesses lagerten über Jahrzehnte im Geheimen Staatsarchiv der DDR in Merseburg in Sachsen-Anhalt. Seit Anfang 1994 werden sie in der Stiftung Preußischer Kulturbesitz in Berlin aufbewahrt. Dort hat sie Udo Mientus aus Barsinghausen entdeckt. Der Museumsverein der Stadt Springe bemüht sich um eine Kopie dieser für Springe wichtigen Dokumente. (Hannoversche Allgemeine Zeitung v. 6.4.1994)

Holzkohle für den königlichen Hof
- und kein Auskommen im Cöllnischen Felde -

Im Jahre 1774 richtete die Kgl. Hannoversche Regierung im Deister oberhalb von Springe die „Herrschaftliche Köhlerei Hinterdeister zum Cöllnischen Felde" ein, weil es dort oben viel Holz gab, das sich nur schwer zu Geld machen ließ, und weil mit Holzkohle mehr zu verdienen war als mit Holz.

Als Köhler stellte man den erprobten **Köhlermeister Koch** aus dem Solling ein, der nun jährlich 500 bis 600 Klafter Buchenholz in mehr als zwanzig Meilern verkohlte. Damit konnte das anfallende Holz aus den großen Forsten rings um Köllnischfeld gut verwertet werden. Ein Teil der Holzkohle ging an den Königlichen Hof nach Hannover, der andere Teil wurde auf herrschaftliche Rechnung für 12 Groschen das Fuder verkauft.

Der Transport des Holzes oblag dem **„Reitenden Förster".** Der erhielt für die Anfuhr des Holzes je Meiler vom Königlichen Hof 12 Taler, und für jedes gelieferte Fuder Holzkohle vier Groschen. Wegen der isolierten Lage oben im Deister, sowie zur Beackerung seines Landes und zum Heranholen allen Bedarfs mußte er einen Knecht und ein Gespann halten. Der Zusatzverdienst mit dem Holztransport kam ihm sehr gelegen.

Als nach einigen Jahren die Holzpreise stiegen, sank der Preis für die Holzkohle. Aber obwohl man für das Holz selbst jetzt höhere Erlöse erzielen konnte, blieb die Köhlerei vorerst noch weiter bestehen, weil die Hofhaltung, die Handwerker, die Künstler und die Apotheken zu Hannover die Holzkohle brauchten.

Im Jahre 1823 schränkte man das Verlustgeschäft aber doch ein. **Köhlermeister Koch jr.,** der Sohn des alten Köhlers, durfte nur noch zehn Meiler verkohlen. Dadurch verringerte sich sein Einkommen um die Hälfte, weil es sich nach der Menge der erzeugten Holzkohle richtete. Mit dem verminderten Einkommen konnte er unmöglich seine Familie versorgen, er hatte fünf Kinder. Zudem war er jetzt auch schon 63 Jahre alt und ein anderes Handwerk verstand er nicht. Die Köhlerei wurde zum 1. Mai 1824 aufgehoben. Die Domänenkammer bewilligte Koch eine Beihilfe von jährlich 40 Talern, 2 Malter Roggen und zwei Fuder Abfallholz, bis er ein anderes Unterkommen fände. Das war herzlich wenig.

Zu dieser Zeit tat der **Reitende Förster Kaye** Dienst in Cöllnischfeld. Sein Diensteinkommen betrug 200 Taler, 8 Malter Roggen, 15 Malter Hafer, 12 Klafter Holz, freie Eichel- und Buchenmast im Walde für 8 Schweine, Weide für 4 Stück Hornvieh, freie Dienstwohnung, 3 Morgen Wiesen, 3 Morgen Gartenland und an Pfandgebühren 4 Taler. Aber die bergige und schattige Lage seiner Felder und Gärten brachten nur spärliche Ernten. Alles, was für den Haushalt nötig war, mußte aus Springe oder Nienstedt herbeigeschafft werden. Er mußte einen Knecht für die Pferde und einen Hirten zum Viehhüten halten und beköstigen. Ohne Pferde konnte man zu Köllnischfeld wegen der weiten Wege gar nicht zurechtkommen und ohne Vieh den Haushalt nicht aufrecht halten. Obwohl das Einkommen des Försters gegenüber dem des Köhlermeisters üppig aussieht, war der Förster gegenüber anderen Kollegen nicht gut dran. Er war von der Aufhebung der Köhlerei ebenso hart betroffen wie der Köhler und hatte einen Verlust von mindestens 100 Talern Einnahme hinzunehmen. Weil man ihm die großen Verluste nicht aufbürden wollte, erhielt er von der Domänenkammer für die Haltung der Pferde und des Wagens eine Unterstützung von jährlich 50 Talern. Er ging 1826 nach Polle.

Sein Nachfolger wurde **Förster Völker** aus Egestorf. Er erhielt 145 Taler, eine Dienstwohnung und Ländereien, die durch Umbruch auf 10 Morgen angewachsen waren. Doch auch er sollte keine Freude an seinem Dienstsitz haben. Frühe Winter und viel Schnee ließen seinen Roggen verderben und auch das Sommerkorn und das Heu mißriet gänzlich. Angelockt durch die Feldfrüchte, zerwühlte das Rot- und Schwarzwild sein Land und minderte dadurch seine ohnehin mageren Ernten. Obwohl er seine Felder mit einem 6 Fuß hohen Palisadenzaun schützte, den er selbst instand halten muß, wurde sein Schaden für das Jahr 1828 durch Taxatoren, die er auch noch selbst bezahlen mußte, auf 40 Taler geschätzt. Aber er erhielt nichts. Es hieß, er habe den Zaun nicht hoch und fest genug gebaut. 1829 schreibt er an die Königliche Domänenkammer:

> *„Ich lebe hier mitten unter wilden Tieren. Manche Nacht tue ich den Dienst eines Wildwächters, weil das Wild in meine Felder einbricht und übersetzt. Ein Brunnen ist hier nötig, damit ich das Wasser nicht weit herfahren muß. Jedes kleinste Bedürfnis kostet drei bis vier Stunden Weg. Die Bestellung meiner Ländereien kostet mehr als das doppelte andernorts, und das Land bringt nichts."*

Völkers gibt auf und geht nach Völksen. Sein Nachfolger in der wirtschaftlich so ungünstigen Försterstelle wird **Förster Schelm.** Ihm wird das Ackerland als Dienstland angerechnet. Wegen des übermäßigen Wildschadens bittet er die Königliche Domänenkammer, die Kosten für eine hohe und feste Umfriedung seiner Äcker und seines Landes zu übernehmen. Die Domänenkammer, die damals gerade den Saupark im Hallerbruch mit einer hohen festen Mauer umgab, erwägte, auch die Felder und Gärten bei Köllnischfeld mit einer solchen Mauer vor Wildschaden zu schützen. Die Kosten dafür wurden auf 2000 Taler geschätzt. Das war zu teuer. Schelm wird damit vertröstet, daß, wenn der Saupark seine Schutzmauer habe, das Schwarzwild in Cöllnischfeld schon ausbleiben werde. Er solle seine Umfriedung nur fest und hoch bauen, freies Holz stände ihm zur Verfügung.

Aber der Wildschaden überstieg auch Schelms Kräfte, und obwohl er als tüchtiger Hauswirt galt, verarmte er in Köllnischfeld gänzlich. Forstmeister von Reden trat nachdrücklich für seinen Förster ein und bat, ihm eine Zuwendung von 50 Talern zukommen zu lassen. Bei Schelm bricht der Zorn durch, er macht eine Eingabe an das Königliche Oberjagd-Departement und bittet, alle Sauen totschießen zu dürfen. Er beklagt sich auch, daß ihm das Land angerechnet würde, ohne das er da oben gar nicht existieren könne und bittet, entweder eine sichere Umfriedung herzustellen oder den Wildschaden zu ersetzen. Daraufhin schreibt das Forstamt Hasperde an das Oberjagd-Departement:

> *„Wenn Sr. Majestät dem Könige der Notstand des Försters von Köllnischfeld bekannt wäre, dann würde eine gnädige Gewährung der Bitte bewilliget und dem Förster der Wildschaden für acht Jahre mit 225 Talern ausbezahlt."*

Aber das Oberjagd-Departement war anderer Meinung: Mitten im Wildgehege liegende Ländereien könne die Forstherrschaft nicht schützen, das müsse der Besitzer selbst tun. Die Herrschaft müsse mit Recht für das Wild sorgen. Für seinen Wildschaden bekam Förster Schelm nichts. Er wurde nach Völksen versetzt.

1840 zieht **Förster Friedrich** in Cöllnischfeld ein. Man erwägt, das Feldland wieder zum Forstgrund zu legen und den Förster durch Naturalien zu entschädigen, um das Gespann zu sparen. Forstmeister von Meding stellt aber klar, daß nicht nur die Hauswirtschaft des Försters ein Gespann benötigt, sondern daß dieses Gespann auch zum Anfahren von Pflanzen und zum Holzschleppen dort oben unbedingt benötigt wird. Wolle man Fuhrleute aus den umliegenden Dörfern holen, würde das noch teurer kommen. Die Höhe des Gebirges erschwere es den Bewohnern da oben ungemein, dem Boden angemessene Ernten abzugewinnen. Durch eine wehrhafte Befriedigung von 7 Fuß Höhe müßten die Felder nun endlich geschützt werden. Der tatkräftige neue Förster legte vier verschiedene Entwürfe und eine schöne Karte vom Forstgrund Köllnischfeld vor. Auf herrschaftliche Kosten wurde dann für 486 Taler eine Lattenbefriedigung errichtet und mit Gasteer gestrichen. Sie sicherte nicht nur die 14 Morgen des Försters Friedrich, sondern auch die 3 Morgen des pensionierten ehemaligen herrschaftlichen Köhlers Koch vor Wildschaden. - Und dem so sehr geschätzten Förster Schelm zu Völksen ersetzte man endlich die Ausgaben für den alten Zaun, den er mühsam auf eigene Rechnung errichtet hatte.

Ansicht von Cöllnischfeld
(nach der Jahrhundertwende?)
nach einer alten Ansichtskarte,
Poststempel von 1932

Das folgende Bild stammt von einer Ansichtskarte vom Anfang unseres Jahrhunderts. Sie zeigt eine Köhlerstelle im Deister. Rechts sehen wir einige Waldarbeiter bei dem Aufbau eines Kohlemeilers aus Buchenscheiten. In der Mitte ist ein zweispänniges Pferdefuhrwerk zu erkennen, mit dem das Holz herangefahren wird. Links etwas im Hintergrund steht eine Köhlerhütte. Die Spitze ist offen für den Abzug des Rauches aus der Feuerstelle in der Köhlerhütte. Die Bäume tragen kein Laub, was darauf hinweist, daß die Köhlerei oft im Winter betrieben wurde, wenn keine Feldarbeit anfiel.

Köhlerstelle im Deister
nach einer alten Ansichtskarte (nach 1900)

Im allgemeinen befanden sich die Köhlereien im Wald. In Eimbeckhausen aber wurde die Holzköhlerei vorwiegend innerhalb des Ortes betrieben, was aus alten Aufzeichnungen hervorgeht. Jeder Hofbesitzer hatte seinen eigenen Kohlemeiler. Zeitweise waren bis zu 18 Meiler in Betrieb. Dadurch bestand immer große Brandgefahr durch Funkenflug. Eine solche Katastrophe ist im Eimbeckhäuser Kirchenbuch vom 28. Juli 1786 verzeichnet: Am Nachmittag um halb zwei Uhr war in der Köhlerhütte des Halbmeiers Wente Feuer ausgebrochen, das auf die umstehenden Gebäude übergriff und dreiundzwanzig Gebäude, darunter elf Wohngebäude, in Schutt und Asche legte.

Nach der Verkopplung im Jahre 1854, als die Köhlerei zurückging, sicherten sich mehrere Bauern des Dorfes eine Köhlerstelle auf dem Köhlerplatz der Gemeinde, welcher damals außerhalb des Ortes lag. Noch nach 1945 befand sich eine Köhlerstelle am Ausgang von Nienstedt in der Nähe der ehemaligen Försterei. Sie lag an dem Waldweg, der etwa 250 Meter oberhalb des Nienstedter Forsthauses nach Köllnischfeld abzweigt, etwa 200 Meter weiter in den Wald hinein am Wege. Es ist wahrscheinlich die letzte Köhlerei im Deister gewesen.

Gutes Geschäft mit Pottasche

Bei der Köhlerei wurde nicht nur Holzkohle hergestellt, es fiel auch Pottasche an, die seinerzeit ein sehr begehrtes Produkt war. Christian Magers, er wird 1668 als Besitzer des Hofes Nr. 10 in Eimbeckhausen ausgewiesen, stellte Pottasche in größeren Mengen her und verdiente dabei offensichtlich recht gut. Er war aber ein Prozeßhecht und klagte wiederholt gegen verschiedene Einwohner von Eimbeckhausen, wie aus Akten des Hauptstaatsarchivs Hannover hervorgeht,

> „umb seinen Nutzen undt Vorteil daraus zu suchen undt Pottasche hat gebrand undt soweitt gebracht undt dadurch sich bereichert, daß er seine unnötig und vielfältiglich habende Processe ausführen konnte, wofür aber mannigem wohabenden Mann grauet, undt sich dadurch zu entblößen bedenken trägett, er aber dagegen nichts achtett, undt die Leute nach wie vor zusammenzuführen intradiret."

Auch die fürstliche hannoversche Kanzlei beschwert sich, daß entgegen dem Erlass zur Eimbeckhäuser Holzordnung aus dem Jahre 1670, Christian Magers ohne Genehmigung 500 Fuder Brennholz aus dem Walde abgefahren hatte, um daraus Pottasche zu brennen.

Pottasche, auch Weydasche genannt, ist chemisch betrachtet kohlensaures Kali. Sie wurde von unseren Vorfahren sowohl im Gewerbe wie im Haushalt vielseitig verwendet. Zur Glasherstellung und in den Färbereien, zur Herstellung von Seife, was in vielen Haushalten früher selbst gemacht wurde, als Triebmittel beim Backen. Zu jedem ländlichen Haushalt gehörte noch bis vor etwa 150 Jahren ein „Bükefaß". Das war eine hölzerne Tonne, in der die Leinenwäsche mit Buchenaschenlauge behandelt, gebleicht, d. h. „gebükt" wurde. Dieses Bleichen mit dem aus der Holzasche gewonnenen kohlensauren Kali wurde an einzelnen Orten im größeren Stil gewerbsmäßig betrieben.

Warum die alteingesessenen Einwohner von Nienstedt keinen Waldbesitz im Deister haben

Zu Kaisers Zeiten, um die Jahrhundertwende, stand den alteingesessenen Einwohnern von Nienstedt das Recht an rund 2500 Morgen Waldbesitz im Deister zu. Damit diese Eigentumsansprüche neu bestätigt würden, forderte das Kaiserliche Landkreisamt in Springe im Jahre 1912 die amtlichen Vertreter von Nienstedt auf, hier vorstellig zu werden. Die Gemeindebeauftragten machten sich also auf nach Springe. Sie wählten den kürzesten Weg, und der führte durch den Wald und über Köllnischfeld. Und weil sie bis Köllnischfeld schon ein gutes Stück des Weges zurückgelegt hatten, gönnten sie sich eine Pause, kehrten sie in der dortigen Gastwirtschaft ein und stärkten sich. Sie haben so ausgiebig gebechert, daß der Zweck ihrer Reise in den Hintergrund geriet. Das Zechgelage, das sich bis in den Abend hinzog, ließ sie schließlich unverrichteter Dinge wieder nach Nienstedt zurückkehren.

Ddas Kreisamt setzte einen neuen Termin an. Die Gemeindevertreter machten sich wieder auf nach Springe. Wieder nahmen sie den kurzen Weg über Köllnischfeld und wieder blieben sie dort im Gasthaus hängen und versäumten den Termin in Springe. Eine dritte Aufforderungen erging - es war wieder das gleiche. Die Gemeindevertreter von Nienstedt kamen einfach nicht am Köllnischfelder Waldgasthaus vorbei.

Als das vierte Schreiben des Kaiserlichen Landkreisamtes in Nienstedt eintraf, kam den Gemeindevertretern die Ernüchterung. Es war nicht etwa eine vierte Aufforderung, sondern da stand schwarz auf weiß geschrieben, daß man aufgrund der versäumten Fristen annehme, daß die Nienstedter wohl kein Interesse an dem ihnen zustehenden Waldeigentum hätten und daß per Erlaß der Wald um Nienstedt herum nun Staatseigentum geworden sei. Und so ist es bis auf den heutigen Tag geblieben.

Ansicht von Nienstedt
nach einer Ansichtskarte von 1898
vom Nordmannsturm aus gesehen

Was die Sage von der Hülse weiß

Die Hülse ist eine wunderschöne Pflanze. Sie wächst noch heute oberhalb von Kirchdorf und Egestorf im Randgebiet des Deisters unter hohen Buchen. Ihre immergrünen stacheligen Blätter und die roten Beeren schimmern sommers und winters zwischen den Bäumen. Der heute vielfach busch- oder strauchartig wachsende Baum wuchs früher zu stattlicher Größe heran, was vielleicht das Verschwinden der ehemals umfangreichen Hülsenbestände zur Ursache hat. Das Holz der Hülse ist außerordentlich fest, besonders haltbar und wird von Holzschädlingen kaum befallen. Beim Abriß dreihundert Jahre alter Häuser in Egestorf und Barsinghausen hat man entdeckt, daß ganze Dachstühle aus Hülse bestanden und die Staken in den Lehmgefachen der Bauernhäuser mit den dünnen, geschmeidigen Hülsenruten umwickelt waren. Und was das besondere daran war, sie hatten keinerlei Schädlingsbefall und waren gesund wie am ersten Tage. Diese Entdeckungen wiesen eindeutige Hinweise darauf hin, daß die Hülse im Deister einst in größeren Mengen gewachsen ist und und ein richtiger Baum gewesen sein muß. Die Erinnerung daran ist in Namen wie Hülsede, Hülsebrink, Hülsengrund noch heute erhalten.

Der Sage nach soll es da, wo die Hülse* wächst, im Untergrund Steinkohle von besonderer Güte geben. In Barsinghausen hat sich das nicht bestätigt.Gerade an den Stellen, wo sie besonders üppig wuchs, hat man nicht einmal nennenswerte Vorkommen gefunden. Und die Steinkohle von Barsinghausen war auch nicht besonders gut. Es ist aber bekannt, daß am Hülsebrink in Klein-Süntel gute Steinkohle in größerern Mengen abgebaut wurde.

Der Anfang des Steinkohlebergbaus im Süntel wird mit der Betreibung der Glashütte in Klein Süntel in Verbindung gebracht. Diese wurde in der 1. Hälfte des 17. Jahrhunderts von dem herzoglichen Stadthalter Bartold von Rutenberg (Rautenberg) betrieben, der schon 1620 im Rautenbergischen Stollen die Kohlen zum Betrieb seiner Glashütte gewonnen hat. Bereits 1636 ist sein Bergwerk urkundlich belegt. die Glashütte wurde 1625 beim Tilly-Einfall zerstört, aber kurz darauf wieder aufgebaut. Der Hülsebrink im Kleinen Süntel wurde früher „Kohlberg“ genannt, was von „Kohlenberg“ her kommt. „Klein Süntel“ wurde früher „Die Glashütte am Kohlberg“ genannt.

Heute wird die Hülse als glück- und segenbringendes Symbol verwendet. Diese Eigenschaft stammt vielleicht von der Sage her, daß sie ein Hinweis auf gutes Steinkohlevorkommen sein soll. Sie wird gern sowohl für Grabschmuck als auch für weihnachtliche Dekorationen verwendet. In Amerika gilt die Stechpalme als Weihnachtssymbol schlechthin, ist auf Glückwunschkarten zum Fest und zum Neuen Jahr abgebildet und spielt häufig die gleiche Rolle, wie bei uns der Tannenbaum.

* 'Hülse' ist die niederdeutsche Bezeichnung für 'Ilex' oder 'Stechpalme'. Wer sich eine Vorstellung davon machen will, zu was für mächtigen Bäumen der Ilex auswachsen kann, sollte einmal den Ilexpark in Hodenhagen besuchen.

Gefährliche Fracht

Im Jahre 1910 trat in einem kleinen Dorf am Deister eine große Veränderung ein. Der Kohlenschacht „Hertha" - er gehörte der Familie Knigge und versorgte hauptsächlich die Kniggeschen Kalköfen - wurde stillgelegt, weil man das Wasser in den Stollen nicht mehr loswerden konnte. Die Stillegung des Kohlenschachtes war plötzlich gekommen und brachte Unruhe und Not in das Dorf. Viele Bergleute suchten sich in den Kalischächten von Weetzen und Ronnenberg neue Arbeitsplätze, einige Familien wanderten ins Ruhrgebiet ab, die anderen suchten sich neue Arbeit in der Nähe.

Der November hatte Sturm und Regen gebracht und Anfang Dezember gab es schon den ersten Frost. Auf dem Zechengelände befand sich noch ein großer Pulvervorrat, mit dem allerlei Unglück geschehen konnte. Deshalb verfügte die Bergbaubehörde, daß diese Sprengmittelvorräte sofort abzutransportieren seien, noch vor Weihnachten. Zwei Bauern aus dem Dorfe, Daniel von der Beeke und Heutjer vom Hohenholze fanden sich bereit, den schweren, hochrädrigen Pulverwagen in der harten Winterkälte zu seinem neuen Standort in einer entfernten Zeche zu bringen. Das war nicht ungefährlich, deshalb gab es einige polizeiliche Anweisungen: Der Pulverwagen durfte nicht in den Dörfern anhalten, mußte nachts weit außerhalb der Ortschaften abgestellt und ständig bewacht werden. Außerdem bestand strenges Rauchverbot für die beiden Begleiter.

Mitte Dezember war es so weit. Pferdefutter, Verpflegung und warmes Winterzeug wurden unter dem Kutschersitz verstaut. Daniel steckte trotz Rauchverbot seine Halblange und einen Beutel Tabak ein. Er wußte, neben dem Wagen durfte er nicht rauchen, aber ganz darauf verzichten wollte er nicht. So marschierte er von Zeit zu Zeit ein gutes Stück vorauf, während Heutjer vierspännig hinterher fuhr. Wenn alles gut lief, konnten sie einige Tage vor Weihnachten wieder zuhause sein.

Sie kamen aber nur mühsam voran, weil viel Schnee fiel und hohe Schneeverwehungen das Vorwärtskommen mühsam machten. Es gab zum Glück keine Zwischenfälle, aber der gefährliche Transport dauerte doch länger, als man gerechnet hatte, denn Daniel und Heutjer mußten durch manche Schneewehe erst eine Fahrbahn schaufeln, um eiterzukommen. Abends spannten sie ganz nach Vorschrift außerhalb der Ortschaft die Pferde aus. Daniel stellte sie in einem Ausspann in einen warmen Stall und fütterte sie. Dann suchte er auch für sich selbst für die erste Nachthälfte einen Schlafplatz, während Heutjer, der Jüngere, draußen den Pulverwagen bewachte. Um Mitternacht lösten sie sich ab. Jetzt übernahm Daniel die Wache und Heutjer durfte den Schlafplatz aufsuchen. Und auch der Rückweg dauerte länger, als gedacht. Wegen der Kälte mußten sie immer wieder absteigen und zu Fuß neben dem Wagen herlaufen, um sich warm zu halten.

Zuhause warteten die Familien mit Bangen auf die Rückkehr der Väter, zumal Weihnachten vor der tür stand. Nachrichtenverbindungen wie heute gab es nicht und so blieb der Grund für ihr langes Ausbleiben verborgen. Aber das Leben ging weiter wie immer in dieser Jahreszeit. In den Häusern brannte die Petroleumlampe. Erwachsene und Kinder sprachen plattdeutsch. Nur in der Schule und in der Kirche war hochdeutsch zu hören. Die größeren Kinder tummelten sich beim Schlittschuhlaufen auf dem Mühlenteich und beim Schlittenfahren, die kleineren vergnügten sich in der Küche. Die Mädchen spielten mit ihren Puppen und die Jungen interessierten sich für die Verkehrsmittel ihrer Zeit. Der Stiefelknecht war das Pferd, die leere Zigarrendose war der Wagen. Mit Hü und Hott fuhr das Gespann durch die Stube.

Weihnachten kam, aber die Väter waren noch nicht zurück. Da mußte die Mutter dieses Jahr die Kerzen am Weihnachtsbaum anzünden. Weihnachtslieder wurden gesungen und die Geschenke ausgepackt. Plötzlich hörte man die Peitsche knallen! So pflegte der Vater seine Rückkehr anzumelden. Die Stalltür knarrte, dumpfes Stampfen war zu hören. Das war der Vater, er war zurückgekehrt von seiner gefährlichen Fahrt. Mitten in der Christnacht war er heimgekehrt. Er trug den dicken warmen „Kaisermantel“, der ihm bis auf die Fußspitzen reichte und hielt die lange Fuhrmannspeitsche in der Hand. Er sah fast aus wie der Weihnachtsmann selbst. Aus seinem frostgeröteten Gesicht strahlte die Freude. Und nun war erst richtig Weihnachten.

(nach Gewecke)

Der allererste Weihnachtsbaum

- eine Weihnachtsgeschichte von Hermann Löns -

Der Weihnachtsmann ging mit sehr brummigem Gesicht über den Deister. Das tut er nur, wenn er mit sich selber unzufrieden ist. Und das war er heute. Er hielt den Kopf tief, daß der Schirm seines altmodischen Wolkenschiebers fast sein ganzes Gesicht verdeckte, knurrte und brummte allerlei Unverständliches durch seinen langen Bart und rauchte, daß es aussah, als wenn so'n lütjer Bauer backt.

Er hatte einen weiten Weg hinter sich. Von Nürnberg war er gekommen, wo er Spielzeug geholt hatte, war dann in Hildesheim gewesen, um Punpernickel zukaufen, und in Eldagsen, von wo er den Honigkuchen bezieht. Die Tage vorher hatte er Äpfel und Nüsse im Solling und in der Heide bestellt. Er hatte alles bekommen, was er haben wollte. Aber trotzdem war der Alte brummig. Er hatte nicht mehr die rechte Freude an seiner Tätigkeit. Da war kein Schwung in der Sache. Spielzeug und Eßwaren waren auf die Dauer nichts. Die Kinder freuten sich wohl darüber, aber quieken sollten sie und jubeln und singen. Das taten sie aber selten.

Den ganzen Dezember hatte der Weihnachtsmann nachgegrübelt, um wieder einmal eine rechte Weihnachtsfreude in die Kinderwelt zu bringen, eine Freude, an der auch die Großen teilhaben würden. So stapfte er über den verschneiten Deister, bis er auf dem Kamme über Barsinghausen war. Dort wollte er bei der Alten Taufe das Christkind treffen.

Schon von weitem sah er, daß das Christkind bereits da war, denn ein heller Schein war um den alten Stein. Es hatte ein langes, weißes Pelzkleid an und lachte über das ganze Gesicht. Um die Alte Taufe herum lagen große Bündel Kleeheu und Espen- und Weidenzweige, daran taten sich die hungrigen Hirsche und Rehe gütlich, und für die Wildschweine gab es Kastanien, Eicheln und Rüben. Der Weihnachtsmann nahm seinen Wolkenschieber ab und bot dem Christkind die Tageszeit. „Na, Alterchen", wie geht's?" fragte das Christkind. „Hast wohl schlechte Laune?"

„Ja". Sagte er Weihnachtsmann, „die ganze Sache macht mir so recht keinen Spaß mehr Das mit den Pfefferkuchen und den Äpfeln und den Nüssen, das ist nichts mehr. Das essen sie auf und dann ist das Fest vorbei. Man müßte etwas Neues erfinden, etwas wobei Alt und Jung singt und fröhlich wird. Das Christkind nickte und machte ein nachdenklliches Gesicht. Dann sagte es: „Du hast recht, Alter, mir ist das auch schon aufgefallen."

Es war so still im Walde, kein Zweig rührte sich, nur wenn sich die Eule auf einen Ast setzte, fiel ein Stück Schneebehang halblaut herab. Nachdenklich gingen beide durch den weißen Winterwald. Der Mond schien hell, der Schnee sah aus wie Silber, und die Tannen standen darin, daß es eine Pracht war. Eine fünf Fuß hohe

Tanne sah besonders reizend aus. Sie war sehr regelmäßig gewachsen, hatte auf jedem Zweig einen Schneestreifen, an den Zweigspitzen kleine Eiszapfen und glitzerte nur so im Mondenschein.

Das Christkind stieß den Alten an, zeigte auf diese Tanne und sagte: „Ist das nicht wunderschön?“ „Njäö“ antwortete der Alte, unwillkürlich in sein Kalenberger Platt fallend, „Aber war helpet meck dat?“ „Oler Döllmer“, sagte das Christkind, „eck hebbe ‘ne Idee. Giff mal ‘n paar Appels her!“ Der Weihnachtsmann machte sein Tragband ab, stellte seine riesige Kiepe in den Schnee, kramte darin herum und langte ein paar recht schöne Dickstiele *(alte Apfelsorte)* heraus. Dann faßte er in die Tasche, holte sein Messer heraus, klappte es auf und reichte es dem Christkind. „Sieh, wie schlau du bist! Nun schneid mal etwas Bindfaden in zweifingerlange Stücke und mach mir kleine spitze Pflöckchen.“

Dem Alten kam das alles etwas ulkig vor. Als er die Bindfadenenden und die Pflöckchen fertig hatte, nahm das Christkind einen Apfel, steckte ein Pflöckchen hinein, band den Faden daran und hängte ihn an einen Ast. „So, nun müssen auch die anderen welche haben, und dabei kannst du mir helfen, aber vorsichtig, daß kein Schnee abfällt.“ Der Alte half und als die kleine Tanne ganz voll von rotbackigen Äpfeln hing, trat er fünf Schritt zurück und sagte: „Kiek, wie niedlich das aussieht. Aber was hat das alles für einen Zweck?“ „Muß denn alles gleich einen Zweck haben?“ lachte das Christkind. „Paß auf, das wird noch schöner. Nun gib mal Nüsse her!“

Der Weihnachtsmann krabbelte aus seiner Kiepe Nüsse heraus und gab sie dem Christkind. Das steckte in jede ein Hölzchen, machte einen Faden daran und hing die Nüsse zwischen die Äpfel. „Was sagst du nun, ist das nicht allerliebst?“ „Ja“, sagte der Weihnachtsmann, „aber ich weiß immer noch nicht . . .?“

„Hast du auch Lichter?“ „Lichter nicht, aber’n Wachsstock.“ „Das ist fein“, antwortete ds Christkind, nahm den Wachsstock, zerschnitt ihn und drehte erst ein Stück um den Mitteltrieb des Bäumchens und die anderen Stücke um die Zweigenden, bog sie hübsch gerade und sagte dann: „Feuerzeug hast du doch?“ „Gewiß“, sagte der Weihnachtsmann, holte Stein, Stahl und Schwammdose heraus, pinkte Feuer aus dem Stein, ließ den Zunder zum Glimmen kommen und steckte daran ein paar Schwefelspäne an. Damit steckte das Christkind erst das oberste Licht an, dann davon das nächste rechts, dann das gegenüberliegende und brachte so ein Licht nach dem andern zum Brennen. Da stand nun das Bäumchen im Schnee. Aus seinem halbverschneiten dunklen Gezweig sahen die roten Backen der Äpfel und die Nüsse, und die gelben Wachskerzen brannten feierlich. Das Christkind lachte über das ganze rosige Gesicht und patschte in die Hände. Der alte Weihnachtsmann sah gar nicht mehr so brummig aus. Als die Lichter ein Endchen heruntergebrannt waren, wehte das Christkind mit den goldsilbernen Flügeln und da gingen sie alle auf einmal aus. Es sagte dem Weihnachtsmann, er solle das Bäumchen vorsichtig absägen. Das tat er auch, und dann gingen beide den Berg hinab und nahmen das Bäumchen mit.

Als sie in den Ort kamen, schlief schon alles. Beim kleinsten Hause machten sie Halt. Das Christkind machte leise die Tür auf. In der Stube stand ein dreibeiniger Schemel mit einer durchlochten Platte, den stellten sie auf den Tisch und steckten den Baum hinein und der Weihnachtsmann legte noch Spielzeug, Kuchen, Äpfel und Nüsse unter den Baum. Als der Bergmann, dem das Häuschen gehörte, am andern Morgen den bunten Baum sah, da staunte er und wußte nicht, was er dazu sagen wollte. Er steckte die Lichter an dem Bäumchen an und weckte Frau und Kinder. Da war eine Freude in dem kleinen Haus! Keines von den Kindern sah nach dem Spielzeug, dem Kuchen und den Äpfeln. Sie sahen alle nur nach dem Lichterbaum. Sie faßten sich an die Hände, tanzten um den Baum und sangen alle Weihnachtslieder, die sie wußten.

Als es hellichter Tag geworden war, kamen die Freunde und Verwandten des Bergmanns, sahen sich das Bäumchen an, freuten sich darüber und gingen gleich in den Deister, um sich für ihre Kinder auch einen Weihnachtsbaum zu holen. Als es dann Abend wurde, leuchtete in ganz Barsinghausen Haus bei Haus ein Weihnachtsbaum. Überall hörte man Weihnachtslieder und das Jubeln und Lachen der Kinder. Von da ist der Weihnachtsbaum über ganz Deutschland gewandert und dann über die ganze Erde.

Aulke, willt du me?

Nach altem germanischem Glauben ist es in den Zwölften, den heiligen zwölf Nächten zwischen Weihnachten und Dreikönig, nicht ganz geheuer. Da braust die Wilde Jagd durch das Land, und wer da nicht Ordnung gemacht hat in Hof und Scheuer, dem wirbelt sie alles durcheinander, und wer seine Türen und Fenster nach Sonnenuntergang nicht verschlossen hat, dem fährt sie ins Haus und richtet allerlei Unheil an. Mancherorts sagt manaber, daß es Herodes ist, der seinen Anteil am himmlischen Reich gegen die ewige Jagd vertauscht hat und nun in den Zwölften mit seinen Hunden durch's Land zieht. Hat da einer vergessen, Fenster und Türen rechtzeitig zu verschließen, fährt er dem ins Haus und läßt einen seiner Hunde zurück. So geschah es einstmals auf einem Bauernhof in Kirchdorf. Da lag ein Hund des Herodes ein ganzes Jahr lang hinter dem Ofen, hat nichts als Flugasche gefressen und ist doch dick und fett dabei geworden. Von Farbe war er grau und von Gestalt groß wie ein tüchtiger Kettenhund. Als es nach einem Jahr wieder in die Zwölften ging, kam Herodes wieder mit seinen Hunden durch Kirchdorf. Und wie er an dem Haus vorbeikam, wo er im vergangenen Jahr einen seiner Hunde zurückgelassen hatte, hat man ihn rufen hören: „Aulke, willtu me?"

Kaum hat der Hund das gehört, ist er schnell aufgesprungen und wieder mit davongezogen. Der Bauer hat aber danach in den Zwölften seine Fenster und Türen immer rechtzeitig verschlossen.

Literaturverzeichnis - Ergänzung zu Bd. 1

Henke, Walter. In: Neue Deister-Zeitung, Beilage für die Heimat zwischen Süntel und Leine Nr. 14 und 15 vom 3. und 17. September 1955.

Hirsch, Georg: Volkstum und Heimat, in Deister-Leine-Zeitung, datiert 13. Oktober 1938

Peukert, Wilhelm: Niedersächsische Sagen, Bd. 4, Göttingen, 1905.

Ulrici, C. W.: Das Königreich Hannover - ein Lesebuch . . ., Hannover 1953.

Wieden, Brage bei der: Niedersächsisches Waldwörterbuch - eine Sammlung von Quellenbegriffen des 11. bis 19. Jahrhunderts. Bd. 7 der Veröffentlichungen des Niedersächsischen Heimatbundes. Ernst Knoth Verlag, Melle, 1993.

Nachtrag zu Bd. 1

1. Ergänzung, Seite 163: Der steinerne Tisch

Herr von Blomberg, ein Enkel des Alexander von Münchhausen und derzeitiger Eigentümer von Gut Nienfeld, teilt uns hierzu mit: Alexander von Münchhausen hat des öfteren Wild- und Holzdiebe im Deister erwischt. Um sich die Umstände zu ersparen, die eine Anzeige mit sich gebracht hätte, verdonnerte er die Erwischten zu Steinarbeiten, was diese auch gern annahmen. Eine der auf diese Weise in der Umgegend von Nienfeld entstandenen Arbeiten ist der „Steinerne Tisch". Als Tischplatte ist ein Teil einer Brunneneinfassung verwendet worden. Vier Franzosen haben ihre Namen in die Platte eingeritzt und sich so darauf verewigt. Die Namen sind aber inzwischen verwittert und heute nicht mehr zu lesen.

2. Richtigstellungen

Zu unserem Bedauern sind in Band 1 ein paar sachliche Fehler bei den Korrekturen übersehen worden, die wir hiermit richtigstellen:

Seite	50	Erster Abschnitt: Die germanischen Gaue, die bei der Alten Taufe aneinandergrenzen, sind: der Bukkigau im Westen, der Maestemgau im Nordosten, und der Lithigau im Süden. (Siehe hierzu auch S. 66)
Seite	100	Zweiter Absatz, 2. Zeile: Varus (4 n. Chr.) . . .
Seite	101	Mitte: Karl der Große und die Christianisierung (um 800 n. Chr.)
Seite	121	Zweiter Absatz, 8. Zeile: Nach Napleons Sieg 1807 . . . .
Seite	132	Lit.-Angabe: Heinz Meyer und Ulrich Saft; H. E. Wilhelm/E. Meier
Seite	151	Bildtext: der Vorname des Bildhauers Bandel ist Ernst, nicht Erich.
Seite	152	*: Das Denkmal wurde von dem Bildhauer Ernst (nicht Erich!) Bandel geschaffen.
Seite	178	Lit.Verzeichnis: Wilhelm, H. E./ Meier, E: zur Geschichte der Dörfer Lenthe und Northen.

Bildnachweis für Band 2

Titelbild		Annaturm, Nordmannsturm und Sünteltürm	nach alten Ansichtskarten um 1900
Seiten 8 und 9		Tourenkarte von 1896 nach dem Original	Archiv Wolfgang Ewig
Seite	17	Deister-Panorama mit Radarturm und Fernsehturm	Foto-Collage Wildhagen
Seite	19	Der neue Annaturm und der Gauß-Stein	Foto: Lothar Wildhagen
Seite	21	Der Aussichtsturm auf dem Strutzberg	alte Ansichtskarte, Archiv Ewig
Seite	22	Der Süntelturm	Foto: Udo Mierau
Seite	65	Gruß vom Süntel und vom Hohenstein	nach Ansichtskarten 1903 u. 1895
Seite	88	Das Huckupdenkmal in Hildesheim	nach alter Ansichtkarte von 1907
Seite	103	Eintragung im Kirchenbuch v. Eimbeckhausen	Auszug aus dem Kirchenbuch
Seite	112	Hexenritt	nach Hann. Allg. Zeitung v. 18.3.95 (Ausschnitt aus der Werbung der Gaststätte Brockenhaus)
Seite	126	Der Schreckkopf in Eimbeckhausen	Foto: Udo Mierau
Seite	127	Der Leckmeck von Kirchdorf	Foto: Lothar Wildhagen
Seite	129	Der schlafende Maurer von Großgoltern	Foto: Lothar Wildhagen
Seite	130	Der Mesenstein	Foto: Udo Mierau
Seite	131	Der Gärtnerstein im Gärtnerbusch	Zeichnung: Wolfgang Ewig
Seite	134	Der Wettbergstein oder Junkernstein	Foto: Udo Mierau
Seite	135	Der Beckerstein	nach Neue Deister Zeitung v.6.11.96
Seite	136	Der Peststein in Münder	Foto: Udo Mierau
Seite	140	Der Ludwig-Schlepper-Stein	Foto: Udo Mierau
Seite	142	Der Greifenstein	Foto: Udo Mierau
Seite	143	Der Kranich - stilisierter Vogel Greif - und ehemalige Jugendherberge in Barsinghausen	Erkennungszeichen der Wandervögel nach Ansichtskarte von 1940
Seite	162	Der große Krater	Foto: Lothar Wildhagen
Seite	166	Partie aus Alt-Barsinghausen/Altenhofstraße	nach einer Ansichtskarte aus den vierziger(?) Jahren
Seite	177	Duellplatz im Wisentgehege	Foto: Gerheide Knüttel
Seite	180	Ansicht von Cöllnischfeld	nach alter Ansichtskarte (o. Jahr)
Seite	181	Köhlerstelle im Deister	nach alter Ansichtskarte (o. Jahr)
Seite	183	Nienstedt am Deister	nach alter Ansichtskarte von 1898
Seite	184	der ehemalige Schacht „Hertha“	nach alter Ansichtskarte (o. Jahr), Archiv Horst Krenzel

„Über den Deister gehn“ - haben ihnen die Bücher gefallen?

Der Verlag Gudrun Wildhagen hat weitere lesenswerte Bücher über Literatur, Volkskunde, Kunst und Geschichte unserer näheren Heimat für Sie bereit, erhältlich über jede Buchhandlung oder direkt beim Verlag (Tel. 05105-3625).

Mierau/Wildhagen: **„Ich weiß ein Land . . .“** Hermann Löns, wie ihn nicht viele kennen: Nicht als „Heidedichter“, sondern als aufmerksamer Journalist und nachdenklicher Schriftsteller für Deister, Süntel, Steinhuder Meer und Kalenberger Land. Ein preiswertes kleines Geschenk. Mit reizenden Scherenschnitten und interessanten biographischen, lokalen und literarischen Anmerkungen. 86 Seiten, broschiert. DM 12,80. ISBN 3-9803489-2-X.

Wildhagen/Stegen: **Barsinghäuser Lesebuch '93.** Das ist ein aufschlußreiches volkskundliches Buch über Land und Leute am Deister und im Kalenberger Land, über ihre Sitten und gewachsenes Brauchtum im Jahres- und Lebensablauf, mit vielfältigen kurzweiligen Geschichten von Menschen und Zeiten, von Pranger und Schandpfahl, der ersten Eisenbahn etc., etc. . . . bis zur beliebten „Welfenspeise“ und der pikanten „Hannöverschen Erbsensuppe“. 180 Seiten, gebunden, DM 24,00. ISBN 3-9803489-1-1.

Gudrun Wildhagen (Hrsg.): **Unter dem Schornsteinkleid - Märchen und Sagen von Hermann Löns.** Ein liebenswertes, mit vielen Scherenschnitten von Anna Köhn und graphisch schön gestaltetes Buch zum häufigen Lesen, Betrachten und Verschenken. Daß Hermann Löns eine ganze Reihe Märchen und Sagen geschrieben hat, ist weitgehend unbekannt. Seine sechzehn weit verstreuten Beiträge sind hier erstmalig geschlossen zusammengestellt. 132 Seiten, gebunden, DM 22,00. ISBN 3-9803489-3-8

Zwei Bücher über kunstvolle Kostbarkeiten im Kloster Barsinghausen, herausgegeben von der Heimatbundgruppe Barsinghausen im Heimatbund Niedersachsen:

Wolfgang Ewig: **Porträtbilder des Ludwig Maximilian Mehmet von Königstreu und seiner Nachkommen** im Kloster Barsinghausen. Ein In den Türkenkriegen gefangen genommener Türkenjunge kommt an den kurfürstlichen Hof zu Hannover und erlebt einen beispiellosen Aufstieg zum Vertrauten des „späteren“ König Georg I. von Großbritannien. Eine Urenkelin vermachte als Klosterdame (Konventualin) in Barsinghausen die Bilder der Familie und ihre Geschichte dem Kloster. 80 Seiten, zahlreiche farbige Abbildungen, DM 18,00. ISBN 3-9803489-4-6.

Ewig/Pietsch: **Steinerne Zeugen der Vergangenheit - Die Grabmale im Kloster Barsinghausen**. Die wertvollen Grab- und Totenmale aus mehreren Jahrhunderten sind sowohl Kunstwerke als auch Zeitdokumente. Das Buch hilft, diese Dokumente zu lesen und so erschließt sich dem Betrachter ein ungeahnt vielfältiger Einblick in Denken, Fühlen, sogar in die Mode und auch in die gesellschaftlichen Verhältnisse vergangener Zeiten. Gebunden, Preis 18,00 DM. ISBN 3-9803489-0-3.